Ma vie avec
les serial killers

Helen Morrison
en collaboration avec Harold Goldberg

Ma vie avec les serial killers

Secrets de profileuse

Traduit de l'anglais (États-Unis)
par Karine Laléchère

Payot

AVERTISSEMENT DE L'AUTEUR

Au cours de mes recherches, j'ai étudié et interrogé plus de quatre-vingts tueurs en série. Lorsque je discute avec un serial killer ou des membres de sa famille, je leur demande toujours de signer un document légal m'autorisant à utiliser leurs propos dans un objectif scientifique. Le présent ouvrage comporte des extraits de lettres et d'entretiens. Ils ne sont pas là pour émoustiller le lecteur, mais pour l'aider à comprendre les théories que je défends.

Titre original :

MY LIFE AMONG THE SERIAL KILLERS
Inside the Minds of the World's Most Notorious Murderers
(New York, HarperCollins Publishers, Inc.)

La présente édition est publiée avec l'accord de William Morrow, département d'HarperCollins Publishers, Inc.

Pour mes garçons.

Notre affection, notre tendresse, nos rires et nos baisers tiennent à distance le mal que je côtoie dans mon métier.

À présent que je suis sur le point de pénétrer
Dans ces forêts inconnues,
Je dois abandonner tout bagage superflu ;
Et tel le voyageur à pied
Qui n'emporte que l'essentiel,
Je dois laisser tous ces luxes
Qui se donnent le nom
De nécessité.

James IORIO, *Unmapped Woods*.

PROLOGUE

Porté par le vent, le parfum des roses et de l'herbe fraîchement tondue emplit l'air nocturne de cette belle soirée d'été. Mes enfants sont couchés. Plongé dans un sommeil paisible, le plus jeune rêve d'Harry Potter, tandis que l'aîné est tombé comme une masse, rompu après un match de hockey sur glace. De l'autre côté de la rue, deux jeunes gens passent main dans la main. Leur rire s'égrène tandis qu'ils sortent de mon champ de vision. Mes voisins se garent devant chez eux. Je leur adresse un signe. Ils sont sur leur trente et un : aujourd'hui, c'est leur anniversaire de mariage. Ils me rendent mon salut avant de disparaître à l'intérieur de la maison. Lorsque la porte se referme sur eux, le silence envahit de nouveau la rue.

Je laisse errer mes pensées, songeant que mon entourage n'a qu'une très vague idée de mes activités professionnelles. On sait seulement que je suis psychiatre et que je m'occupe de cas difficiles. C'est peut-être mieux ainsi. Mes fils ignorent pourquoi je m'absente parfois pendant plusieurs semaines d'affilée. Mon travail est aux antipodes de cette rue prospère et chaleureuse. Lorsque je songe à la vie que mon mari et moi menons ici, au plaisir que nous prenons à planter des chênes avec l'association de quartier, aux mondanités occasionnelles – galas de charité ou soirées à l'opéra –, je me rends compte que la plupart de nos relations seraient suffoquées si elles apprenaient à quoi j'emploie mes journées.

Au bout de quelques minutes, j'entre dans notre villa de brique à trois étages, où le grand-père de mon époux a vécu et exercé la médecine pendant plusieurs décennies. À l'arrière, au rez-de-chaussée, se trouve l'ancien cabinet qui me sert de bureau lorsque je travaille à la maison. Nous n'avons jamais touché aux panneaux d'étain* qui recouvrent les murs. C'est l'histoire de ce lieu qui me donne la force de continuer, le jovial dévouement de ces médecins de Chicago qui ont soigné leurs voisins pendant quatre-vingts ans. Je sors d'une pochette beige les photographies d'une enfant assassinée, une fillette rouée de coups et quasi défigurée. Parfois, je me dis que je ne pourrai pas supporter la vision d'une autre vie innocente ôtée de manière aussi injuste.

En prévision d'un exposé que je dois faire devant une assemblée de coroners, je jette quelques informations sur un bloc de papier. Je note le nombre et la position des blessures sur le corps. À côté, dans des corbeilles, s'entassent d'autres feuilles, d'autres photos d'enfants assassinés.

C'est une tâche *a priori* peu attirante, et pourtant je m'y consacre avec passion et énergie. Je suis ce que l'on appelle aujourd'hui une « profileuse ». Depuis trente ans, j'étudie les mécanismes intimes les plus pervers des meurtriers en série. Je sillonne le pays pour découvrir qui ils sont, où ils se cachent et pourquoi ils tuent. C'est un long pèlerinage solitaire. J'ai parfois le sentiment d'en savoir trop, mais le plus souvent je crains de ne jamais en savoir assez.

Je ne ressemble pas aux profileurs que l'on montre à la télévision. L'héroïne de la série *Profiler*, l'élégante Samantha Waters interprétée par Ally Walker, affirme

* Lambris et moulures fabriqués en série et très répandus aux États-Unis au début du siècle dernier. *(N.d.T.)*

« penser en images ». Elle possède une sorte de pouvoir extrasensoriel qui lui permet de « voir » les tueurs. Par une heureuse coïncidence, ces visions qu'elle ne contrôle pas se manifestent toujours au moment où la tension dramatique est à son comble, juste avant cette composante essentielle de la télévision commerciale qu'est la coupure publicitaire. Pour ma part, je ne suis pas extralucide. Je n'ai de flash ni sur le passé ni sur l'avenir. Bien que l'on me surnomme parfois « la vraie Clarice », en référence aux livres et films *Le Silence des agneaux* et *Hannibal*, l'agent Starling et le docteur Lecter appartiennent résolument au domaine de la fiction. Dans le roman de Thomas Harris, le médecin cannibale éprouve pour l'agent du FBI une affection certes perverse et malsaine, mais qui n'en reste pas moins une forme d'amour. Dans la vraie vie, celui qui travaille avec des tueurs en série apprend vite qu'ils sont incapables d'émotions humaines.

En tant qu'expert psychiatre diplômée en droit de la santé, je fonde mes travaux sur une approche scientifique et rationnelle. Après avoir longuement discuté avec quatre-vingts de ces criminels, j'en suis arrivée à la conclusion qu'ils étaient incapables de nouer de véritables relations avec les autres, bien qu'ils puissent jouer un rôle à la perfection, créer des personnages apparemment sincères et honnêtes avec une maestria qui ferait pâlir d'envie n'importe quel acteur hollywoodien. Ils parviennent si bien à donner le change que, dans certains cas, ils deviennent même des piliers de la société. Néanmoins, il leur manque cet indispensable petit rien qui permet à la plupart des êtres humains de tisser des liens avec leurs semblables. Pour eux, tuer ne signifie rien. Les meurtriers multirécidivistes n'éprouvent aucun sentiment pour leurs victimes. C'est sans doute l'aspect le plus glaçant de leur personnalité. La souffrance d'autrui ne les touche pas parce qu'ils n'ont pas la capacité de s'émouvoir.

Avec les serial killers, on ne sait jamais vraiment à qui l'on a affaire. En général, au début de nos entretiens, ils se montrent amicaux et pleins de sollicitude. Je me retrouve projetée dans leur monde, un monde à première vue normal. Ils déploient des trésors de charme dignes d'un Cary Grant ou d'un George Clooney (bien qu'ils soient rarement aussi séduisants !) et me traitent comme si j'étais leur âme sœur. Parfois, le doute s'insinue en moi. N'y aurait-il pas erreur sur la personne ? Me serais-je fourvoyée en dépit de tout le travail que j'ai fourni – les longues recherches, les théories élaborées pas à pas ?

Cependant, dès que nous passons de quatre à six heures d'affilée ensemble, tout change. Mes entretiens sont conçus pour ressembler à des conversations informelles. L'expérience m'a appris que le masque se craquelait au bout de deux ou trois heures. À partir de ce moment-là, je sais que je peux commencer à gratter la couche d'amabilité superficielle pour atteindre le noyau. Mon interlocuteur gigote, soupire, pousse de petites exclamations. Il se racle la gorge, regarde autour de lui. Des gouttes de sueur perlent sur son front. Il s'irrite, préférerait que je me contente de prêter une oreille compréhensive au flot ininterrompu de ses divagations. Mais je ne désarme pas. À force d'indulgence, de tolérance, d'écoute et de questions indirectes, je parviens généralement à lui en faire dire plus qu'il ne le souhaite. Il peut s'écouler des mois avant que je n'obtienne un résultat, mais c'est alors pour moi un moment de jubilation intense.

Relier les faits entre eux de manière à leur donner un sens, trouver une cohérence : c'est l'aspect le plus passionnant de ce métier. Chaque information devient une pièce qui s'insère dans un puzzle plus vaste. À mesure que l'on dégage les caractéristiques communes aux différents meurtres, un portrait du tueur se dessine : son histoire, sa personnalité, son comportement avec les victimes. Mais l'aspect scientifique ne doit jamais occulter la dimension humaine : c'est aussi un travail pénible et douloureux, car des vies innocentes ont été interrompues brutalement et sans raison.

Pour préparer mon discours à l'attention des coroners, j'ai consulté plus d'une centaine de dossiers, examiné une multitude de photographies qui témoignent des luttes et des souffrances des victimes. En général, on reconnaît la signature du meurtrier : les morsures ou les coupures qu'il laisse sur les cadavres, une manière de les ligoter, comme s'il revendiquait une œuvre dont il tirerait une horrible fierté.

Demain, je prendrai la voiture pour me rendre à Merillville, dans l'Indiana. Avec ses supermarchés et ses fast-foods, cette petite ville tranquille de vingt-sept mille habitants est la banlieue américaine type. Mon exposé à l'hôtel Radisson sera le point d'orgue du congrès annuel de l'association des coroners de l'État. Tandis que mes auditeurs siroteront leur café et dégusteront leurs viennoiseries, je leur expliquerai pourquoi les meurtriers en série ne peuvent pas s'empêcher de tuer et je répondrai à plusieurs questions. Quels indices les coroners doivent-ils rechercher sur les lieux du crime lorsqu'on soupçonne un serial killer ? Qu'est-ce qui anime ce type de tueur ? Comment fonctionne-t-il ? Pourquoi cette soif de sang jamais assouvie ? Selon l'opinion la plus répandue, l'explication résiderait dans des maltraitances ou des abus sexuels subis au cours de l'enfance. Cet ouvrage défend d'autres thèses. Elles ne font pas toutes l'unanimité, loin de là, et pourtant elles s'enracinent dans plusieurs décennies de recherches et d'études scientifiques. Pour illustrer mon propos, j'invite le lecteur à une incursion dans l'esprit de quelques-uns de ces tueurs par le biais d'extraits de nos entretiens et de leurs lettres.

Dans la poche avant de mon cartable, je range un dossier qui porte un nom qui ne vous est peut-être pas inconnu : John Wayne Gacy. Cet homme ventripotent qui se déguisait en clown et se peignait une immense bouche rouge sur le visage pour distraire les malades et les infirmes des hôpitaux de Chicago a violé, torturé et assassiné trente-trois jeunes hommes. Lorsqu'on retrouva les corps enterrés sous sa maison, la presse s'empara de l'affaire, faisant de Gacy le mal incarné, le diable en personne.

Je fis sa connaissance en 1980. Quelque temps plus tard, juste après Noël, mon mari et moi rentrions de notre lune de miel, tout heureux d'emménager dans notre nouvel appartement. Ce n'était pas le grand luxe, mais pour le couple de tourtereaux que nous formions c'était un palace. J'avais ramassé le courrier et je m'étais assise à la table de la cuisine pour éplucher les factures, les magazines et les cartes de vœux qui s'étaient accumulés en notre absence. Il y avait surtout des revues médicales et beaucoup trop de publicités. Soudain, je repérai une écriture inconnue sur une enveloppe qui m'était adressée. Je l'ouvris. Elle contenait une carte sur laquelle figurait un dessin naïf tracé au stylo et colorié au pastel. Il représentait des sapins de Noël et un bonhomme de neige, avec le message suivant : « Paix sur la terre. Meilleurs vœux à tous les hommes… et aux garçons. John Wayne Gacy. » C'était obscène, provocateur – une véritable célébration de ses meurtres. Nous étions sur la liste rouge. Je ne comprenais pas comment Gacy, avec qui je m'apprêtais à entamer une série d'entretiens, s'était procuré notre adresse. Non seulement il avait réussi à la trouver, mais à présent il nous écrivait de sa prison. Ses « vœux » me rappelaient que j'exerçais un métier dangereux – pour moi, mais également pour ma famille. Ce n'était pas la première fois que l'on me narguait et que l'on me menaçait. Je m'employai donc à chasser Gacy et ses crimes de mes pensées, mais mon mari prit l'incident très au sérieux. Pendant quelque temps, il ne put s'empêcher de s'inquiéter à mon sujet.

J'achève de rédiger ma communication pour le congrès du lendemain, puis je glisse mon discours, les photos et les notes dans mon vieux cartable en cuir. Je tends la main pour caresser rapidement ma tortue de jade porte-bonheur, éteins la lumière du bureau et referme doucement la porte derrière moi. Tandis que je monte l'escalier dans le noir, je récapitule les quelques certitudes que j'ai acquises durant toutes ces années. On peut expliquer les meurtres en série. Il existe des caractéristiques complexes, mais identifiables, communes à tous les serial killers. En outre, les progrès de la génétique et les découvertes sur l'ADN donnent des raisons d'espérer qu'un jour il sera possible de prévenir le phénomène des meurtres en série. Dans cet ouvrage, qui relate une grande partie de ma carrière, j'espère fournir une ébauche d'explication quant au moyen d'y parvenir.

I

Richard Macek, le tueur au visage d'enfant

Une atmosphère fantomatique et menaçante planait sur la vieille route qui menait à Waupun. C'était la rase campagne, le genre de coin perdu qui vous donne envie de vous retourner à tout instant pour vérifier si vous n'êtes pas suivi. Les pancartes colorées qui vantaient le cheddar du Wisconsin et ses petits restaurants à la bonne franquette avaient disparu une vingtaine de minutes après la sortie de Madison. Toute vie semblait avoir déserté le monde. Les champs en sommeil le long de la route étaient uniformément bruns, sans une touche de vert ; il régnait un calme irréel, une pesanteur accentuée par la froide grisaille de cette journée de mars 1977. Je me sentais nerveuse. Je m'apprêtais à pénétrer pour la première fois dans un univers où l'on côtoyait le crime au quotidien, un univers de machos, de policiers blasés qui buvaient trop. Comment accueilleraient-ils la contribution de quelqu'un qui présentait le double handicap d'être une « civile » et une femme ? De temps à autre, je serrais le volant plus fort pour ramener la voiture au centre de la voie, comme si cela pouvait mettre de l'ordre dans mes pensées vagabondes. Je jetais des coups d'œil dans le rétroviseur central pour vérifier que mon visage ne trahissait pas mon appréhension. Il fallait que j'aie l'air calme et sûre de moi.

Je me rassurais en songeant que j'avais surmonté des

épreuves autrement difficiles. J'avais grandi dans une petite ville à côté de Pittsburgh au sein d'une famille d'accueil. Je ne connaissais pas mes vrais parents. Ce n'était pas la curiosité qui me manquait, mais on ne parlait pas de ces choses à la maison. Ni moi ni les six autres enfants qui vivaient là n'avions à nous plaindre : nous avions un toit au-dessus de notre tête et toujours de quoi manger. Mais nous ne connaissions pas le sentiment de sécurité que procure l'amour. Les raisons pour lesquelles nous habitions chez ce couple m'étaient – et me sont encore aujourd'hui – totalement mystérieuses. Mon enfance reste associée à l'obscurité. Nous étions très seuls dans cet univers entièrement défini par les parents.

Néanmoins, d'une certaine manière, cela ne m'affectait pas. Très tôt, je m'étais découvert une vocation. Lorsque j'avais onze ans, ma petite « sœur » préférée avait attrapé la scarlatine. Beth était de trois ans ma cadette. Son corps s'était couvert de plaques rouges qui ressemblaient à des coups de soleil, hérissées de minuscules boutons. J'éprouvais des sentiments presque maternels pour mes frères et sœurs, aussi mon inquiétude avait-elle grandi à mesure que l'état de la fillette empirait. Elle tremblait de froid et de fièvre, elle vomissait. Quand elle s'était mise à avoir des hallucinations, je m'étais persuadée qu'elle allait mourir. Je me sentais la proie d'une terreur dévastatrice, comme seuls les enfants peuvent en éprouver. Puis le médecin était passé, et peu après la petite était sur pied. Dans mon jeune esprit, cet homme avait réalisé un miracle. Éblouie, je m'étais promis que moi aussi je serais docteur.

J'avais douze ans lorsque je commençai à travailler pour rapporter de l'argent à la maison. J'étais convaincue qu'en travaillant assez je ferais ce que je voudrais, y compris des études de médecine. Tant pis s'il fallait livrer des journaux, être serveuse ou vendeuse. Parfois, je me postais à la sortie de notre petite ville et scrutais l'horizon avec impatience. J'imaginais que je vivais ailleurs, que je visitais ces lieux exotiques dont on parlait à la radio et dans les magazines. Je pouvais m'en sortir. Je m'en sortirais. Il le fallait.

Tout en conduisant, je ne cessais de penser à la question de l'agent du FBI : « Est-ce que vous avez déjà vu une chose pareille ? » Louis Tomaselli n'était pas un novice, mais les grandes photographies en noir et blanc qu'il m'avait montrées le préoccupaient. C'était un homme brun et sec à la voix douce. Lorsqu'il parlait, ses mains s'agitaient avec une sombre animation. Elles ne servaient pas seulement à appuyer ses propos. Elles dansaient, se tordaient, cherchaient à saisir l'air, comme pour donner une matérialité à ses mots. Au début de notre conversation, il m'avait dit : « Il n'y a pas une grande différence entre moi et ceux que je pourchasse, sauf que le FBI m'a eu en premier. » Sur le moment, cette déclaration inopinée m'avait interloquée, mais plus j'y pensais, plus je la trouvais pertinente. Un homme d'une seule pièce, dépourvu d'ambiguïté, n'avait aucune chance d'infiltrer une bande de malfaiteurs. Comme un caméléon, un agent devait se fondre dans l'environnement qu'il explorait. Jusque-là, jamais je n'avais réalisé à quel point la frontière entre le bien et le mal peut être floue. J'étais jeune, je venais d'un petit village, presque un hameau : une poignée de bicoques en bois à un carrefour poussiéreux. Je pensais que le monde se partageait entre les bons et les méchants, le noir et le blanc. Ce n'était que la première d'une série de certitudes qui allaient s'effondrer au cours des mois à venir.

Tomaselli m'avait abordée quelque temps plus tôt à la sortie d'un de mes séminaires, intitulé « Utilisation de l'hypnose dans les enquêtes criminelles ». À cette époque, les forces de l'ordre s'intéressaient de près aux techniques susceptibles de stimuler la mémoire des témoins, aussi l'atelier avait-il été très suivi. J'avais expliqué aux participants que l'hypnose était un état de concentration profonde qui n'avait rien à voir avec la magie. Puis je m'étais proposée comme cobaye. Mais il ne s'agissait pas de se dandiner comme une poule sur une scène pour divertir les spectateurs. Avant de m'hypnotiser, on m'avait montré la photographie d'un cadavre assassiné dans le métro. L'assemblée étonnée avait constaté que je me souvenais bien mieux des détails lorsque je me trouvais sous hypnose. Néanmoins, j'avais mis en garde mon auditoire : cette méthode ravivait les souvenirs, elle ne les fabriquait pas.

Ce séminaire entrait dans le cadre d'un congrès de deux jours qui réunissait des centaines de policiers et d'agents fédéraux du Wisconsin. De nombreux ateliers étaient consacrés à la résolution d'affaires particulièrement ardues. On mettait en place une scène de crime et les professionnels présents dans l'assistance cherchaient à reconstituer les faits. Durant ma courte carrière d'interne en psychiatrie et en neurologie, j'avais surtout eu affaire à des cas de routine, mais mon métier me passionnait et je voulais aller plus loin, je voulais comprendre. En tant que médecin, mais aussi en tant qu'être humain, j'avais soif de connaissance.

Le FBI se trouvait dans une impasse. Un crime odieux avait été commis et Tomaselli n'avait aucune idée de l'identité du coupable. Pourtant, il ne voulait pas déclarer forfait, même s'il avait l'impression d'avoir exploré toutes les pistes. Je l'écoutais, captivée. Pas seulement à cause du mystère à résoudre, mais parce que je découvrais que dans la lutte contre le crime il y avait une place pour la science. Et peut-être pour moi.

Tomaselli sortit plusieurs clichés d'une enveloppe en papier kraft. Je découvris le cadavre d'une femme de chambre sauvagement poignardée. On l'avait retrouvée étendue sur le dos, dans la chambre 18B de l'hôtel Abbey, un établissement chic de Lake Geneva, à quatre-vingts kilomètres au sud-est de Madison. Le meurtre avait rempli d'horreur la population dans un rayon de cent kilomètres. Il n'était plus question d'appeler Lake Geneva « le Newport de l'Ouest ».

Les photographies ne m'effrayèrent pas. J'avais déjà été confrontée au sang et à la brutalité. Après un diplôme de premier cycle à Temple University, j'avais étudié la médecine à Philadelphie au plus fort des émeutes, à la fin des années 1960. Du sang, on en voyait quotidiennement à l'hôpital universitaire. La salle des urgences semblait sortie d'un épisode de *MASH*. C'était la guerre. Jamais je n'oublierais cette période de ma vie.

Tomaselli examinait le gros plan d'une blessure : les paupières de la victime avaient été entaillées au canif.

« Est-ce que vous avez déjà vu une chose pareille ? » répéta-t-il.

Je regardai le cliché plus attentivement, me concentrant sur les coupures. Elles me rappelaient les rituels de certaines cultures. Au IIIe siècle avant Jésus-Christ, les Germains gravaient ainsi des symboles runiques dans la paume des parturientes. Mais il était évident que les mutilations qui nous concernaient n'avaient rien à voir avec une quelconque magie ancestrale protectrice. Il ne s'agissait pas de pratiques païennes ou de sorcellerie, mais bien de barbarie. Sur le corps sans vie de la femme, on constatait également des marques de strangulation. Tomaselli ajouta que, selon le coroner et les enquêteurs, l'assassin s'était acharné sur le cadavre. Il l'avait poignardé à plusieurs reprises avant d'entailler les paupières.

Non, je n'avais jamais rien vu de pareil. Toute exubérance avait quitté Tomaselli. Il se taisait à présent, comme s'il attendait quelque chose. Je le regardai droit dans les yeux.

« Si jamais vous attrapez celui qui a fait ça, j'aimerais discuter avec lui. »

C'était précisément ce que souhaitait entendre l'agent du FBI. Il me promit qu'il me tiendrait au courant.

La sauvagerie qui se dégageait de ces photographies ne me fascinait pas, mais elle m'interpellait. Il ne s'agissait pas seulement du sentiment d'horreur que l'on éprouve à la vue d'un corps poignardé : je pensais aussi au chaos contre nature de la scène, à cette vie arrêtée net, et j'avais la conscience aiguë qu'un assassin dangereux se promenait dans la nature. Que faisait-il ? Préparait-il sa prochaine agression ? Suivait-il déjà quelqu'un ?

Je me sentais plus curieuse qu'alarmée. Quelle sorte de personne fallait-il être pour commettre un acte pareil et disparaître ? Que cherchait le meurtrier ? Que se passait-il dans sa tête ? Les forces de police s'efforçaient de le relier à d'autres homicides, perpétrés dans d'autres régions. De plus, il apparaissait clairement que ce tueur ne connaissait pas ses victimes.

Quelque temps plus tard, le FBI arrêta le coupable : Richard Otto Macek. C'était la raison pour laquelle ce jour-là je roulais en direction du nord-est au volant de mon vieux break Datsun. Je ne savais pas à quoi m'attendre. Je connaissais juste le nom de Macek, sa date de naissance, et j'avais une notion très vague des faits terribles qu'on lui reprochait. Bien sûr, je me souvenais de la femme de chambre assassinée. Ma mémoire avait revêtu les clichés en noir et blanc de la profondeur et de l'éclat du Technicolor. Je voyais défiler des images floues d'hommes violents et destructeurs. Je pensais que Macek aurait le teint mat, une carrure imposante, les cheveux en bataille, l'œil hagard, que tout en lui serait intimidant.

Des statues de pionnières se dressaient dans les rues paisibles de Waupun et devant l'hôtel de ville, les yeux levés vers le ciel, dans une attitude exprimant l'espoir. Tout ce qui pouvait remonter le moral de cette agglomération de dix mille habitants abritant trois prisons était bon à prendre.

En attendant son procès pour le meurtre de l'hôtel

Abbey, Richard Macek était enfermé sous haute surveillance à Central State Hospital, un établissement où les malades mentaux criminels pouvaient recevoir les soins nécessaires. Les autorités soupçonnaient Macek de quatre autres homicides, dont un dans l'Illinois, mais lui répétait qu'il ne se souvenait de rien. La police et les médecins ne le croyaient qu'à demi, et les meilleurs psychiatres n'étaient pas parvenus à tirer grand-chose de lui.

J'arrivai devant un vieil édifice en pierre, laid et trapu, qui se dressait au milieu de friches. Derrière sa haute clôture de barbelés, le bâtiment avait des airs de goulag. Après avoir vérifié une dernière fois que mon sac contenait bien un magnétophone, des piles de rechange, des stylos et un bloc-notes, je me dirigeai vers l'entrée. Là, les problèmes commencèrent. Les gardiens revêches et grossiers me rappelaient ces élèves qui persécutent les plus faibles à l'école. Après l'incontournable fouille au détecteur de métaux, on m'informa que je ne pouvais pas conserver mon magnétophone. C'était idiot car j'avais demandé et obtenu l'autorisation de m'en servir avant le rendez-vous. Mais les gardiens ne voulaient rien savoir.

« Vous ne pouvez pas entrer avec ce magnétophone. Vous n'avez pas l'autorisation du directeur, me répétait-on d'un air hautain.

– Si, je l'ai ! » insistais-je.

Nous tournions en rond. Dans ce genre d'établissement, les geôliers peuvent se montrer presque pires que les prisonniers. En tout cas, ceux-ci illustraient parfaitement le cliché du pouvoir corrupteur. J'étais sur leur territoire et on appliquerait leurs règles, un point c'est tout.

Ils me retinrent quarante-cinq minutes, jusqu'à ce que Tomaselli vienne à ma rescousse. Je le suivis, m'efforçant de chasser les gardiens de mon esprit. Tandis que nous parcourions rapidement un dédale de couloirs, l'agent du FBI m'expliqua que la police avait capturé

Richard Macek grâce au témoignage d'une femme qu'il avait enlevée dans une laverie automatique et qui avait réussi à lui échapper. Elle avait sauté de sa voiture, profitant d'un arrêt. Avant que Tomaselli n'ait le temps de m'en dire plus, une porte percée d'une lucarne grillagée s'ouvrit en grinçant sur une petite pièce verte qui sentait le renfermé. À l'intérieur attendaient le directeur de l'hôpital et deux policiers, l'un de l'Illinois, l'autre du Wisconsin. J'avais l'impression de troubler une réunion d'anciens camarades de régiment.

Le directeur leva les yeux avec un air de profond ennui. Sa chaise s'affaissait sous son poids.

« Comment pouvez-vous nous aider ? » me demanda-t-il mollement, son regard fixant un point derrière moi.

Sans me démonter, j'entrepris de lui expliquer que sous hypnose Richard Macek se souviendrait peut-être de détails concernant les autres homicides dont on l'accusait.

« Hum ! hum ! » fit le directeur sans conviction, comme si ma réponse ne méritait même pas un mot complet.

La nonchalance de ces gens me dépassait. Voulaient-ils ou non connaître la vérité sur ces meurtres ?

Durant la conversation, pas une fois ils ne me regardèrent dans les yeux. La plupart du temps, ils parlaient entre eux en m'ignorant. De toute évidence, nous n'avions pas les mêmes objectifs. Ces hommes voulaient simplement que je soutire des aveux à Macek au sujet d'un crime commis dans l'Illinois. Le 25 janvier 1973, un magasinier du nom de Richard Milone avait été arrêté pour l'assassinat de la jeune Sally Kandel. Bien que condamné, il s'entêtait à clamer son innocence. Certaines personnes, dont Tomaselli, le croyaient. Le nombre de ses partisans au départ – une poignée – ne cessait d'augmenter et cette affaire théoriquement close prenait des allures de plaie purulente. Le meurtre était d'autant plus choquant que le coupable avait mordu sauvagement sa victime. Beaucoup d'éléments incriminaient Macek, mais celui-ci s'était fait arracher toutes les dents avant d'être arrêté. À présent qu'il portait un dentier, il était impossible de prouver sa culpabilité.

Pour ma part, j'avais d'autres priorités. Je souhaitais rencontrer Macek dans le cadre d'une étude scientifique sur les tueurs en série. Les entretiens me permettraient de recueillir des informations essentielles, aussi bien sur l'enfance des serial killers que sur l'élaboration de l'acte meurtrier. Les enquêtes futures en bénéficieraient. Cependant, mes interlocuteurs hésitaient. L'hypnose n'était pas un moyen très réglementaire d'obtenir des aveux. L'enquêteur de l'Illinois, un gringalet au nez trop long et aux oreilles trop grandes, se montrait particulièrement réticent. Il se racla la grogne.

« Une étude scientifique... », marmonna-t-il en tapotant son stylo sur la table d'un air agacé.

Je commençais à me demander pourquoi Tomaselli avait pris la peine de m'inviter.

Un silence condescendant envahit la pièce, un silence qui signifiait : qu'est-ce qu'une jolie femme comme vous, probablement incompétente, fabrique ici ? Désireuse de détendre l'atmosphère, j'opposais un sourire contraint à ces mines renfrognées. Après tout, c'était Tomaselli qui avait insisté pour que je vienne. Mais je savais que ces hommes avaient accepté de me rencontrer parce qu'ils étaient acculés. À présent, ils pataugeaient dans une telle mélasse qu'ils étaient prêts à admettre n'importe quel étranger dans leur cercle très privé pour peu qu'il fasse preuve d'un minimum de crédibilité. J'avais quelques minutes pour les convaincre avant l'arrivée de Macek.

À cette époque, les femmes n'avaient pas la part belle dans le monde du travail. La National Organization for Women n'avait guère plus de dix ans, le premier centre d'accueil pour les femmes battues venait d'ouvrir ses portes et le magazine féminin *Ms.* passait pour révolutionnaire, voire communiste. En 1972, le Sénat avait voté l'amendement pour l'égalité des droits, mais seuls vingt-deux États l'avaient ratifié. Les femmes ne disposaient que d'une douzaine de sièges au Congrès. Les choses bougeaient, mais lentement. Je n'étais pas du genre à brûler mon soutien-gorge sur la place publique. Je n'allais pas manifester mais j'étais opiniâtre : je voulais exercer ma profession sans entraves et je ne laisserais personne me mettre des bâtons dans les roues.

Ce jour-là, j'avais décidé de ne pas m'offusquer, quelle que fût l'attitude de mes interlocuteurs. Tout au long de l'entrevue, j'adoptai donc un ton professionnel et laissai leur mépris glisser sur moi, me répétant que c'était le résultat qui comptait.

Lorsque deux gardiens firent entrer Richard Otto Macek, je n'en crus pas mes yeux. Il était à des lieues de tout ce que j'avais imaginé. C'était un petit homme d'une trentaine d'années, avec des cheveux prématurément blancs parsemés de mèches blondes qui encadraient un visage banal et poupin. Il portait la tenue de l'hôpital : chemise et pantalon marron. Son physique présentait une étonnante combinaison de caractéristiques masculines et féminines. Ses bras musclés et son torse puissant laissaient présager une force peu commune. En même temps il était potelé, avec des traits presque trop fins.

Malgré ses fers, il ne ressemblait en rien à la bête immonde que je m'attendais à découvrir. Il m'adressa un sourire radieux et me serra la main. On se serait cru à une réunion mondaine, avec Macek dans le rôle de l'hôte attentionné. Il sourit encore, révélant un dentier mal adapté à sa mâchoire.

« Quel temps fait-il ? Vous avez fait bon voyage ? me demanda-t-il en mettant ses mains sur ses hanches. Cette chaise est-elle assez confortable ? Sinon on peut en demander une autre. »

Ses manières étaient extrêmement amicales, avec néanmoins quelque chose d'artificiel, comme s'il suivait les instructions d'un manuel de savoir-vivre. Il s'efforçait d'être irréprochable. Il plaisantait, riait, se mettait en quatre pour que la conversation demeure légère et enjouée. De prime abord, c'était un homme agréable et ouvert. J'étais sidérée. Comment un meurtrier aussi sanguinaire pouvait-il donner une telle impression de cordialité ?

Le directeur et les enquêteurs nous laissèrent dès qu'il eut signé un papier les autorisant à utiliser ses déclarations contre lui dans l'Illinois et le Wisconsin.

À présent, nous étions seuls. J'étais toujours frappée par son apparente bonhomie. N'était-il pas victime d'une erreur judiciaire ? Au cours des douze mois suivants, j'allais passer plus de quatre cents heures avec Richard Macek. Néanmoins, il ne me faudrait pas une année entière pour découvrir qui il était réellement. Ce que j'allais apprendre au cours des semaines suivantes aurait abasourdi ses proches.

II

Peut-on hypnotiser un serial killer ?

Le 8 mars 1977, à l'issue de notre rencontre, Richard Macek m'écrivit une lettre. En bas à droite de la feuille figurait un blason : deux lions face à face, la langue pendante. Sous leurs pattes on pouvait lire : *In hoc signo vinces*, « par ce signe tu vaincras », devise que l'empereur Constantin a adoptée après avoir vu une croix dans les cieux alors qu'il s'apprêtait à livrer bataille à Maxence, en 312 après Jésus-Christ. Ce choix n'était pas anodin chez un homme qui ne possédait rien au départ, et encore moins à présent. Il suffisait de discuter un peu avec lui pour se rendre compte que Macek avait des rêves de grandeur. Pour laisser croire qu'il menait une vie aventureuse peuplée de nobles personnages, il avait pris l'habitude d'orner ses missives d'un blason.

Tous les détenus écrivent des lettres. C'est une activité qui fait passer le temps, et le temps n'est pas ce qui manque en prison. Leur correspondance est toujours centrée sur eux-mêmes. Ils parlent de leurs journées, de leurs nuits, même s'il ne se passe rien de spécial. Dans les deux pages manuscrites qu'il m'adressa ce jour-là, Macek affirmait notamment qu'il se sentait mal à l'aise avec les femmes et qu'elles lui faisaient peur. Ainsi, cet homme qui tuait exclusivement des femmes voulait nous faire croire qu'elles l'effrayaient ? Je n'avais que faire de ce genre de « révélation ». Je voulais savoir ce qui se cachait sous sa carapace. Mais comment procéder ? Au fond de moi, je savais que je m'engageais dans un combat difficile. J'aurais du mal à déterminer si cet homme qui mordait ses victimes avec une incroyable sauvagerie souffrait d'un trouble psychiatrique établi, s'il correspondait à une catégorie précise de meurtrier. Le reste de sa lettre était sans intérêt : il me flattait comme s'il pensait que j'allais l'aider devant la justice. Cependant, j'étais contente qu'il m'ait écrit et j'espérais bien qu'il continuerait, car de tels documents ne pouvaient que m'aider à mieux le connaître.

J'ai l'habitude de compartimenter mon travail pour me concentrer uniquement sur la tâche qui m'occupe, aussi pensai-je peu à Richard Macek durant les deux semaines qui suivirent notre premier entretien. J'étais en troisième année d'internat au centre hospitalier de l'université du Wisconsin, et je partageais mon temps entre les séminaires, les patients, les étudiants que je formais et des gardes parfois cauchemardesques.

Le Midwest représentait pour moi une véritable énigme culturelle. J'aurais pu choisir un hôpital de la côte Est, plus familière, mais les recruteurs m'avaient fait miroiter la diversité et la richesse du programme, m'assurant que dans le Wisconsin on réclamait des femmes médecins à cor et à cri.

Dans les années 1970, Madison était une ville de cent cinquante mille habitants sur laquelle soufflait un vent progressiste au parfum de patchouli. L'introspection était à la mode, on y entendait des discours enflammés contre la guerre du Vietnam et les drogues pullulaient. La violence aussi. En 1970, un attentat contre le département de physique de l'université, qui abritait un centre de recherches de l'armée, avait traumatisé la ville. Quatre militants qui s'opposaient à la guerre du Vietnam avaient entassé six barils de nitrate d'ammonium et de fioul dans une camionnette qu'ils avaient fait sauter devant Sterling Hall, endommageant vingt-six bâtiments. On avait entendu le fracas de l'explosion à trente kilomètres à la ronde.

Sept ans plus tard, l'événement demeurait très présent dans les mémoires et il régnait encore sur le campus et en ville une certaine anarchie. De temps à autre, un jeune sautait du toit de la cité universitaire pour cause de dépression ou de consommation excessive de substances hallucinogènes. Au foyer des étudiants, il m'arrivait de croiser l'un de mes patients schizophrènes. Si je commettais l'erreur de ne pas le saluer, il causait un esclandre qui dégénérait parfois en crise de nerfs.

Heureusement, j'avais mon vélo. Lorsque l'atmosphère devenait trop pesante, j'enfourchais mon destrier bleu ciel à dix vitesses et je pédalais vers le nord, empruntant la piste Elroy-Sparta qui suivait une voie de chemin de fer depuis longtemps abandonnée. Sur cinquante kilomètres, le chemin serpentait entre les pins, les érables à sucre et les violettes, traversait des tunnels et longeait des blocs de granit rouge. Mais à mon retour je retrouvais les problèmes administratifs de l'hôpital universitaire.

Nous étions quatre femmes à y travailler cette année-là. L'établissement qui nous avait recrutées avec tant d'enthousiasme nous tolérait, mais on nous considérait un peu comme des extraterrestres. Pour ma part, je m'étais impliquée dans plusieurs comités. Mon zèle avait porté ses fruits : j'avais été élue représentante du personnel médical. À cette occasion, la direction m'avait fait envoyer une douzaine de roses. L'administration avait-elle idée du vent de révolte qui soufflait parmi les deux cent quatre-vingts personnes qui composaient l'équipe soignante ?

Le lendemain, j'engageai un processus qui devait aboutir à la syndicalisation des internes, notamment parce que l'un de nos jeunes médecins les plus brillants avait été renvoyé de manière totalement irrégulière. Nous faisions des semaines de cent heures, mais nous étions prêts à jouer le jeu si nos conditions de travail étaient correctes et les normes de sécurité respectées. Lorsque les journaux locaux relayèrent notre combat, la direction dut maudire le jour où elle avait appelé le fleuriste. Mais devant l'ampleur du mouvement de protestation, elle accéda à nos demandes. Estimant avoir atteint notre but, nous renonçâmes à créer un syndicat.

En dépit de mon maigre salaire, j'avais trouvé un appartement très agréable. Je me sentais indépendante et j'avais le sentiment d'être enfin en mesure de réaliser mes ambitions. C'est dans ce contexte que débutèrent mes entretiens avec Richard Macek.

J'avais chargé le docteur Brooks Brennin, un psychologue spécialiste de l'agressivité, de l'interroger. Après avoir longuement étudié les résultats d'un test de Rorschach – le test des taches d'encre, très en vogue à l'époque –, nous parvînmes à la conclusion que les réactions de Macek, qui voyait dans lesdites taches des dents monstrueuses au tranchant acéré, correspondaient à une oralité extrêmement primitive. Le stade oral, tel qu'il a été défini par Sigmund Freud, désigne la première étape de l'organisation libidinale : durant les cent premiers jours de la vie, la cavité buccale est la principale zone érogène du nourrisson. Les réponses de Macek révélaient une tendance au ressentiment et à l'agressivité, peut-être parce qu'il estimait que son entourage ne lui avait pas apporté ce dont il avait besoin lorsqu'il était enfant. Elles indiquaient qu'il en voulait sans doute à ses parents, parce qu'il s'était senti mal aimé, et aux enfants qui semblaient bénéficier de l'affection dont il avait été privé. Son développement avait donc été perturbé, avec un conflit sérieux durant le stade oral, d'où l'importance des dents : dans son berceau, le bébé est incapable de se défendre physiquement ; ce sont ses seuls outils de destruction.

Richard affirmait que personne ne s'intéressait à lui. Il ne se sentait pas à sa place, se trouvait nul. Ce sentiment de frustration et de rejet lié à la petite enfance lui était devenu intolérable, ce qui avait peut-être joué un rôle important dans les actes de voyeurisme pour lesquels il avait été arrêté jeune homme. Par ailleurs, ses réponses indiquaient qu'il avait peur de sa masculinité et qu'il déniait tout rôle à ses parents.

Mais le test de Rorschach n'était qu'un outil parmi d'autres pour le psychiatre, et l'on ne pouvait se contenter de soumettre Macek à un simple test. Je téléphonai donc au docteur Roger McKinley, un hypnotiseur réputé, pour organiser une rencontre. Dans le meilleur des cas, Macek parviendrait ainsi à se remémorer certains événements occultés. Au pire, les souvenirs existants se feraient plus précis si le patient était concentré et détendu. Dans la mesure où il s'attaquait exclusivement aux femmes, je préférais ne pas l'hypnotiser moi-même : il risquait de voir en moi une victime potentielle. J'avais toute confiance en McKinley, avec qui j'avais animé le séminaire où j'avais rencontré l'agent spécial Tomaselli. Nous n'étions pas à proprement parler amis, mais nous formions une équipe efficace. J'estimais donc avoir pris les précautions nécessaires pour que la séance se déroule sans problèmes.

Quelques jours plus tard, je repris donc la route de Waupun. Je me garai sur le parking de l'hôpital carcéral, impatiente de découvrir quels sinistres souvenirs étaient enfouis dans la mémoire de Macek et quels mécanismes gouvernaient sa pensée. La plupart des gens imaginent que l'hypnose permet de sonder l'inconscient. Or l'accès à cette instance du psychisme que Freud décrit comme le lieu des souvenirs étranges et inquiétants que le sujet n'est pas capable d'affronter nous est par définition interdit. On accède tout au plus au préconscient, qui fait le lien entre le conscient et l'inconscient. L'hypnose donne simplement le coup de pouce nécessaire pour que se fassent jour des souvenirs qui se trouvent dans le préconscient.

McKinley avait sorti du coffre de sa Mercedes un lourd magnétophone à bobines ainsi qu'une valise remplie d'accessoires – câbles, trépied et micro – que les gardiens suspicieux ne manquèrent pas d'inspecter scrupuleusement. J'aidai mon confrère à installer cet équipement dans la pièce exiguë où s'était déroulée ma première rencontre avec Macek. Puis on fit entrer le prisonnier, toujours aussi aimable et enjoué. L'hypnose ne requiert aucune préparation particulière, ni médicament, ni discours d'introduction, ni analyse de sang. Macek savait qu'il allait être hypnotisé et il semblait prêt. Il avait même donné son accord par écrit. Cependant, juste avant le début de la séance, il montra des signes de nervosité. Il était persuadé qu'on allait l'épier par la lucarne de la porte. En outre, les murmures provenant du couloir, et notamment la voix de l'un des gardiens, l'agaçaient. Nous insistâmes néanmoins pour commencer. McKinley suggéra au patient d'imaginer qu'il se trouvait au milieu d'un champ de trèfle, dans un environnement agréable où les voix qui l'irritaient se fondaient en un bourdonnement indistinct. Macek rétorqua d'un ton exaspéré qu'il souhaitait être seul dans le pré et n'entendre aucun son humain. Son corps était relâché, sa respiration lente, mais son esprit demeurait agité. Enfin, il ferma les yeux, semblant sombrer dans un état d'hypnose profonde.

Il prononça ses premières paroles à voix basse, presque dans un murmure, mais d'un ton pressant qui créa aussitôt une atmosphère pesante, mystérieuse.

« Arrêtez-moi ! Arrêtez-moi !

– Que va-t-il se passer, Rich ? demanda McKinley, l'air soucieux.

– Arrêtez ça !

– Voulez-vous d'abord me dire ce qui va se passer ? Est-ce que vous avez la sensation d'étouffer ?

– Arrêtez-moi tout de suite ! »

Nous étions convenus d'un code avec lui. S'il prononçait le mot « pause », nous le réveillerions. Mais il n'en fit rien, soit qu'il ne voulût pas dire le mot, soit qu'il l'eût tout simplement oublié. Alors McKinley, d'une voix à la fois douce et ferme, l'interrogea franchement :

« Rich, vous voulez découvrir qui vous êtes, non ? »

Macek opina.

« Tournez les pages en arrière. Vous allez tourner les pages en arrière. En quelle année sommes-nous à présent ?

– Soixante-quatorze. »

Et Macek se mit à relater en détail l'un de ses crimes, celui pour lequel il avait été arrêté et qui lui vaudrait une peine de deux cents ans de prison : l'assassinat de Paula J. Cupit, la femme de chambre de l'hôtel Abbey. Il se trouvait devant l'établissement ; il voyait l'allée et les voitures garées. Il regardait autour de lui, puis il entrait dans le bâtiment et errait dans les couloirs, ouvrant toutes les portes jusqu'à ce qu'il tombe sur Paula. Le simple fait de la regarder le rendait nerveux ; il se sentait, selon ses propres mots, « mal à l'aise », « bizarre ». Il ressortait de la chambre. Il y entrait à nouveau. Il avait « chaud », il transpirait. Son cœur « battait très vite ». Il mentait à Paula, lui racontant qu'il avait perdu son fils, et l'employée lui offrait gentiment de l'aider à le retrouver. Soudain, Macek s'interrompit. McKinley s'efforça de stimuler sa mémoire pour qu'il se souvienne de détails essentiels.

« Qu'avez-vous dans votre poche ? »

C'est une méthode classique. Les questions concernant des objets ou des événements anodins s'avèrent souvent plus efficaces qu'une interrogation directe, du genre : « Comment l'avez-vous tuée ? »

« Peigne. Clé. Portefeuille. Balle.

– Où est le couteau ?

– Jeté.

– Pourquoi avez-vous jeté le couteau, Rich ?

– Sang.

– Savez-vous d'où vient ce sang ?

– Non.

– Voulez-vous le découvrir ?

– Peur. »

Macek hésita, puis poursuivit. Il avait acheté un couteau à double tranchant dans une quincaillerie de McHenry. C'était une paisible bourgade de l'Illinois, au cœur de l'Amérique profonde, une de ces petites villes où l'on organise des pots entre collègues dans les locaux de la banque après le travail et où le lycée élit chaque année sa « Miss McHenry ». Ensuite, il était allé boire deux whiskys dans un bar hawaïen. (Il lui arrivait de prendre un verre à l'occasion, mais il n'était pas alcoolique. En général, les tueurs en série ne sont pas de grands buveurs, des drogués, ni même des fumeurs.) Et puis Richard avait quitté le bar.

« Je... je sors et je monte dans ma voiture. Je veux rentrer chez moi, mais je ne le fais pas. La voiture tourne et prend la direction de l'hôtel. »

Il parlait comme si l'engin possédait une volonté propre, comme s'il s'agissait d'une personne qui décidait à sa place. Il n'est pas rare que les serial killers attribuent aux objets des caractéristiques humaines, tout comme ils ont tendance à dépersonnaliser les êtres vivants.

Macek avait pénétré dans l'hôtel et s'était mis en quête de la femme de chambre. Il avait trouvé Paula à genoux en train de frotter le sol d'une salle de bains, peut-être pour la quinzième fois de la journée. Elle avait voulu sortir mais il lui avait bloqué le passage. Comme elle insistait, il avait fermé la porte, réduisant à néant ses chances de s'échapper.

« "Ça va, ça va... je lui fais. Vous n'avez rien à craindre. Ça va." Hum ! Puis je la touche. Sa poitrine. »

Je me tenais à une soixantaine de centimètres de Macek pour le surveiller. Pourtant, pas plus que McKinley je ne vis venir quoi que ce soit. Sa main droite avait commencé à bouger ; elle se souleva lentement au-dessus du bureau. Puis la main gauche s'éleva à son tour. Son visage avait viré au cramoisi et sa respiration s'était légèrement accélérée. Soudain, Macek s'empara du lourd micro posé sur le pied. Le tenant fermement dans sa main droite, il le leva très haut au-dessus de sa tête. C'était une scène totalement irréelle. Tout semblait se dérouler au ralenti. J'aurais dû avoir le réflexe de bondir et de m'éloigner, mais j'étais tétanisée. Macek n'émit aucun son, mais le micro se fracassa par terre. Sa main droite décrivit un arc qui frôla mon visage et il agrippa son auriculaire gauche. Le bruit de la chute résonnait encore dans la pièce. Macek n'était pas blessé et il était toujours en état d'hypnose.

Jamais le docteur McKinley n'avait assisté à une scène pareille. Il semblait inquiet et surpris. Un tel incident n'aurait pas dû se produire, dans aucunes circonstances. Sous hypnose on est censé se conduire avec moins de spontanéité, maîtriser ses impulsions. Nous étions abasourdis, mais nous devions garder notre sang-froid. Presque machinalement, nous poursuivîmes l'expérience. Lorsque le patient se réveilla, il n'avait, hélas ! mentionné ni les morsures, ni le viol, ni les coupures rituelles infligées à Paula J. Cupit.

Après la séance, je tombai d'accord avec McKinley : la réaction de Macek était de l'ordre de l'aberration. Tandis que je me dirigeais vers ma voiture, je le revis jetant le micro par terre. Je me repassai toute la scène. Son geste m'avait totalement prise au dépourvu. Je n'avais détecté aucun signe avant-coureur. J'étais pourtant relativement intuitive et je m'étais déjà retrouvée face à des individus très agressifs. La plupart du temps, si quelque chose ne tournait pas rond, j'anticipais. Je changeais de tactique. Je modifiais le ton de ma voix, j'employais des mots plus apaisants, plus agréables pour mon interlocuteur. Si je travaillais en tandem, je signifiais discrètement à mon collaborateur qu'il était temps de mettre un terme à la séance. Mais dans le cas de Macek il n'y avait eu aucun avertissement, aucune inflexion de sa voix, aucune expression étrange sur son visage, rien pour indiquer l'imminence de l'explosion. En partant, je demandai à mon collègue de prévoir à l'avenir un magnétophone plus petit avec un micro en plastique très léger – au cas où.

Je quittai un McKinley déconcerté en espérant que l'incident était clos. De chaque côté de la route, les champs de blé succédaient aux fermes et bientôt je me persuadai que je n'avais aucune raison de m'inquiéter.

Je me plongeai alors dans l'histoire familiale et le casier judiciaire de Macek. Je découvris qu'il ne s'entendait pas très bien avec son père, un self-made man bourru qui possédait une brasserie et qui, à force de travail, était parvenu à offrir une existence bourgeoise à sa famille. C'était un homme sévère, qui autorisait rarement Richard à sortir. Il n'hésitait pas à faire usage de la force pour inculquer la discipline et faire régner sa loi. Les coups volaient, les taloches claquaient. Ses fils et sa femme avaient appris à vivre dans la peur.

Les démêlés de Macek avec la justice avaient débuté tôt, à en croire les rapports de la police de l'Illinois. Dans la petite banlieue d'Elmwood, alors qu'il n'était encore qu'à l'école primaire, il avait été arrêté pour avoir subtilisé des slips qui séchaient dans un jardin voisin. Il les avait mâchés à l'entrejambe. Contrairement à ce que l'on pourrait penser, il ne s'agissait pourtant pas d'un véritable acte sexuel. À l'étoffe plus rêche dont était fait le reste du sous-vêtement, l'infantile Richard préférait la douceur, l'odeur, la finesse du coton à cet endroit. C'est un comportement que l'on retrouve chez certains tueurs en série. (John Wayne Gacy glissait les culottes de sa mère dans un sac en papier et les cachait sous sa véranda. Il les sortait souvent et les caressait pour se rassurer.) On objectera que dans ce cas ils auraient aussi bien pu mâcher ou toucher un tee-shirt. Seulement, un tee-shirt n'est pas aussi doux qu'un dessous féminin.

En 1966, le père de Macek succomba à un infarctus à l'hôpital où il était soigné pour hypertension. Quelques mois plus tard, Richard était arrêté pour voyeurisme : la nuit, il se perchait à hauteur de fenêtre pour observer des femmes endormies à l'aide d'un petit télescope. Au fil des ans, ses infractions s'aggravèrent. Il devint de plus en plus violent, battant ses compagnes. En 1974, la petite fille de son amie fut retrouvée morte sur un coussin chauffant. Le corps du bébé était presque totalement carbonisé. Macek fut relaxé, mais sa culpabilité ne faisait guère de doute dans mon esprit. Au moment de son arrestation, en 1976, il avait certainement commis au moins huit homicides, bien qu'il n'en eût reconnu qu'un. Tous ses gestes, les meurtres comme les agressions, se caractérisaient par leur sadisme, leur dimension sexuelle et leur violence : coups de couteau, noyade, strangulation, mutilations, morsures, nécrophilie.

Dès le lendemain de notre étrange expérience d'hypnose, je retrouvai McKinley et Macek à Waupun. Cette fois, on avait mis à notre disposition une salle de conférences au premier étage. Macek, qui ne mesurait guère qu'un mètre soixante-cinq pour quatre-vingt-sept kilos, paraissait insignifiant au milieu de cette pièce immense. Il attendait, seul, assis à une longue table en chêne ciré. Il ne portait pas de fers, mais le gardien qui se trouvait derrière la porte me parut suffisamment rassurant. Je me sentais concentrée et bien préparée.

J'avais décidé de consacrer cette séance à Nancy Lossman et à sa fille de trois ans, Lisa, retrouvées mortes dans leur appartement de Crystal Lake, dans l'Illinois, en 1974. Le corps nu de Nancy était couvert de contusions. Macek l'avait étranglée avec le cordon d'un store vénitien. On avait relevé des traces de morsures profondes au niveau du sein droit et le rapport du coroner indiquait des actes de nécrophilie. L'assassin avait noyé la fillette dans les toilettes et jeté des serviettes par-dessus. Curieusement, il n'avait pas touché au fils de Nancy, qui dormait. Les hommes ne l'intéressaient pas. Il s'attaquait uniquement aux femmes. Comme un toxicomane a sa drogue de prédilection, Macek avait son type de victime.

La séance d'hypnose débuta. Macek semblait calme et détendu. Au bout de quelques minutes, les souvenirs affluèrent. Il tenait une recharge à briquet entre les mains, il voulait tout brûler derrière lui pour effacer ses traces. Il mettait la pièce sens dessus dessous à la recherche d'une allumette.

Je l'écoutais avec un certain étonnement. Macek n'était pas idiot. Il devait bien se rendre compte qu'il n'avait pas assez de combustible pour déclencher un véritable incendie. Pas de quoi faire disparaître les preuves de son forfait, en tout cas. Tandis que je songeais à cette absurdité, son attitude se modifia soudain.

« Oooh ! hurla Macek d'un ton perçant. Aaah ! »

Il se mit à transpirer.

« Ça brûle ! Le feu ! » s'exclama-t-il.

Il criait que la douleur était atroce, qu'il était environné de flammes, qu'elles lui léchaient la peau. En le regardant, j'eus le sentiment qu'il revivait réellement le passé – un passé incontrôlable sous hypnose.

« Aaah ! »

Ses mains qui pendaient jusque-là le long de son corps se fermèrent. Puis il recueillit précautionneusement la droite dans la gauche. Tout recommençait ! McKinley desserra sa cravate d'un air alarmé.

Macek s'était brûlé la main en tentant de mettre le feu, et voilà qu'il ressentait la brûlure aussi vivement que s'il était à nouveau dans l'appartement. Je jetai un coup d'œil autour de moi. Rien n'avait changé dans la pièce. Personne n'était entré. Le gardien était toujours dehors. La température n'avait pas augmenté. Je remarquai alors la main du prisonnier. Des cloques rouges étaient apparues sur ses doigts, produites par le brasier qui flambait dans sa tête. De nouveau, je fouillai la pièce du regard pour m'assurer qu'il n'y avait aucune source de chaleur. C'était presque surnaturel. Je commençai à me sentir mal à l'aise.

Il fallait réagir tout de suite. McKinley réveilla Macek. « On fait une pause », lui dit-il.

Je ne pouvais détacher mes yeux des cloques sur ses doigts. Je pris alors la décision de mettre un terme définitif aux séances d'hypnose. Nous ne maîtrisions pas le processus, le danger était trop grand. Le sujet ne se contrôlait absolument pas. Sa santé mentale précaire risquait de s'altérer plus encore. On courait le risque de le voir agresser un employé de l'hôpital, ce qui obligerait les autorités à l'isoler et mettrait fin à des recherches qui n'en étaient qu'à leurs prémisses. Peut-être n'avions-nous pas réussi à véritablement hypnotiser Macek. Pendant un instant, je me demandai même s'il n'était pas en train de nous manipuler alors que nous croyions explorer les couches profondes de son psychisme. Il fallait regarder la vérité en face : travailler avec un tueur en série signifiait marcher en permanence sur la corde raide. Le moindre faux pas, et c'était la chute fatale.

Lorsqu'on s'aventure en terrain inconnu, il faut savoir que l'on prend des risques. Je songeai à ce que Freud avait écrit en 1905 : « Celui qui réveille, comme je fais, les pires démons incomplètement domptés au fond de l'âme humaine, afin de les combattre, doit se tenir prêt à n'être pas épargné dans cette lutte*. » D'une certaine manière, les frontières temporelles avaient été abolies dans l'esprit de Macek. Lorsqu'il se remémorait ses meurtres sous hypnose, le temps cessait d'exister. Il revivait ses actes horribles sans aucune distance, comme si le passé se rejouait ici et maintenant. Encore une fois, il n'y avait rien qui ait pu le brûler dans la salle de conférences, et pourtant les cloques étaient bien là.

En théorie, l'inconscient nous est fermé. Mais le mur

* « Dora », *Cinq Psychanalyses*, Paris, Presses universitaires de France, 1954. *(N.d.T.)*

qui en barre l'accès ne serait-il pas perméable par endroits, ne laisserait-il pas filtrer des informations jusqu'à la conscience du sujet ? Quelle est la partie du cerveau qui, de temps en temps, permet de faire des allers et retours entre le conscient et le préconscient, aussi aisément que si l'on passait de la cuisine au salon ? Chez le tueur en série, cette frontière doit être tellement mouvante que sa notion du temps n'a rien à voir avec la nôtre. C'était évident dans le cas de Richard Otto Macek et cela se vérifierait chez d'autres serial killers qui devant moi lâcheraient des bribes de souvenirs, mais seulement après des dizaines d'heures d'entretien.

Je parlai de l'apparition des cloques aux deux gardiens venus chercher Macek. L'un d'eux s'approcha, stupéfait, puis se renfrogna.

« À quoi jouez-vous ? C'est une imposture. Une imposture !

– C'est vous qui avez fait ça, ajouta l'autre gardien. Vous avez brûlé ses mains et vous voulez nous faire gober le contraire ? Vous nous prenez pour qui ? »

Par la suite, on me reprocha de n'avoir pris aucune photographie ce jour-là, mais la sécurité ne nous aurait jamais laissés passer avec un appareil, et puis l'enregistrement sonore était suffisamment éloquent.

Bien que l'information soit sûrement remontée jusqu'à la direction de l'hôpital carcéral, celle-ci ne me posa pas la moindre question sur cette affaire. Je suppose qu'en haut lieu on ne souhaitait pas que nos entretiens avec Macek s'ébruitent, et encore moins que l'on raconte qu'il se passait des choses bizarres dans l'établissement. J'imaginais les réflexions dans mon dos : « Nous dirigeons une prison, pas un cirque. Elle se croit donc si maligne, avec toute sa science ? »

III

Les confessions écrites de Richard Macek

C'était un bouge sordide qui empestait l'alcool, la cigarette et la fumée. Il me fallut un moment pour m'habituer à la pénombre. Sur le vieux comptoir et sur chacune des tables branlantes étaient posées des coupelles en fer-blanc remplies de cheddar fondu et des corbeilles en plastique qui contenaient des crackers. C'était Tomaselli qui m'avait donné rendez-vous dans ce bar, sur la route de Waupun. Consciente de détonner avec mon chemisier gris-bleu et mon blazer marine, je commandai un bourbon sec et m'assis à une petite table en attendant l'agent spécial. Le juke-box diffusait une chanson de Johnny Cash.

Tomaselli entra enfin, vêtu d'un jean et d'une chemise en flanelle, commanda un whisky et me rejoignit. Je lui fis aussitôt mon rapport :

« Nous progressons avec Richard Macek. Il se confie petit à petit. En plus, il m'écrit presque quotidiennement. Des lettres manuscrites, denses, qui font jusqu'à vingt pages. Il lui arrive de m'écrire trois fois par jour. Je ne sais pas si je dois le croire, mais il prétend qu'il me fait confiance. »

Tomaselli hocha la tête, étala un peu de fromage sur un cracker, l'engouffra tout entier dans sa bouche et le fit descendre avec une gorgée de whisky. Puis il m'informa que Macek serait bientôt transféré dans une prison de l'Illinois.

« Ça ne devrait pas tarder. Ils ont suffisamment d'éléments dans l'affaire Lossman pour le juger.

– Vous savez quand ? »

L'agent du FBI secoua la tête. Il jeta un coup d'œil autour de lui et son regard s'arrêta sur un néon fluorescent qui vantait une marque de bière. Puis il entreprit de me raconter ses derniers exploits. Il avait réussi à infiltrer un gang de motards du Wisconsin et à se faire accepter comme l'un des leurs. Il enchaîna sur le récit de ses performances à Quantico, le nouveau centre du FBI en Virginie.

« Il fait cent cinquante-cinq hectares. C'est immense. De la forêt partout. Très protégé. Il y a même une ville reconstituée pour l'entraînement. »

Tout ce que voulait Tomaselli, c'était obtenir la condamnation de Macek. Il ne souhaitait rien savoir de mes entretiens tant qu'ils ne servaient pas directement ses objectifs. Il n'écoutait pas vraiment ce que je lui racontais. J'avais l'impression de perdre mon temps et je me sentis soulagée lorsque vint le moment de nous séparer.

Cette rencontre n'avait cependant pas été entièrement inutile puisque j'avais appris que Macek allait être transféré sous peu à la prison de Woodstock, à quatre-vingt-dix kilomètres de Chicago. En attendant que la date se précise, je décidai d'augmenter la fréquence de nos entretiens. Je demandai à la direction de l'hôpital carcéral de Waupun de m'avertir lorsque l'on connaîtrait la date du transfert. Au bout du compte, je fus la dernière prévenue.

Chaque jour ou presque, donc, Macek m'écrivait. Une ou deux fois il tapa ses lettres à la machine, parce qu'il était fâché contre moi et qu'il estimait que je ne « méritais » pas une missive manuscrite, plus intime. Sa correspondance tournait généralement autour de trois sujets. Il se plaignait de maux divers, notamment de céphalées chroniques, probablement d'origine psychosomatique et peut-être provoquées par un afflux d'émotions désorganisées liées à ses forfaits ou à l'imminence du procès. Ensuite, il y avait les meurtres. Mais il n'exprimait pas de regrets, il les mentionnait uniquement pour se lamenter sur son sort. « Je ne vois pas comment j'aurais pu faire ça, écrivait-il. Pourquoi est-ce que ça tombe sur moi ? » Enfin, ses lettres étaient remplies de ces détails qui rythment la vie d'un prisonnier. Il me parlait de l'heure de son lever, de ce qu'il mangeait, de l'heure à laquelle il se couchait, de la musique qu'il entendait à la radio, du sapin de Noël de l'hôpital. Malgré la banalité de ses propos, je sentais que nous progressions.

> Chère docteur Morrison,
>
> Je viens de regagner ma chambre après notre entretien. En ce moment, je me sens troublé et frustré… Là, je ressens un grand vide glacé à l'intérieur. Et j'ai très peur ! J'ai mon cœur qui cavale ! J'ai l'impression qu'on me raconte des salades ou qu'on me mène en bateau. NON ! PAS VOUS ni les autres médecins. Mais Louis [Tomaselli]. Ne paniquez pas, ne vous inquiétez pas, mais des fois j'ai l'impression que je suis mort. VOUS GARDEZ ÇA POUR VOUS, D'ACCORD ? J'ai trop honte et peur de ce que j'ai fait, ailleurs, à d'autres moments. Là, maintenant, je peux dire NON, je ne sais rien, je n'ai rien fait, mais en même temps je ne suis pas sûr que je n'ai rien fait d'autre ! Ça ne me semble pas bien, ça me semble idiot…
>
> Je voudrais que tout le monde soit content. Mais qu'est-ce que je peux faire ? Maintenant, j'ai envie de pleurer. C'est embarrassant. POUR MOI C'EST EMBARRASSANT ! Je viens d'avoir un noir. J'ai envie de déchirer cette lettre. Parce que je me sens idiot. Comme quand j'ai essayé d'écrire à [un autre médecin]. Je dois substituer des mots à cause de l'orthographe et puis j'oublie ce que je voulais dire, et les mots et les expressions que je voulais utiliser. Je pense que je vais m'arrêter là pour l'instant. Je suis fatigué et pas bien. Vous voyez, ce genre de choses je dois les garder pour moi. Parce que les médecins d'ici ne traînent pas pour filer un traitement lourd à un patient et je ne veux pas qu'on me transforme en ZOMBIE…
>
> Merci pour le temps et l'intérêt que vous nous accordez à mon cas et/ou à moi.
>
> Salutations respectueuses.
>
> Richard O. Macek.

À présent que j'avais gagné sa confiance et qu'il considérait que nous étions amis, il devenait exigeant. Il voulait que je lui apporte « du savon déodorant, du nettoyant pour dentier en pastilles, de l'Alka-Seltzer et du shampoing ». Malgré sa prolixité, il ne disait pas grand-chose dans ses lettres. C'était un mélange de clichés et de divagations impulsives, le genre de verbiage dont usent les stars avec la presse pour ne rien révéler de personnel. Macek écrivait ce qu'il pensait que la direction de la prison souhaitait lire. Pourtant, ses lettres étaient protégées par le secret médical : personne ne pouvait les consulter ni les censurer.

Elles étaient truffées de lourdeurs et de fautes d'orthographe. Peu à peu, je me rendis compte que ces maladresses étaient intentionnelles, qu'elles reflétaient un besoin d'attirer l'attention. « S'il vous plaît, regardez-moi, je suis différent », semblaient-elles clamer. Macek, qui s'était senti ignoré et méprisé pendant la majeure partie de sa vie, ne voulait pas seulement être reconnu : il voulait devenir célèbre. Il rêvait de se promener en limousine ou en Cadillac, de vivre dans des demeures somptueuses.

Lorsqu'il me parlait, c'était comme dans ses lettres. Dès qu'il voulait communiquer une information, il présentait des troubles cognitifs. Il employait des constructions à la fois pompeuses et maladroites, commettait des erreurs de syntaxe grossières et employait des mots d'argot. Ses phrases se désintégraient, se transformaient en un tissu d'inepties agaçantes. Si on lui demandait combien de jours il y avait dans une année, il pouvait très bien répondre : « Deux cent cinq. » Et lorsqu'on désirait savoir pourquoi, il décrétait : « Ça vient de me traverser l'esprit. » C'était un signe flagrant de manque de maîtrise de soi. Il était incapable de prendre une seconde ou deux pour réfléchir avant de répondre. Pourtant, il possédait une intelligence supérieure à la moyenne. Mais son étourderie tuait sa perspicacité, sa finesse et son discernement. Son discours était émaillé de déclarations incongrues et d'invraisemblances. Ce genre de comportement décousu provient généralement d'un réel chaos intérieur qui finit par s'exprimer sous la forme d'une fureur incontrôlée. Il ne faut pas confondre cette rage avec de la frustration. Elle n'a pas de cause spécifique. En tout cas aucune que l'on puisse définir avec précision.

Dans ses lettres, Macek se tourmentait pour tout et pour rien, il revenait sur sa santé avec une insistance obsessionnelle.

> J'étouffais quand je me suis réveillé. J'avais l'impression que mon cœur sautait ou essayait de sauter hors de ma poitrine. Sueurs froides partout. Mais mon corps était chaud. Je sentais mon visage comme si des milliards d'épingles me piquaient le visage. J'avais rêvé, ou fait un cauchemar plutôt. Je venais de voir ma vie défiler devant mes yeux. Je suis mort. Et j'ai vu comment c'est arrivé. J'ai rêvé après que tout était terminé au tribunal. J'étais devenu vieux très vite ; je me déchirais de l'intérieur. Chaque heure, jour, semaine me dépassait à toute allure. Je ne peux pas tenir, je suis seul. Tout seul. Personne pour m'aider, personne à qui me raccrocher et à qui dire que je l'aime ! Je cherche de l'aide. Mais les gens passent devant moi, ils me regardent et passent leur chemin. Je n'ai que la peau sur les os. Mais mon esprit est toujours vif. Je vois des médecins s'approcher avec des seringues pleines de médicaments, des liquides et des cachets dégringolent dans ma gorge. Je me vois hurler, j'essaie de leur dire que ce n'est pas ce qu'il faut.

Bientôt, ses lettres prirent le ton du flirt. Il se plaisait à me surnommer « Boops ». Mais dans la mesure où il était enfermé, je n'y accordais pas une attention excessive.

Ce fut Macek lui-même qui m'informa qu'on l'avait transféré. Il m'écrivit une courte note dans laquelle il m'annonçait simplement qu'il avait changé d'adresse. « Quand viendrez-vous me voir ? » me demandait-il. Je ne lui avais pas rendu visite depuis un mois. J'étais débordée, mais il avait raison : il était grand temps que nous ayons un nouvel entretien. Après une série d'appels et de lettres, j'obtins l'autorisation de poursuivre mon travail avec le détenu.

Woodstock se trouva dans le comté de McHenry, une région agricole pauvre. J'empruntai de vieilles routes sans croiser âme qui vive. Malgré le soleil radieux, ce désert finissait par être angoissant. Je ralentis en arrivant devant le majestueux opéra de Woodstock où Orson Welles et Paul Newman se sont produits à leurs débuts. L'édifice venait d'être restauré. Plus loin, à côté du tribunal, sur la coquette place principale, je dépassai l'ancienne maison d'arrêt abandonnée. Je poursuivis ma route et finis par trouver la nouvelle prison, au nord de la ville.

C'était un bâtiment aux dimensions modestes et de construction relativement récente. À l'époque, il n'abritait guère plus d'une trentaine de détenus. On me fit entrer dans un parloir anonyme entouré de vitres épaisses mais non blindées. J'avais appris avec une certaine appréhension qu'on avait confié à Macek un travail aux cuisines. Laisser l'usage d'un couteau à un homme qui avait poignardé plusieurs femmes et procédé sur elle à des coupures rituelles me paraissait pour le moins hasardeux. Mais le système carcéral est ainsi fait qu'il semble parfois défier les règles élémentaires de la logique et de la sécurité. Le prisonnier entra et s'assit à une petite table métallique grise vissée au mur. Il me fallut quelques secondes pour comprendre ce que signifiait cette serviette en éponge blanche jetée sur son épaule comme un trophée. Macek avait étranglé la femme de chambre de l'hôtel Abbey avec une serviette blanche. Il avait jeté des serviettes sur la petite Lisa Lossman après l'avoir noyée dans les toilettes – un crime qui pouvait lui valoir de deux cents à quatre cents ans d'emprisonnement supplémentaires.

Exhiber ainsi une serviette n'avait donc rien d'innocent ; c'était pour lui une manière d'affirmer sa puissance, de proclamer : « C'est moi qui commande ici, et personne d'autre. Je peux prendre votre vie avec une serviette. Ou, tout au moins, je peux jouer avec vous quand ça me chante. » Je n'avais pas peur, mais j'étais furieuse. Je fonçai vers le gardien qui lisait tranquillement son journal.

« Pouvez-vous s'il vous plaît prendre cette serviette ? » lui demandai-je d'un ton catégorique.

Macek était célèbre, même dans cette région rurale, car la presse avait abondamment relaté ses meurtres. Tout le monde avait entendu parler du tueur fou qui mordait ses victimes. Hollywood songeait même à réaliser un film sur sa vie. Mais le gardien n'était certainement pas au fait de tous les détails entourant ses crimes. Aussi me regarda-t-il d'un air quelque peu interloqué, comme si j'étais paranoïaque.

« Qu'est-ce que vous voulez ?

– Je ne veux plus voir cette serviette. »

Macek faisait mine de ne pas comprendre pourquoi j'étais en colère, mais il savait qu'il valait mieux éviter ce genre de jeu avec moi. Il tendit donc la serviette au gardien sans broncher, après quoi je pus m'entretenir avec lui durant plusieurs heures. Il me raconta qu'il était un « bon père », qu'il adorait ses enfants et se serait coupé la main « plutôt que de les voir manquer de quoi que ce soit ». Effectivement, jamais il n'avait brutalisé sa femme ni sa progéniture. Il faisait des cadeaux aux siens, ramenait des animaux à la maison. C'est un paradoxe courant chez les tueurs en série. La plupart ne maltraitent pas leurs proches. Leur famille leur offre un cadre dans lequel ils peuvent fonctionner « normalement », du moins tant qu'elle est là. Sandy, l'épouse de Macek, m'avait d'ailleurs confirmé qu'ils menaient une vie sans histoires et que Richard adorait leurs trois enfants.

Il avait grandi dans une banlieue de Chicago, au sein d'une famille relativement aisée. Il fréquentait l'école catholique. En cours de gymnastique, il essayait d'impressionner ses camarades par ses prouesses sportives. Il avait rapporté un jour au *Detroit News* que ses parents possédaient « deux maisons, quatre voitures et trois bateaux, mais pas un sou à la banque ». Apparemment, Macek père était brutal : il frappait son fils et lui interdisait de sortir avec des jeunes filles de son âge. Néanmoins, sa violence et son despotisme n'avaient rien d'exceptionnel. De sa mère Richard disait qu'elle avait toujours quelque chose à lui reprocher. Mais on ne peut pas dire qu'il haïssait ses parents. En tant que père et époux, lui-même s'efforçait de pourvoir aux besoins de sa famille, cumulant les emplois : ouvrier, cuisinier et chauffeur de poids lourd.

Au début de nos entretiens, Macek allait toujours se montrer coopérant et charmant, mais il ne pouvait généralement pas maintenir cette façade plus de trois heures, surtout si la séance se déroulait d'une traite. Le changement était encore plus net lorsque je le confrontais à ses manipulations ou à ses mensonges. Il présentait alors une personnalité nouvelle, tout à la fois agressive et rusée. Pour détourner la conversation, il me demandait de lui apporter des effets de toilette ou de dire au gardien d'arrêter de le regarder fixement. Il pouvait devenir grossier et véhément sans raison apparente. « Vous déconnez complètement ! » hurlait-il parfois. C'est souvent après ce genre d'éclat que des informations importantes lui échappaient.

Ce jour-là, au bout de plusieurs heures, il avança au bord de son siège, le visage quasi inexpressif, et admit prudemment :

« Je… je n'arrive pas à savoir si les gens sont vivants ou morts tant qu'ils se débattent. »

Une semaine plus tard, au début de septembre 1977, je repris la direction de Woodstock. J'avais terminé tard et n'étais partie qu'en début de soirée. Le motel où j'avais réservé une chambre se trouvait à l'écart des grands axes. Il faisait nuit noire à présent. Je dus allumer mes pleins feux pour distinguer les lacets de la route qu'aucun réverbère n'éclairait. Des volutes de brouillard flottaient au-dessus de la chaussée, dessinant des formes évocatrices qui s'évanouissaient au moment où je les traversais.

La nuit ne masquait pas le délabrement de mon motel. Je payai et récupérai mes clés. Mes bagages à la main, je gravis deux volées de marches grinçantes. L'établissement était désert. Le gérant ne risquait pas de devoir détourner le regard de son téléviseur pour allumer le néon rouge annonçant : « Complet. » La demi-douzaine de voitures sur le parking semblaient être là depuis des lustres.

La porte de ma chambre s'ouvrit en gémissant. Au niveau de la tête du lit se trouvait une de ces antiques machines qui, lorsqu'on y insérait vingt-cinq cents, agitait le sommier d'un mouvement vibratoire censé vous masser. Après inspection, je me rendis compte que la pièce n'offrait pas un abri très sûr. La porte n'était pas plus épaisse que du carton et la fenêtre panoramique était une véritable invite aux cambrioleurs. Je fermai soigneusement les rideaux, sans pouvoir me départir d'un sentiment de malaise. Avant de me coucher, j'ouvris les placards. Je me baissai pour regarder sous le lit qui se trouvait sur une plate-forme. Personne, il n'y a personne, me répétai-je. Après avoir jeté un coup d'œil dans la salle de bains et la douche, j'entrebâillai les rideaux. Le parking était toujours aussi désert.

À cet instant, la sonnerie du téléphone retentit. J'hésitai à décrocher. Personne n'était censé savoir que je me trouvais dans l'Illinois. Enfin, je me décidai à prendre le récepteur. Il s'agissait peut-être du gérant.

« Allô ?

– Comment allez-vous ?

– Qui est à l'appareil ? »

J'avais reconnu la voix douce et atone, mais je n'arrivais pas à y croire.

« C'est Richie.

– Quoi ? C'est une plaisanterie ! »

Je faillis lâcher le combiné, mais je me ressaisis et m'assis sur le lit.

« Je vous promets que non.

– D'où m'appelez-vous ? »

Comment Macek pouvait-il savoir que je me trouvais précisément dans ce motel ?

« Si vous regardez par la fenêtre, vous me verrez... Je suis juste là, dehors. »

Je m'efforçai de réfléchir calmement. Comment appeler à l'aide ?

« Je suis dans la cabine téléphonique. Vous n'avez qu'à aller à la fenêtre et regarder à gauche : je suis là. »

Nous restâmes tous deux silencieux. Je ne voulais pas me lever. Je me demandais si ma voiture était loin. Devrais-je tenter une sortie en catastrophe ?

« Allez voir. Je parie que vous n'êtes pas cap. Je parie que vous ne le ferez pas. Allez voir. »

J'étais particulièrement nerveuse. Je tâchais de me convaincre que tout ceci n'était, ne pouvait pas être vrai. Pourtant je ne rêvais pas. Je sentais s'estomper la mince frontière entre réalité et imaginaire. Je m'avançai jusqu'à la fenêtre et j'ouvris l'épais rideau.

Je la vis : une cabine téléphonique métallique baignée d'une lueur fluorescente, où voletaient des papillons de nuit et où scintillaient des toiles d'araignée. La cabine était bien réelle, mais elle était vide.

« Vous n'êtes pas là. »

Je m'étais laissé duper et j'étais furieuse.

« Vous êtes allée voir ? Je vous ai eue, hein ?

– Ce n'est absolument pas drôle.

– Je sais que ce n'est pas drôle, mais j'ai décidé de le faire quand même.

– D'abord, comment avez-vous pu téléphoner ?

– Les gardiens m'ont donné l'autorisation.

– D'où appelez-vous ?

– Du poste du gardien.

– Comment ça ? Vous n'êtes pas censé avoir accès à un téléphone.

– J'y ai quand même plus ou moins accès. Je peux téléphoner quand j'en ai envie.

– Comment m'avez-vous trouvée ?

– Oh ! je me suis débrouillé. »

J'étais mal à l'aise, mais je ne raccrochai pas sur-le-champ car je voulais que Macek comprenne que sa conduite était inadmissible.

« C'est très désagréable pour moi, vous le savez. Et vous savez aussi que nous avons rendez-vous demain. Nous en reparlerons à ce moment-là. »

Il réagit mollement.

« Comment, vous n'êtes pas contente ? Mais c'est bien moi qui vous parle ! Ça devrait vous faire plaisir ! »

Je me couchai mais ne m'endormis pas tout de suite. Je relus mes notes. Macek m'avait raconté qu'enfant il faisait des cauchemars terrifiants où il était attaqué par une gomme rose. Je tâchais de me concentrer, mais une partie de moi était ailleurs. Je m'en voulais toujours. Comment avais-je pu laisser cet homme me manipuler de la sorte ? Cela ne m'était encore jamais arrivé et j'étais inquiète. Après avoir raccroché, il m'avait fallu un moment pour me détendre. « Il n'est pas là, me raisonnais-je, il n'est pas là. » Mais j'avais envie de fouiller à nouveau les placards, d'en explorer les coins et les étagères. J'aurais aimé pouvoir démonter l'estrade sur laquelle était posé le lit. J'en mourais d'envie. Je brûlais de vérifier à nouveau si la cabine téléphonique était vide. Finalement, je me rendis compte que je n'avais pas besoin de faire tout cela : *il n'était pas là !*

« Richard, ce genre de comportement est inadmissible.

– Que voulez-vous dire ? me demanda-t-il, l'air blessé.

– Vous savez très bien ce que je veux dire.

– Je suppose, oui.

– Si vous recommencez, nous devrons interrompre nos entretiens. Je n'essaierai plus de vous aider. »

Une fois encore, il ne réagit pas vraiment, mais le message était passé. Il ne chercha plus à m'effrayer. En dépit de ses stratagèmes, je parvins peu à peu à faire remonter à la surface les souvenirs du crime pour lequel Richard Milone avait été jugé et sans doute injustement condamné à une peine de prison à perpétuité, qu'il purgeait au pénitencier de Chester, dans l'Illinois.

Sally Kandel, lycéenne à Carol Streams, n'avait que quatorze ans lorsqu'elle avait été assassinée. C'était une adolescente au sourire enjôleur et aux longs cheveux soyeux. Une belle plante qui faisait partie de l'équipe d'athlétisme et qui, deux années de suite, avait obtenu un *presidential fitness award*, certificat décerné aux élèves s'étant distingués par leurs performances sportives.

Le 12 septembre 1972 à 18 heures, Sally venait de dîner d'un steak frites et terminait sa part de gâteau à la banane.

« Je sors faire un tour à vélo, dit-elle à sa mère. Laisse la vaisselle, je la ferai en rentrant, vers 7 heures.

– Tu as intérêt à être là à 7 heures ! lui lança Cynthia.

– Je serai rentrée avant, maman. *Bonanza* commence justement à 7 heures. »

Ses parents ne devaient plus la revoir vivante. À 5 h 50 le lendemain matin, l'un des adjoints du shérif du comté de DuPage découvrit son corps sans vie dans un champ de maïs détrempé, à plus de trois kilomètres de chez elle, alors qu'elle n'était jamais allée si loin à vélo. Le terrain était si boueux que l'adjoint Donald Schmitt y abîma ses chaussures. On retrouva la bicyclette de la victime non loin de là, la roue avant tordue.

Du sang suintait encore d'une plaie à l'arrière de la tête de Sally. Après l'avoir examinée, le coroner conclut que la mort était due à une fracture du crâne et à une entaille qui avait atteint le cerveau. Dans son rapport, il recensait plus de vingt lacérations au niveau de la tête.

On établit que l'adolescente avait été frappée avec une poignée de caddie, une barre métallique abandonnée près de la route et sur laquelle on retrouva des cheveux et beaucoup de sang. Le jean de Sally présentait une déchirure de trente centimètres sur le devant, à la hauteur de l'entrejambe. À l'intérieur de la cuisse droite, une morsure de trois centimètres et demi sur quatre avait transpercé la peau. On détermina qu'elle avait été effectuée *post mortem*. Un morceau du pouce avait été coupé. Deux incisions de deux centimètres de long chacune entaillaient les paupières de la victime. Elles étaient également postérieures au décès.

Richard Milone était manœuvre. Il avait déjà eu des démêlés avec la justice, mais rien de grave. Malheureusement pour lui, il avait nettoyé sa voiture juste après le meurtre – pour la vendre, déclara-t-il. En outre, il transportait dans son véhicule une poignée de caddie pour se défendre – celle-là même retrouvée sur les lieux du crime. Mais l'élément le plus accablant fut le témoignage des dentistes. Ils certifièrent que les empreintes sur la cuisse de Sally Kendel étaient celles de ses canines. Seul le docteur Lowell J. Levine, un odontologiste de New York, soutint le contraire. En fait, il pensait avoir reconnu une anomalie présente chez Richard Macek : une prémolaire extrêmement longue et acérée. De plus, les coupures rituelles sur les paupières étaient la signature de Macek : on avait retrouvé les mêmes sur la femme de chambre Paula J. Cupit. Et puis il avait déjà frappé des femmes à la tête, notamment Sharon Kulisek, qu'il avait agressée dans une laverie automatique et qui avait passé sept jours dans le coma avant de pouvoir décrire l'homme à la police.

Macek et moi avions discuté du meurtre de Sally Kandel en long, en large et en travers. Tantôt il ne se souvenait de rien, tantôt un détail lui revenait. Il hésitait. Il se rétractait. Il changeait de sujet, il divaguait, il geignait à propos de sa femme, de son dossier, de sa cellule, des gardiens, des journalistes, de son avocat. Il évoquait le jour où il avait fait peur au gouverneur de l'Illinois dans la cuisine de la prison. Il changeait constamment de sujet. Parfois, il se montrait inflexible, catégorique. De mon côté, j'alternais les stratégies. Je l'écoutais et soudain j'interrompais son soliloque pour poser mes questions. Je le laissais s'égarer à nouveau, puis je m'efforçais de le recadrer. Il fallait lui marteler sans relâche les questions les plus dérangeantes.

Ses lettres étaient toujours aussi verbeuses, et de plus en plus amicales.

> Parfois, je me vois en train de vous porter dans ma cellule. Je vous pose sur le lit et nous restons allongés, là, à parler. [...] Oui, moi sur le dos, vous sur ma poitrine, et nous parlons de tout ce qui nous passe par la tête. Ni baisers ni caresses, juste des conversations tout ce qu'il y a de plus décentes. Pourquoi au lit ? C'est un des rares endroits où l'on peut se détendre en toute intimité et parler à son aise. En tout cas, c'est un de mes coins préférés, et le canapé aussi.

Je recevais des dizaines de missives de ce genre. Je savais pertinemment que Macek n'était pas en train de « tomber amoureux » de moi. Certainement pas. Il croyait juste qu'un homme était censé dire ce genre de choses à une femme. Mais il ne les pensait pas réellement. Il se comportait comme un enfant qui lit des mots dans un livre de classe, en se concentrant plus sur leur prononciation que sur leur sens et leur portée affective. Sauf que, à la différence d'un enfant, il n'avait pas de véritable personnalité.

Quelque temps plus tôt, le 9 juin 1977 à 0 h 45, Macek m'avait écrit une lettre de deux pages particulièrement déconcertante. L'entrée en matière était classique : « J'ai très envie de vous voir. Plus que vous ne pouvez l'imaginer. » Puis il s'égarait dans un délire confus : « Mes maux de tête s'intensifient. J'ai le moral qui grimpe à l'arbre. [...] Ma force est multipliée par trois ou quatre. » En bas de la page, après avoir parlé de ses enfants, il enchaînait sans retour à la ligne : « Sandy, tu me manques tant et tant. Toujours, je t'aime toujours ! Je suis tellement seul sans toi. [...] Souviens-toi que papa aime beaucoup sa petite fille. Ton mari, Richard. »

Jamais je n'avais ressenti un tel sentiment d'étrangeté. C'était irréel et angoissant. Rien n'aurait pu susciter une réaction de malaise plus viscérale en moi, ni un film d'horreur ni un insecte bizarre courant sur mon bras en pleine nuit. C'était comme si j'étais devenue sa femme, comme s'il ne distinguait plus entre l'épouse et le médecin. Sandy était une jeune femme brune, discrète et effacée qui adorait Richard, tout au moins jusqu'à son arrestation. J'étais blonde et je ne mâchais pas mes mots. Nous ne nous ressemblions ni physiquement ni moralement. Comment avait-il pu nous confondre ? En y réfléchissant, j'en conclus que Macek avait simplement oublié à qui il écrivait. Son épouse et moi ne formions plus qu'une seule et même personne dans son esprit. Un privilège dont je me serais volontiers passée.

Le mois d'octobre s'achevait à Madison. De petits fantômes et des citrouilles en papier décoraient l'hôpital pour Halloween. Les enfants avaient ressorti leurs déguisements. Dans mon service, des sorcières et des farfadets ricanants allaient de porte en porte réclamer leur butin de friandises.

Mais les démons de Richard Macek étaient autrement réels. Lorsqu'il me raconta comment il avait assassiné Sally Kandel, ses souvenirs étaient d'une telle précision que je lui demandai de les coucher par écrit en présence d'un employé de la prison.

Le 3 novembre 1977 dans la soirée, sous le regard du gardien-chef, il entreprit donc de relater le meurtre sur une feuille de papier ligné, d'une écriture ronde et appliquée.

Fin d'après-midi, 12 septembre 1972. Le temps était brumeux et humide. Je conduisais et j'ai eu envie d'aller aux toilettes. Il n'y avait rien à proximité, alors j'ai arrêté la voiture, je suis sorti et j'ai marché dans la forêt pour me soulager.

Il y avait une jeune fille qui poussait son vélo.

Je lui ai dit quelques mots. Puis je l'ai frappée à la tête, à droite, avec une barre noire, genre poignée de caddie.

Je l'ai traînée dans un champ et je l'ai encore frappée à la tête...

Elle portait un coupe-vent et un pantalon.

Elle gisait sur le dos. La jambe droite était plus haute que la gauche.

Alors je l'ai mordue à la cuisse droite...

À l'époque, j'avais une dent très pointue à droite.

En même temps que mes autres dents, le docteur Wash, un dentiste, m'a ôté ma dent pointue et aussi mes autres dents *[sic]*.

Le dentiste en question ne voulait au départ lui arracher que deux dents, car il était inutile de toucher aux autres. Mais Macek s'était montré très persuasif. C'est une autre particularité des tueurs en série, qui se débrouillent toujours pour parvenir à leurs fins, même sans violence.

William J. Cowlin, le procureur du comté de McHenry chargé de l'affaire Kandel, refusa de prendre en compte la confession de Macek. Il avait décidé que Milone était coupable et ne voulait pas revenir là-dessus. À sa décharge, il faut reconnaître que Macek avait plus souvent qu'à son tour abusé le personnel carcéral et la police, leur racontant tout et son contraire. Aussi Cowlin n'accordait-il plus foi à ses dires. De toute manière, le procureur avait déjà un coupable. Un coupable condamné par un jury. Il ne voyait pas l'intérêt de dépenser l'argent du contribuable pour rouvrir le dossier.

Mais moi je croyais à la confession de Macek. Elle comportait au moins trois éléments cruciaux qu'il ne pouvait pas avoir lus dans la presse. Personne ne savait que Sally portait un coupe-vent le soir de sa mort, ni qu'elle gisait sur le dos avec la jambe droite plus haute que la gauche, ni qu'elle avait été mordue à la cuisse.

L'aspect le plus lamentable de cette histoire était que Milone allait continuer de moisir en prison. En ce qui me concernait, j'estimais avoir rempli ma part du marché. J'avais fait parler Richard Otto Macek, ainsi qu'on me l'avait demandé lors de ma première visite à l'hôpital de Waupun. J'avais passé quatre cents heures en tête à tête avec lui et j'avais obtenu sa confession. Mais cela n'intéressait plus personne. Tomaselli et ses camarades ne donnaient plus signe de vie. Ils s'étaient éparpillés comme des cafards surpris dans un rai de lumière. Je finis par me rendre à l'évidence : toute cette affaire se résumait à une question d'ego. Un ego qui pourrissait le système carcéral et judiciaire, un ego qui se moquait de laisser un innocent en prison. Milone avait été reconnu coupable et Cowlin refusait d'envisager qu'il avait pu commettre une erreur. Tout était dit. Tant pis si l'accusation, le juge et le jury s'étaient trompés.

Heureusement, Milone finit par prouver son innocence. En 1994, il fut établi devant une cour d'appel que les empreintes de dents sur la cuisse de Sally Kandel n'étaient pas les siennes. Les résultats des examens qui avaient conclu le contraire lors du premier procès, et sur lesquels reposait une grande partie des arguments de l'accusation, étaient erronés. L'odontologie légale était une discipline toute jeune en 1973, et donc encore peu fiable. Les progrès accomplis dans l'intervalle permirent de disculper Milone et d'incriminer Macek, en partie grâce à la prévoyance du docteur Walsh, son dentiste, qui avait conservé les dents arrachées. Par ailleurs, Linda Sue Roseboom, à l'époque âgée de neuf ans, réitéra son témoignage, affirmant que la Dodge Polara de Milone n'était pas la voiture qu'elle avait vue dans l'allée le soir du meurtre. En revanche, le véhicule dont elle se souvenait correspondait à celui de Macek, qu'il avait décrit ainsi dans ses aveux : « J'avais une Chevrolet Impala crème. L'aile droite était cabossée. Et la portière enfoncée. » Milone recouvra donc la liberté, mais il avait perdu vingt années de sa vie.

La nouvelle me réjouit, bien évidemment, mais je trouvais regrettable que le tribunal n'ait jamais eu la confession de Macek entre les mains. Après réflexion, j'en étais arrivée à la conclusion que ses crimes n'avaient pas de cause extérieure. Rien dans son histoire ne pouvait expliquer ses actes. Il n'avait pas subi de sévices sexuels, n'avait été ni exproprié ni renvoyé de son travail. Bien sûr, la police ne s'était pas privée de spéculer : Richard Macek était un pervers, il ne pouvait pas accepter la mort de son père. Mais aucune de ces théories ne fut jamais vérifiée.

Pour ma part, je n'ai jamais découvert chez Richard Macek de véritable motif, un motif qui soit cohérent pour l'enquêteur comme pour le psychiatre. Aujourd'hui encore, je suis sidérée par l'indifférence qu'il manifestait à l'égard des autres. Son insensibilité me mettait souvent mal à l'aise durant nos entretiens. Pour lui, un humain n'était pas humain. Dans ses rêves comme dans ses récits, il était incapable de dire si quelqu'un était mort ou vivant. Il ne percevait pas la différence. Sa nécrophilie n'était pas d'ordre sexuel, c'était plutôt un déni, une tentative pour lever un doute concernant la frontière entre la vie et la mort. En accomplissant des actes sexuels sur les cadavres, en introduisant la vie en eux, il essayait de les « ramener », ainsi qu'il le disait lui-même. Lorsque Richard Macek affirmait ne pas se souvenir de ses victimes, il ne s'agissait pas d'amnésie à proprement parler mais d'une érosion de son fragile équilibre psychologique.

Au fil des ans le flux de ses lettres se tarit peu à peu, pour cesser totalement en 1980. En général, les serial killers réagissent bien dans un environnement qui leur impose des limites. Richard Macek ne faisait pas exception à la règle. Il se conduisait en prisonnier modèle et il était apprécié de son entourage. Il avait été condamné à perpétuité pour deux homicides et deux tentatives de meurtre.

En 1987, je reçus un coup de téléphone m'annonçant sa mort. Ce ne fut qu'en appelant la prison pour obtenir de plus amples informations que je découvris qu'il s'était suicidé dans sa cellule. J'ignorais ce qui avait pu motiver son geste dans la mesure où il semblait s'être bien adapté à l'incarcération. Il demeurait que j'avais beaucoup appris grâce à lui. Je retrouverais constamment une certaine manière de se comporter, de parler, de penser et de tuer chez les autres tueurs en série que j'étudierais. En premier lieu, il y avait cette vacuité omniprésente. Pour Richard Macek, l'autre n'était rien sinon une source de tracas que l'on pouvait éliminer et oublier. Ses propres mots en disent suffisamment long :

> C'était la mort. Frapper quelqu'un, coup en plein visage. Personne qui crie, me frappe, rendre les coups. Me frappe, m'enrage. Prends la personne, les balance contre le mur, frappe jusqu'à la mort, sans vie ou inconscient. Aucun contrôle sur moi. Jusqu'à plus de réaction, arrêté de se débattre. La personne semble changer tout le temps. Petite, grande, énorme et costaud. Têtes lacérées avec les dents ou à coups de ceinturon.

« La personne semble changer tout le temps. » Il ne parlait pas de lui, mais il aurait pu. C'était une des informations les plus importantes que j'avais apprises au contact de Richard Macek. Dans sa vie quotidienne, le tueur en série se conforme à ce qu'attend son entourage. C'est la raison pour laquelle sa violence semble inexplicable pour ceux qui croyaient le connaître. Cette singularité m'intriguait. Je voulais en savoir plus. Au cours de cette année d'entretiens, j'avais découvert des méthodes qui me seraient utiles par la suite. J'avais appris à interroger et à « profiler » un serial killer. Je savais à présent comment percer ses défenses. Mais d'où venait ce besoin de tuer ? De quelles profondeurs ? J'avais encore beaucoup de chemin à parcourir.

IV

Les tueurs en série à travers l'histoire

Je m'attendais à un personnage d'une autre stature. Après tout, il avait inspiré *Psychose*, et il avait été le premier tueur en série à accéder à la célébrité aux États-Unis. Mais je ne vis qu'un vieillard recroquevillé, tout seul dans un coin.

La pièce baignait dans la lumière crue d'un téléviseur en noir et blanc. Des bavardages entrecoupés d'éclats de rire déments s'élevaient çà et là. Ed Gein était assis à l'écart du nuage de fumée qui enveloppait un groupe de joueurs de cartes. La plupart des infirmières et des patients rassemblés dans la pièce ne savaient pas qui il était ni ce qu'il avait fait autrefois. Il ne regardait jamais en direction de la fenêtre grillagée. Dehors, des promeneurs déambulaient sur le sentier qui menait au lac bleu-gris, mais il ne voyait rien.

Cet homme n'était plus que l'ombre du croquemitaine qui terrorisait les enfants du Wisconsin. « Ne traverse pas la rue, grondaient les mères. Ne te promène pas au bord de la rivière, ne va pas jouer sur la voie ferrée, ne descends pas à la cave, ou alors Ed Gein t'attrapera. » Et la mise en garde produisait son effet sur les gosses. Devenus grands, ils agiteraient à leur tour la menace devant leurs propres bambins. Dans la forêt, autour d'un feu crépitant, on s'amusait à se faire peur en se racontant des histoires sur Ed Gein. Il existait des poupées à son effigie. Un humoriste amateur devait même diffuser sur Internet une chanson au sujet de cet assassin timide, sur l'air du générique des *Beverly Hillbillies*, une vieille série des années 1960. Il ne ressemblait pas au tueur fou que l'on avait décrit dans une kyrielle de mauvaises biographies romancées, ni à Norman Bates, le psychopathe de *Psychose*, le roman de Robert Bloch adapté à l'écran par Alfred Hitchcock. Il n'avait rien d'un « personnage ». Ed Gein n'était plus qu'un vieil homme usé qui attendait la mort à l'institut psychiatrique Mendota.

Mon poste de psychiatre dans cet établissement impliquait des tâches très diverses. Il m'arrivait de me charger de l'admission des patients comme de témoigner devant la justice en tant qu'expert. Je me plaisais à Mendota. Le travail n'était pas facile, mais la beauté de la nature inclinait à la méditation et permettait de prendre du recul.

Environ un mois après mon arrivée, je demandai à Ed Gein s'il accepterait de répondre à mes questions, en précisant que j'étais médecin et que je n'étais nullement en quête de sensationnel.

« Je voudrais juste vous comprendre un peu mieux, ajoutai-je en me penchant pour le regarder dans les yeux.

– Tout a déjà été dit.

– Juste une petite conversation ?

– Asseyez-vous alors », répondit-il en me désignant une chaise.

Ed Gein souffrait de démence sénile, ce qui signifiait que sa mémoire à court terme était très affectée, pour ne pas dire quasi inexistante. En revanche, ses souvenirs concernant la période antérieure à la maladie étaient restés intacts. Il n'avait oublié aucun détail. À l'instar de Richard Macek, il s'était bien adapté à la détention. Il vivait paisiblement dans ce cadre structuré. Et comme Richard Macek, il paraissait fondamentalement gentil… quand il ne tuait pas.

« J'ai entendu dire que vous avez fait des choses, Ed, des choses répréhensibles.

– J'ai fait des choses, oui. Je les ai faites ! » lança-t-il avec l'air de dire : « Et après ? »

Je ne tardai pas à comprendre l'origine de sa réticence. Ce n'était pas le fait de parler de ses crimes qui le dérangeait. Après son arrestation, il avait été exhibé et étudié comme un phénomène de foire. Au cours de cette semaine du 17 novembre 1957, ses méfaits avaient évincé la guerre froide et la course spatiale en première page des journaux du Midwest. Gein était devenu l'attraction numéro un. La police du Wisconsin le soupçonnait d'avoir tué plusieurs personnes portées disparues depuis les années 1940. Le nombre de victimes n'avait rien d'extraordinaire en soi, mais la manière dont elles avaient été tuées, si. Ed Gein avait écorché, pendu et découpé Bernice Worden comme une vulgaire carcasse de bétail. Il avait vu défiler une succession ininterrompue de policiers, d'avocats et de psychiatres qui lui posaient toujours les mêmes questions. Des journalistes douteux et des producteurs d'Hollywood lui avaient promis de l'argent et fait miroiter la liberté en échange de ses souvenirs. Après leur avoir tout raconté, il n'avait plus jamais entendu parler d'eux. À présent, il voulait juste qu'on le laisse en paix.

J'insistai malgré tout et, en l'espace de deux mois, nous nous entretînmes de manière informelle pendant une dizaine d'heures. À cette époque, je n'avais pas encore formulé de théorie sur les tueurs en série. Je me contentais de réunir des données pour tracer un profil susceptible de s'appliquer à une majorité d'entre eux. Je n'étais pas la première à me pencher sur le sujet et je ne pensais pas que mes recherches personnelles pouvaient rivaliser avec la somme d'informations qui existait déjà sur le sujet, mais le démon de la curiosité me tenait.

Dans les années 1940, on était plutôt du genre discret et réservé à Plainfield, une petite commune rurale de quelques centaines d'âmes. Cependant, la timidité et la gaucherie d'Ed faisaient de lui la victime toute désignée des plaisanteries de ses concitoyens. Le jeune homme avait hérité d'une exploitation agricole de quatre-vingts hectares et d'une ferme qui tombait en ruine depuis la mort de ses parents et de son frère. On a souvent dit, à tort, qu'il était devenu un assassin parce que son père rudoyait ce fils trop peu viril à son goût. On a également mis en cause l'attachement excessif qu'il vouait à sa mère, Augusta, une femme impatiente et revêche, obsédée par la Bible, qui avait transformé Ed en prisonnier consentant. On racontait qu'il n'avait jamais accepté la mort de celle-ci et qu'il avait transformé sa ferme délabrée en un sanctuaire dédié à la défunte. Mais rien de ce que je découvris au cours de mes recherches n'indiquait que ses meurtres prenaient leur source dans cette relation. En tout cas, ce qu'Ed Gein me confia ne révélait pas un amour ou une haine inhabituels.

« Il paraît que vous ne vous êtes jamais remis de la disparition de votre mère. Qu'en pensez-vous ?

– Je l'aimais. Je l'aimais beaucoup. Mais je ne peux pas dire que je ne m'en suis pas remis. Tout le monde est triste de perdre sa mère.

– Mais on dit aussi que vous avez condamné une grande partie de la maison pour en faire un sanctuaire, et que vous gardiez votre mère embaumée dans une chambre.

– C'était juste des expériences. Et la maison était grande. C'est vrai que je n'ai pas touché à sa chambre. Mais j'ai condamné les autres pièces parce que c'était trop grand pour tout chauffer. Trop grand pour une seule personne. »

En revanche, Gein était bel et bien un meurtrier, un véritable artisan du crime. Il possédait un saladier grossièrement taillé dans un crâne de femme, de grands abat-jour en peau humaine, un corset hérissé non pas de clous, d'étoiles ou de nœuds en cuir, mais d'une tête humaine, de tétons, de nez et d'un cœur. D'autres têtes étaient accrochées aux portes. Si d'aventure les petits garçons du voisinage qu'il gardait tombaient dessus, il prétendait qu'il s'agissait de têtes réduites originaires des mers du Sud. Et quand les gamins décrivaient ce qu'ils avaient vu à leurs parents, personne ne les croyait : Ed était excentrique, mais il n'était pas méchant.

Pourtant, Gein était loin d'être un simple excentrique. C'était un charognard. Au cimetière de Plainfield, à deux ou trois kilomètres de chez lui, il creusait la terre grouillante de vers, ouvrait les cercueils et prélevait sur les cadavres têtes, membres et organes.

À la lueur de la lune, il enfilait un costume de peau qu'il avait cousu à partir de ses rapines, un assemblage hétéroclite de membres et de seins qui possédait même un vagin. Alors il dansait. Il dansait et chantait, paradant au son de musiques que lui seul entendait.

« Oui, j'ai fait cela », me dit-il simplement.

J'aurais aimé lui soutirer plus d'informations, mais il était las et désabusé. Nos entretiens n'ayant fait qu'aiguiser ma curiosité, je décidai d'étudier les meurtres en série à travers l'histoire. Je passai de longs week-ends et des soirées entières à la bibliothèque de l'université de Madison, dévorant tous les ouvrages consacrés à ce sujet.

J'étais persuadée que les serial killers étaient apparus au XIXe siècle, jusqu'au jour où je découvris Gilles de Rais (1404-1440), le compagnon d'armes de Jeanne d'Arc. Thomas Mann parle de la grandeur religieuse des damnés, du génie comme maladie, de la maladie comme génie, du type de l'illuminé et du possédé, chez qui le saint et le criminel ne forment qu'un. Gilles de Rais n'avait pourtant rien d'un saint. Il possédait trois imposantes forteresses, dont celle de Machecoul où il attendait qu'on lui ramène de jeunes garçons. Pour ces enfants innocents, attirés par des promesses ou enlevés parfois en plein jour, débutait alors un martyre dont on trouve peu d'équivalents dans l'histoire.

Le sire de Rais jouissait d'une impunité d'autant plus grande que la France était un pays ravagé par une peste chronique et par la guerre avec les Anglais. En ces temps troublés, les superstitions et la sorcellerie régnaient. On tremblait devant le pouvoir malfaisant des démons et l'Église toute-puissante ; on croyait à l'alchimie et à la géomancie.

En 1429, après avoir combattu victorieusement à Orléans aux côtés de Jeanne d'Arc, Gilles est nommé maréchal de France. Il devient un héros. Il parade en ville sur un palefroi somptueusement harnaché, à la tête de ses deux cents soldats. Des enfants aux voix d'anges instruits à la maîtrise de sa chapelle chantent ses louanges. Il fait donner des mystères dans des décors luxueux, offrant aux spectateurs les mets et les vins les plus fins. Gilles de Rais n'est pas plus épris qu'un autre noble de ce faste et de cette pompe, mais il se conforme aux exigences de son temps et de son rang. Aucun seigneur digne de ce nom ne se déplace sans une suite nombreuse. Quelques siècles plus tard, John Wayne Gacy n'agira pas autrement lorsqu'il invitera le tout Tout-Chicago à de grands barbecues dans son jardin ou qu'il organisera la parade annuelle de la ville.

Dans *Le Procès de Gilles de Rais**, Georges Bataille signale que, par bien des aspects, la vie du baron criminel ne se distingue pas de celle de ses pairs : « Il est l'un de ces déraisonnables féodaux, dont il partage les plaisirs de l'égoïsme, l'oisiveté et les désordres. Il vit de la même façon, dans ces lourdes et luxueuses forteresses, au milieu d'hommes d'armes à son service, et dans le mépris du reste du monde. » C'est « un chaos contradictoire de calculs, de violences, de bonne humeur, de désordre sanglant, d'angoisse mortelle ». Cette existence a toujours

* Paris, Jean-Jacques Pauvert Éditeur, 1965. *(N.d.T.)*

été celle des membres de sa famille, grands seigneurs régnant sans partage sur une foule de paysans et de serviteurs. À la mort de ses parents, en 1415, Gilles est âgé de onze ans. Il est confié à son grand-père maternel, le riche et brutal Jean de Craon. Loin de lui prodiguer les sages conseils d'un aïeul et de l'instruire selon la promesse qu'il a faite aux parents de l'enfant, il le laisse livré à lui-même. Selon Georges Bataille, cette éducation, ou plutôt cette absence d'éducation, transforme l'enfant en un jeune animal sauvage, enclin à suivre tous ses penchants, criminels ou non.

Toutefois, ces années de jeunesse ne suffisent pas à éclaircir les meurtres du maréchal de France. C'est pourtant une hypothèse communément répandue, y compris chez les auteurs de son temps. Gilles lui-même incrimine son éducation lors de son procès. Ses désordres, il les devrait au « mauvais gouvernement qu'il avait eu en son enfance, étant laissé sans frein, poursuivant tout ce qui lui plaisait et s'attachant à tous les actes illicites ». Plus loin, reprenant les mots de l'accusé, le scribe ajoute : « Il perpétra plusieurs grands et énormes crimes [...] principalement en sa jeunesse, cyniquement contre Dieu et ses commandements. »

En grandissant, le jeune sauvage se mue en soldat sous la tutelle de deux hommes : le seigneur angevin Guillaume de La Jumellière, qui sera son conseiller militaire, et son cousin Georges de La Trémoille, le puissant favori du roi Charles VII. À Orléans, Gilles se révèle un guerrier aussi valeureux et presque aussi inspiré que la Pucelle. Il rentre couronné de lauriers. Pourtant, il ne tardera pas à sombrer dans l'infamie.

À partir de 1432, il charge ses valets de lui trouver de la chair fraîche, principalement de jeunes garçons – bien que, faute de mieux, il se rabatte parfois sur des filles. Ses serviteurs abusent les parents en leur racontant que le glorieux seigneur éduquera leur fils ou le placera à la campagne, à l'abri de l'Anglais. On achète parfois les enfants pour une miche de pain, voire on les enlève en plein jour. Ensuite, ils sont lavés avant d'être livrés au monstrueux baron.

Celui-ci se délecte à l'avance de la terreur croissante de ses petits captifs, à qui l'on fait parcourir d'interminables couloirs sombres et humides avant de les conduire jusqu'à lui. Toujours, il boit. Néanmoins, l'ébriété à elle seule n'explique pas ses crimes. Le vin accentue sans nul doute le peu de maîtrise qu'il exerce sur ses pulsions, mais ivre mort il serait totalement amorphe. En outre, si l'alcool désinhibe la plupart des gens, ce n'est pas à proprement parler un facteur déclenchant chez les tueurs en série. Pas plus que les autres meurtriers de son espèce, le maréchal ne peut nommer ce qui le pousse à commettre ses forfaits.

Lorsque l'enfant est introduit dans la chambre où se tient Gilles, son épouvante ne connaît plus de bornes. Il y a là un dispositif destiné à soulever l'innocent par le cou et à le suspendre en l'air, afin d'étrangler ses cris. Lorsqu'il est sur le point de perdre connaissance, on le redescend et on le libère. Aussitôt, le maître de céans le serre dans ses bras et le cajole, lui jurant que ce n'était qu'un jeu. Mais à peine le malheureux a-t-il repris confiance que l'autre lève un large glaive à double tranchant qu'il pointe lentement vers le cou du petit avant d'inciser la veine. Alors, il se masturbe tandis que la vie s'écoule du corps mourant. Il lui arrive aussi de s'asseoir sur le ventre de l'enfant à qui l'on a tranché la tête pour jouir sur lui. Poitou, un jeune garçon qu'il a violé mais gardé à son service à cause de sa beauté exceptionnelle, récapitulera devant les juges les différentes méthodes employées par son maître : « Tantôt les décollant ou les décapitant, tantôt leur coupant la gorge, tantôt les démembrant, et tantôt leur rompant le cou avec un bâton. »

En septembre 1440, Gilles de Rais est arrêté. On l'accuse d'avoir assassiné cent quarante enfants en l'espace de quatorze ans. Le 26 octobre à Nantes, il est pendu, puis son corps est livré aux flammes. Selon l'acte d'accusation du tribunal ecclésiastique, le baron aurait commis ses premiers crimes dès 1426. Toutefois, les témoignages des familles tendent à indiquer qu'ils n'auraient véritablement débuté qu'en 1432. C'est d'ailleurs la date donnée par le meurtrier dans sa confession. C'est une information cruciale, car Jean de Craon s'est éteint le 15 novembre 1432. Il se pourrait donc que Gilles de Rais n'ait donné libre cours à ses pulsions criminelles qu'après la mort de son grand-père – comme Ed Gein, dont les premiers meurtres suivront de près la disparition de sa mère, ou Richard Macek, qui se déchaînera après le décès de son père. Que les tueurs aiment ou non leurs parents, leur mort semble systématiquement jouer un rôle de détonateur. Mais existe-t-il d'autres facteurs déclenchants ? Dans le cas de Gilles de Rais, trop d'années se sont écoulées pour qu'on puisse affirmer quoi que ce soit ; néanmoins on peut faire des suppositions. Georges Bataille suggère que le climat de barbarie de la guerre de Cent Ans était à l'origine de la soif de sang du maréchal de France. Mais des milliers d'hommes ont participé à ces combats sans se transformer en ogres. Il y avait donc autre chose. Un fou aurait massacré au hasard. Gilles de Rais choisissait ses victimes, il ne s'attaquait qu'aux enfants. Comme beaucoup de tueurs en série, il s'en prenait à des êtres sans défense. Pas plus qu'Ed Gein et Richard Macek, il n'était un simple dément ou un psychopathe. Mais pourquoi tuait-il, alors ?

La comtesse hongroise Erzsébet Báthory (vers 1560-1614) était une beauté vaniteuse obsédée par son apparence et par le désir de rester jeune. Pour inculquer la discipline aux servantes du château de Csjethe, elle employait des méthodes très particulières. Ainsi, elle ordonna à une jeune fille soupçonnée de vol de tenir une pièce chauffée au rouge jusqu'à ce qu'elle s'imprime dans sa paume. Une autre fois, elle appliqua un fer à repasser brûlant sur le visage d'une femme de chambre maladroite. Il convient néanmoins de replacer ces actes dans leur contexte. À l'époque, la Hongrie était encore un pays moyenâgeux. On torturait sans états d'âme serviteurs et paysans. Certains grands seigneurs n'en finissaient pas d'inventer des supplices raffinés, transformant la torture en loisir ou en sport. La comtesse Báthory, elle, aurait fait tuer en trente ans plus de six cents jeunes filles. À quarante ans, redoutant les méfaits des ans et des maternités sur sa beauté, elle se persuada que seuls des bains de sang lui conserveraient sa jeunesse. On raconte qu'à cet effet un automate hérissé de pointes acérées, la vierge de fer, étreignait les pauvres filles au-dessus de la comtesse pour les saigner jusqu'à la dernière goutte.

Si elle s'en était tenue aux seules domestiques et filles de la campagne, peut-être la comtesse n'aurait-elle jamais été inquiétée. Mais lorsque des demoiselles de la noblesse disparurent à leur tour, la justice commença à s'agiter. En outre, Erzsébet se donnait de moins en moins de peine pour se débarrasser des cadavres. Il lui arrivait de jeter des corps de son carrosse lorsqu'elle en avait terminé avec eux. À ce rythme il devenait difficile de se procurer des filles sur ses terres, et elle dut en trouver plus loin, jusqu'à Vienne. Mise aux arrêts en décembre 1610, elle fut jugée et condamnée à être emmurée dans ses appartements. Elle vécut ainsi quatre ans dans la solitude et l'obscurité.

Et pourtant, Erzsébet Báthory n'était pas une tueuse en série selon ma définition. Elle était certes d'une grande cruauté mais ses crimes répondaient à un objectif précis : elle voulait garder l'éclat de la jeunesse. Les riches beautés d'aujourd'hui ne font de mal qu'à elles-mêmes lorsqu'elles s'injectent du Botox pour effacer leurs rides, subissent des liposuccions, ou se font poser des anneaux gastriques, mais le but recherché n'est pas différent. Je ne pense pas que les meurtres de la comtesse résultaient d'une perversion sexuelle. Ce n'était pas non plus le fruit d'une agressivité profonde. Elle était persuadée que tuer ces jeunes filles était la seule manière de parvenir à ses fins.

À Chicago, vers la fin du XIXe siècle, un homme étrange fit construire une bâtisse qu'il baptisa château. Une pharmacie y fut ouverte en mai 1890, mais les clients ne se doutaient pas que, lorsqu'on gravissait l'escalier, on pénétrait dans un univers fantastique. L'étage ne comptait pas moins de trente-cinq pièces, c'était un labyrinthe chaotique sans rime ni raison, un mélange hétéroclite de fresques et de colonnes romanes.

Herman Webster Mudgett (1861-1896), qui se faisait appeler le docteur H.H. Holmes, ressemblait au savant fou d'un vieux film de série B. Il aimait inspecter son domaine, ouvrant et fermant tour à tour ses cinquante et une portes grinçantes pour allumer son four, examiner ses tubes à essai remplis d'acide et de chaux ou tester les rampes qui communiquaient avec la cave. Il y avait des arrivées de gaz dans des pièces hermétiquement closes, des escaliers qui aboutissaient à un mur et des portes secrètes. Mudgett avait également conçu un instrument de torture capable d'étirer atrocement un homme.

Beau parleur, bigame et escroc, il avait également une fâcheuse propension à tuer ses relations pour s'approprier leurs économies ou leur assurance-vie. Durant l'Exposition universelle de Chicago, en 1893, il assassina plusieurs touristes naïfs à qui il avait loué des chambres. Mudgett ne manquait pas de sens pratique : il avait un complice qu'il payait trente dollars pour nettoyer les os de ses victimes et reconstituer des squelettes qu'il vendait ensuite plus de deux cent cinquante dollars pièce aux universités du pays. À la fin de l'été 1895, il fut inculpé pour le meurtre de son plus fidèle assistant, Benjamin Pitezel. Quelques mois plus tard, il fut condamné à mort. Dans une confession postérieure au procès, il avoua vingt-sept meurtres, mais on le soupçonnait d'en avoir commis quelque deux cents. Cependant, ce n'est pas tant le nombre de ses victimes que son insensibilité qui fait du docteur Holmes un tueur en série. Il amputait, écorchait ou brûlait les malheureux, quand il ne les plongeait pas dans des bains d'acide. Il enferma une femme qu'il avait séduite dans une pièce aveugle et la laissa mourir de faim, jouissant de ses hurlements de détresse.

Si le docteur Holmes fut un savant fou tuant autant par amour du lucre que par goût de l'expérimentation, le capitaine Carl Panzram (1891-1930) était mû par le seul plaisir. C'était un marin accompli qui parcourut le monde entre 1918 et 1926, tuant partout où il passait, aussi bien en Afrique du Sud que dans l'Oregon ou à New York. Ce sinistre individu, raciste de surcroît, affichait une nette préférence pour les jeunes garçons. Dans la confession de vingt mille mots qu'il confia à son seul ami, un gardien de prison, Panzram raconta comment il avait attiré un enfant de douze ans sur son lieu de travail, la Sinclair Oil Company, où il l'avait assassiné à coups de pierre sur la tête : « Je l'ai sodomisé puis tué. Son cerveau lui sortait par les oreilles lorsque je suis parti. Il était plus mort que mort. »

« Son cerveau lui sortait par les oreilles. » Ce genre de phrase revenait souvent sous la plume de Panzram, comme si la vision de cette cervelle en bouillie n'était pas seulement la preuve du décès de sa proie mais bien un motif de fierté. Il n'ouvrait pas le ventre de sa victime – c'était trop sale –, pas plus qu'il ne la poignardait ni ne lui tirait une balle dans le cœur, l'organe associé aux sentiments. Non, il s'attaquait au cerveau, le siège de la pensée, de l'intelligence et de la connaissance ; il voulait être sûr que ce qui caractérisait le mieux l'humain serait anéanti.

Donner la mort ne posait aucun problème au capitaine Panzram. Dans ses fantasmes, il était un mercenaire intrépide, le plus grand tueur à gages du monde. Il n'éprouvait aucun remords, mais il était lucide : « Je m'attaquais aux faibles, aux êtres sans défense, aux innocents. » Une telle clairvoyance peut surprendre chez un tueur en série, pourtant elle n'a rien d'inhabituel. Le meurtrier oublie parfois les circonstances précises d'un meurtre, mais, lorsqu'il choisit sa victime, il se rend parfaitement compte qu'elle n'est pas assez forte pour se défendre.

À l'instar de bien d'autres criminels multirécidivistes, Panzram déclara aux autorités n'avoir qu'un souvenir partiel de ses actes : « J'ai tué beaucoup de gens dans différents endroits et j'ai oublié un certain nombre de faits », reconnut-il. Malgré ses aveux, il décida de plaider non coupable et de conduire sa défense sans l'aide d'un avocat, offrant à la cour un spectacle lamentable. À un témoin qui l'accablait il adressa une menace explicite, caressant sa gorge de son index droit. Il avoua vingt-deux homicides, clamant qu'il regrettait seulement de ne pas en avoir commis le double : « La race humaine est une saloperie, je la hais ! Ça me botte de tuer des gens. » Il fut pendu le 5 septembre 1930.

Albert Howard Fish (1870-1936) sévit à peu près à la même époque aux États-Unis. Cet homme au crâne dégarni et à l'épaisse moustache grise était le père de six enfants. Sur les photos de police, il a le regard fixe, glacé. Sa correspondance donne la chair de poule. Il adressa un jour à la famille de l'une de ses victimes une lettre aussi perverse que sordide dans laquelle il évoquait un ami, le capitaine John Davis, qui lors d'un voyage en Extrême-Orient avait eu l'occasion de goûter la chair d'un enfant que l'on avait fessé au préalable pour « attendrir la viande ». Se posant en gourmet, Fish expliquait qu'il avait décidé d'en manger lui aussi.

Cette lettre, il l'écrivit six ans après la disparition mystérieuse de la petite Gracie Budd, alors âgée de dix ans, et quelques jours après avoir entendu un célèbre animateur mentionner l'affaire à la radio. La destinataire était Delia Budd, la mère de Gracie.

> Le dimanche 3 juin 1928, je suis passé chez vous au 406 W 15 Street. J'avais apporté du fromage blanc et des fraises. Nous avons déjeuné. Grace s'est assise sur mes genoux et m'a embrassé. J'ai décidé de la manger.
>
> J'ai offert de l'emmener à un goûter d'anniversaire. Vous avez dit oui. Je l'ai conduite à Westchester, dans une maison vide que j'avais choisie dans cette intention. En arrivant, je lui ai dit d'attendre dehors. Elle est allée cueillir des fleurs des champs. Je suis monté et j'ai ôté tous mes vêtements. Je savais qu'autrement ils seraient couverts de sang.
>
> Lorsque tout a été prêt, je suis allé à la fenêtre et je l'ai appelée. Puis je l'ai attendue, caché dans un placard. Lorsqu'elle m'a vu tout nu, elle s'est mise à pleurer et elle a voulu s'enfuir, mais je l'ai rattrapée dans l'escalier. Elle a dit qu'elle raconterait tout à sa maman.
>
> D'abord, je l'ai déshabillée. Elle donnait de sacrés coups de pied, elle mordait, elle griffait. Je l'ai étranglée puis découpée en petits morceaux pour pouvoir emporter la viande chez moi. La préparer et la manger. Son petit derrière rôti au four s'est avéré incroyablement tendre – un délice ! Il m'a fallu neuf jours pour manger son corps tout entier. Je ne l'ai pas baisée, mais j'aurais pu si j'avais voulu. Elle est morte vierge.

Les policiers rapportèrent que Fish ne manifesta pas la moindre émotion lorsqu'il leur raconta ses actes, les expliquant par sa « soif de sang ». Malgré ses airs doux et polis, il avait déjà été interpellé à plusieurs reprises pour une série de délits, allant des lettres obscènes au vol. Il n'avait toutefois jamais été condamné. Fish, qui déclara avoir été régulièrement battu à l'orphelinat Saint John de Washington, avoua également l'assassinat du petit Billy Gaffney.

> J'ai pris des instruments, en particulier un martinet solide fabriqué maison, avec un petit manche. J'avais coupé ma ceinture en deux, puis recoupé chaque moitié en six lanières d'une vingtaine de centimètres de long. J'ai fouetté ses fesses nues jusqu'à ce que le sang coule le long de ses jambes. Je lui ai

raccourci les oreilles, le nez, je lui ai entaillé la bouche d'une oreille à l'autre. Je lui ai arraché les yeux. Il était déjà mort à ce moment-là. J'ai planté le couteau dans son ventre, j'ai appliqué ma bouche contre son corps et bu son sang.

J'ai pris quatre vieux sacs à pommes de terre et ramassé des pierres. J'avais aussi un sac de voyage. J'ai glissé le nez, les oreilles et quelques morceaux du ventre dedans. Ensuite j'ai tranché le corps. D'abord en deux, sous le nombril, puis au niveau des jambes, environ cinq centimètres au-dessous des fesses. J'ai mis ça dans mon sac de voyage, avec beaucoup de papier. Après, j'ai coupé la tête, les pieds, les bras, les mains et les jambes sous les genoux. Je les ai mis dans les sacs à pommes de terre que j'avais lestés avec les pierres. Je les ai bien fermés et je les ai balancés dans les mares boueuses, le long de la route de North Beach.

Je suis rentré chez moi avec ma viande. J'avais pris mes morceaux préférés. Son polichinelle et ses grelots [le pénis et les testicules], et ses jolies petites fesses à faire rôtir au four. J'ai fait un ragoût de ses oreilles, de son nez, de morceaux du visage et du ventre. J'ai ajouté des oignons, des carottes, des navets, du céleri, du sel et du poivre. C'était bon.

Puis j'ai fendu ses fesses en deux, coupé son polichinelle et ses grelots. Je les ai lavés. J'ai mis des tranches de lard sur chaque fesse et enfourné le tout. J'ai pris quatre oignons. Au bout d'un quart d'heure, j'ai ajouté un demi-litre d'eau pour faire du jus, et les oignons. J'arrosais régulièrement ses fesses avec une cuillère en bois. Pour que la viande soit juteuse.

Les conclusions des psychiatres rejoignaient les observations des policiers : Fish était détaché de tout. Vivre ou mourir, peu lui importait. Par ailleurs, on découvrit qu'il s'était enfoncé des aiguilles entre le scrotum et le rectum. Les radios révélèrent vingt-neuf aiguilles dans cette zone ! D'ordinaire, les tueurs en série ne se mutilent pas. Certaines personnes dites « borderline » peuvent être amenées à se couper pour libérer la douleur ou pour se prouver qu'elles sentent encore quelque chose. Mais ce n'était pas le cas d'Albert Fish. Peut-être voulait-il savoir ce qu'éprouvaient ses victimes, mais rien n'est moins sûr. On ne peut affirmer qu'une chose : les serial killers aiment faire des expériences pour le plaisir, et tel était le cas d'Albert Fish.

Au procès, il apparut que les enfants du meurtrier

connaissaient les penchants masochistes de leur père. Ils l'avaient surpris en train de planter des clous dans une planche pour se frapper avec. Fish leur avait même parfois demandé de le battre, requête à laquelle il leur arrivait d'accéder. Le 16 janvier 1936, sur la chaise électrique, il lança aux gardiens qu'il attendait la décharge avec impatience, car l'électrocution lui avait procuré un frisson comme il en avait rarement éprouvé au cours de sa vie. Ce furent ses derniers mots.

Après avoir étudié la vie de ces différents criminels, je réfléchis à ce qui les reliait. Le premier point frappant était que leur entourage ne les jugeait pas particulièrement dangereux, ni même étranges ou anormaux. Ces hommes étaient suffisamment prudents pour dissimuler leurs activités, au moins pendant un certain temps. Par ailleurs, le cas de Gilles de Rais infirmait une idée largement répandue : les tueurs en série n'étaient pas une exclusivité américaine liée au prétendu déclin de nos valeurs.

Il fallait que j'en rencontre encore et encore pour mieux les comprendre – s'il y avait quelque chose à comprendre. En me plongeant dans l'histoire des serial killers, j'avais découvert qu'ils se distinguaient des autres assassins au moins par un élément : ce n'était ni la colère, ni la jalousie, ni une violente émotion qui les poussait à enchaîner les meurtres. Mais alors quoi ?

Je ne pensais qu'à une chose : continuer à recueillir des données, le plus possible, dans l'espoir de trouver un jour la réponse à cette question. Je savais que ce serait long, très long, que cette quête prendrait sans doute des années, qu'elle m'userait peut-être, car il me faudrait étudier des dizaines et des dizaines de tueurs. Mais j'avais attrapé le virus.

V

Les crimes de John Wayne Gacy

Le téléphone sonnait avec une telle insistance que je finis par décrocher, alors que j'étais débordée.

« Docteur Morrison ? Je m'appelle Sam Amirante. Je suis l'avocat de John Wayne Gacy. »

Gacy, le tueur dont toute la presse parlait. Cet appel aurait dû me réjouir, mais à quelques jours de mon mariage j'avais d'autres préoccupations. Ce matin-là, Sam Amirante avait lu le *Chicago Tribune*. Le journal publiait un article sur mes activités intitulé « Sur la piste de nos Mister Hyde ». J'y affirmais que la plupart des serial killers n'étaient jamais appréhendés. J'expliquais également que l'on ne pouvait pas se contenter d'évacuer le problème en les traitant de psychopathes, et que les raisons pour lesquelles ils tuaient étaient beaucoup plus complexes : « Le tueur en série n'est pas un fou au sens habituel, ce n'est pas quelqu'un qui entend des voix. Le fou peut tuer, mais il n'est pas assez organisé pour répéter son geste. Le désordre du tueur multirécidiviste est beaucoup plus profond, et il n'affleure que lorsqu'il est en train ou sur le point de commettre un meurtre. À ce moment-là, le docteur Jekyll se transforme en Mister Hyde. Il perd les pédales, puis recouvre la raison. »

L'article soulignait par ailleurs que les meurtres en série devenaient un mal endémique aux États-Unis et que, selon le FBI, au moins trente-cinq tueurs se promenaient actuellement dans la nature.

En ce frisquet matin de novembre 1980, j'avais un seul désir : qu'on me laisse penser tout à loisir au brillant neurochirurgien que je m'apprêtais à épouser. Mais Sam Amirante ne désarmait pas. À l'en croire, l'article du *Chicago Tribune* lui fournissait une parfaite ligne de défense. Son client, John Wayne Gacy, un entrepreneur de trente-sept ans, était accusé d'avoir tué trente-trois jeunes hommes et adolescents dans la région de Des Plaines, à une quarantaine de kilomètres de Chicago. Là-bas, on avait du mal à admettre sa culpabilité, y compris parmi les forces de l'ordre : Gacy avait eu une vie sociale des plus actives ; il organisait dans son jardin des barbecues géants où l'on croisait même des policiers. Mais son avocat n'appelait pas pour causer des détails de l'affaire. Son numéro de charme avait un objectif bien précis.

« Comment le saviez-vous ? me demanda-t-il.

– Pardon ?

– Vous avez parfaitement décrit la personnalité de John Gacy. Vous êtes sûre de ne jamais l'avoir rencontré ?

– Bien sûr que non ! »

Sam Amirante et son équipe semblaient ignorer que des gens se consacraient à l'étude des tueurs en série depuis un certain temps déjà, et cette découverte tombait à point nommé pour eux.

« Docteur Morrison, j'aimerais vous citer comme témoin de la défense au procès de Gacy. Nous allons plaider la folie.

– Ne vous emballez pas. Tout dépend de mes conclusions ; je dois d'abord l'examiner. »

Il était hors de question que je jure allégeance à un camp, qu'il s'agisse de la défense ou de l'accusation. Il y avait déjà trop de médecins prêts à raconter n'importe quoi, par appât du gain et pour la publicité. Ces pratiques ne m'intéressaient pas. Elles n'avaient de rapport ni avec la science ni avec le serment que j'avais prêté.

Mais, comme le juge Louis B. Garippo ne tarderait pas à l'apprendre, Amirante était obstiné.

« Est-ce que vous seriez d'accord pour rencontrer Gacy cette semaine ? Je peux arranger ça tout de suite. »

Le comportement de l'accusé déroutait le jeune avocat. Il l'avait vu passer d'une totale désinvolture à la panique la plus frénétique. Après avoir réfuté toute implication dans les meurtres, il avait fait des aveux complets en décembre 1978, lorsque la police de Chicago avait inspecté le vide sanitaire de un mètre qui se trouvait sous sa maison, déterrant des dizaines de corps.

Les fouilles avaient été particulièrement éprouvantes. Daniel Genty, de la police du comté de Cook, avait dû creuser la terre en dépit de l'odeur écœurante qui montait du sol. Après seulement quelques coups de pelle, il était tombé sur des os. Des os humains. De son côté, le policier Michael Albrecht avait exhumé quelque chose qui ressemblait à une jambe avec un morceau de jean. Rapidement, la police avait mis au jour des dizaines de corps dans un état de décomposition avancée. Puis la foule était venue. Des curieux qui rôdaient autour du site, malgré le froid et les tempêtes de neige, comme s'il s'agissait d'une attraction touristique.

Le petit Kelly Pucca, âgé de dix ans, habitait à côté de chez Gacy. Ses propos retranscrits dans le *Chicago Tribune* étaient révélateurs de l'angoisse dans laquelle vivaient désormais les habitants de Summerdale Avenue, grands et petits : « J'ai peur, reconnaissait-il. Quand je prends ma douche, j'ai peur que quelqu'un m'attrape et j'ai peur que des esprits viennent dans notre maison. »

À l'angoisse et à la curiosité s'ajoutait un mois de décembre traditionnellement pauvre en actualité. Le fait divers s'était transformé en conte horrifique qui fascinait la nation tout entière. John Wayne Gacy était en passe de devenir le tueur en série le plus célèbre du pays.

J'avais très envie de l'interroger, bien entendu, mais je répondis à Amirante que je ne pourrais le rencontrer qu'après ma lune de miel, un court séjour de trois jours à Key Biscayne, en Floride. Je ne précisai pas à l'avocat que j'étais très amoureuse, ni que j'avais longtemps cru que l'homme de ma vie n'existait pas, jusqu'à ce jour de décembre 1978 où je lui étais littéralement tombée dessus dans le parking souterrain d'un immeuble voisin du mien. C'était un neurochirurgien respecté, héritier d'une dynastie de médecins de Chicago. Ma future belle-famille, originaire d'Europe du Nord, était terriblement protocolaire. Lorsque j'avais été présentée à la grand-mère de mon fiancé, j'avais dû porter des gants blancs !

Durant mon voyage de noces, j'oubliai que j'étais psychiatre. Ce fut la première et la dernière fois que je parvins à séparer totalement mon métier et ma vie privée. À mon retour, je me sentais prête à rencontrer Gacy. Il était incarcéré à l'hôpital Cermak, au sud-ouest de Chicago. Le bâtiment de béton abritait des milliers de patients, mais Gacy avait été isolé dans la zone 3 nord. Les autres prisonniers l'auraient mis en pièces si on leur en avait laissé l'occasion – les tueurs d'enfants et d'adolescents sont considérés comme la lie de la population carcérale. En outre, certains gardiens n'auraient sans doute pas répugné à lui régler son compte. Cermak était un édifice d'une grande laideur où régnait une atmosphère de violence. Il y avait déjà eu là plusieurs tentatives de suicide. On surnommait les détenus qui essayaient de se pendre les *swingers**. J'allais passer des centaines d'heures avec Gacy dans ce lieu déprimant.

* Littéralement, ceux qui se balancent, mais également les branchés, les noceurs. *(N.d.T.)*

La porte claqua derrière moi et on la verrouilla de l'extérieur. J'entends encore le déclic si particulier du verrou. Je me retrouvai seule face à Gacy, tout en sachant qu'un gardien était en faction derrière la porte. La chambre jaune impersonnelle contenait un lit, une table pliante et une autre petite table près de la porte. Il y avait aussi une salle de bains. Gacy était en train d'écrire dans un grand cahier rouge. Il le posa sur une pile de cahiers similaires : c'était le journal intime qu'il tenait depuis son incarcération et dans lequel il s'efforçait de retracer sa vie. Il adorait faire des puzzles et il en avait collé cinq directement sur les murs. Il m'invita à m'asseoir à la petite table d'où je pourrais facilement atteindre la porte. C'était très subtil de sa part. Par ce geste apparemment attentionné, il me signifiait qu'il menait le jeu.

Au premier abord, Gacy était un homme sympathique. Il mesurait un mètre soixante-dix-sept, et ce jour-là il était vêtu d'un tee-shirt blanc, d'un pantalon kaki et de baskets. Sa silhouette trapue détonnait dans cette chambre parfaitement rangée. Il avait un double menton et son visage ovale était totalement inexpressif quand il parlait. Car pour parler il parlait : de la télévision, de ses parties de dominos avec les autres détenus, de la fédération américaine de football. Il avait toujours quelque chose à dire.

Malgré son affabilité, je me sentis immédiatement menacée. Gacy se croyait plus malin que tout le monde. Il réagissait avec condescendance à mes moindres propos, tout en s'efforçant de s'insinuer dans mes bonnes grâces. L'expression « bête et stupide » revenait souvent dans sa bouche. Apparemment, c'était le qualificatif que son père lui assenait pour le rabaisser. J'avais toujours l'impression qu'il pensait à mon sujet : « Tu es vraiment stupide ! » ou : « Pourquoi as-tu posé une question aussi bête ? » Bien sûr, jamais il n'oserait me le dire en face, mais il aurait toujours ce petit air méprisant et suffisant. Ce sentiment de supériorité hypertrophié allait au-delà de l'arrogance de celui qui a réussi, car une grande agressivité se cachait derrière chacune des paroles de Gacy, chacun de ses gestes. Il semblait avoir une trop haute idée de lui-même pour prendre la peine de justifier ses actes ou d'expliquer qui il était, que ce soit à moi ou à quiconque. Pourtant, c'était sa prévenance qui frappait d'abord ses interlocuteurs. Il était capable d'abuser la plupart des gens, encore que le mot « abuser » ne soit pas assez fort pour décrire l'emprise que Gacy exerçait sur les autres. Les escrocs les plus habiles ne lui arrivaient pas à la cheville.

On le classe souvent à tort parmi les psychopathes. Gacy présentait une pathologie plus complexe. En premier lieu, le psychopathe qui échafaude et met en œuvre des plans élaborés est organisé. Ensuite, il possède une personnalité structurée que les médecins sont capables de cerner et sur laquelle ils peuvent travailler. C'est le surmoi, l'instance de la culpabilité et de la censure, qui pose problème chez lui, or la psychiatrie peut l'aider, elle peut modifier sa personnalité, maîtriser ses pulsions. C'est une autre histoire avec le tueur en série, qui est dépourvu d'unité psychique. Parce que son moi est morcelé, en société il calque son attitude sur celle des autres. Du point de vue médical, un John Wayne Gacy est bien pire qu'un psychopathe, car il ne peut pas être « guéri ».

Après son arrestation, il avait avoué dix meurtres, des hommes et des adolescents, puis s'était rétracté. Même si notre première conversation ne portait pas spécifiquement là-dessus, Gacy me fit clairement comprendre qu'il était l'innocente victime d'un coup monté. Dans la mesure où c'était une prise de contact, je me contentai de l'écouter sans chercher à le pousser dans ses retranchements, lui demandant simplement des précisions.

« Ce qu'on dit est faux, je n'ai rien fait de tout ça », protesta-t-il.

Il me décocha un sourire. Mais ce n'était pas le genre

de sourire qui vous rapproche de votre interlocuteur. Il n'avait rien de franc ni d'ouvert. C'était un rictus cruel et arrogant. Je n'arrivais pas à me défaire de l'impression que sa bouche allait se changer en mâchoire carnassière et que des crocs allaient surgir au coin de ses lèvres. Ce sourire inquiétant invitait à la prudence. Il me hanterait au cours des semaines suivantes, la nuit, lorsque mon mari serait absent. Mais je ne perdais pas de vue que mon travail était de découvrir ce qui se passait dans la tête de Gacy, et je m'y employai dès cette première entrevue, simplement en l'incitant à parler et en l'écoutant.

« En fait, je ne sais même pas si j'ai tué quelqu'un », lança-t-il.

J'avais déjà entendu ce genre d'affirmation. C'était un système de défense classique. Ce pouvait être un mensonge comme cela pouvait être vrai : Richard Macek en était le meilleur exemple. Cependant, la rapidité avec laquelle Gacy avait abordé le sujet m'inclinait à penser qu'il me manipulait. Il n'avait pas dû s'écouler vingt minutes depuis que j'avais pénétré dans sa chambre, et voilà qu'il se lançait dans une tirade sur ses amnésies. Il avait pris beaucoup de Valium, me confia-t-il, « entre trente et cinquante milligrammes par jour ». Il trouvait facilement à s'en procurer sans ordonnance lorsqu'il effectuait de petits travaux pour les pharmaciens. Il tira d'une chemise une série d'articles qui affirmaient que le Valium pouvait provoquer des troubles de la mémoire.

« Je dors quatre ou cinq heures par nuit et j'y pense sans cesse. Ça me tracasse. Ce n'est pas rien d'être accusé de trente-trois meurtres et de ne pas savoir ce qui s'est réellement passé. Surtout pour quelqu'un d'aussi organisé que moi. »

Organisé ? C'était un euphémisme, pensai-je en jetant un coup d'œil autour de moi.

« Je dois dire que je travaille rarement dans des endroits aussi agréables », dis-je.

La chambre était immaculée. Mais si Gacy était

parfaitement capable de mettre de l'ordre autour de lui, il n'avait aucune prise sur le chaos qui régnait dans son esprit.

Il se rengorgea, flatté.

« La chambre ? Pourtant, il y a encore des cafards qui se baladent. Je ne supporte pas ça. Alors je nettoie le sol. Je le frotte à genoux. Je passe la serpillière. J'ai lavé les murs, mais ils sont toujours aussi sales.

– Oui. Trop d'années de crasse accumulée. Vous êtes ici depuis combien de temps ?

– Voilà onze mois que je suis enfermé. Je ne fais pas de cauchemars. Je n'ai pas de remords. Il n'y a pas de fantôme. Je suis là et j'ignore pourquoi. »

Je ne relevai pas et passai à sa famille. Je l'interrogeai sur ses relations avec son père. Je savais que c'était un homme violent, jamais satisfait de son fils, et qu'il était mort à l'époque où Gacy purgeait une peine dans l'Iowa pour le viol d'un adolescent.

« Ils ont attendu quatre jours pour vous dire qu'il était…

– Mort. Ça m'a affecté, évidemment. Parce que, vous savez, toute ma vie j'ai déçu mon père. Et là encore. Je l'ai déçu. Mon père a toujours pensé que j'étais bête et stupide. Que je n'arriverais jamais à rien. Bête et stupide. »

Il se conduisait comme s'il savait exactement ce qui était susceptible d'intéresser un psychiatre, comme s'il voulait me mâcher le travail. Mais il allait un peu vite.

Je quittai Gacy après trois heures de conversation informelle et regagnai mon bureau au Centre d'évaluation, l'établissement de diagnostics et d'interventions psychiatriques et neurologiques que j'avais créé. Ce centre n'est pas seulement un jalon dans ma carrière, il représente la réalisation d'un rêve. J'ai toujours souhaité réunir une équipe pluridisciplinaire pour proposer des consultations aussi exhaustives que possible. Nous pouvons mettre jusqu'à cinquante spécialistes sur un cas, des enseignants, des praticiens et divers chercheurs. Libéré des contraintes de rendement et des rivalités entre services qui sont la plaie des hôpitaux, chacun peut donner le meilleur de lui-même. J'ai ouvert le centre en 1980 pour analyser les fonctions du cerveau du point de vue neurologique aussi bien que psychiatrique. Lorsque nous recevons un patient sujet à des pertes de mémoire, nous cherchons d'abord un éventuel problème d'irrigation cérébrale. Si la personne présente des troubles psychotiques, elle est soumise à une évaluation généralement pratiquée par mes soins. J'emploie également avec les tueurs en série cette double approche qui permet d'établir un diagnostic très complet.

Quand je relus mes notes, les similarités entre Gacy et Macek me sautèrent aux yeux. Physiquement, ils se ressemblaient : un corps massif, une posture voûtée, un visage poupin et joufflu. Même les manières de Gacy, ses paroles mielleuses et la colère que je sentais bouillir en lui me rappelaient Macek. Se pouvait-il que ces hommes correspondent à un même profil ? En surface ils ressemblaient à M. Tout-le-monde, mais à l'intérieur ils étaient différents. Les sentiments qu'éprouvaient la plupart des gens leur étaient étrangers. Comme si quelqu'un avait sorti un emporte-pièce étiqueté « tueur en série » d'un tiroir de cuisine : on découpe la pâte, on enfourne les biscuits et ils ressortent du four… prêts à tuer.

Même si à première vue les homicides de John Gacy ressemblaient à des crimes sexuels, il me fallait plutôt chercher leur origine dans sa colère et son agressivité. Il avait été un enfant fragile sujet à des malaises fréquents. À l'âge de quinze ans, il s'était disputé violemment avec son père au sujet de l'utilisation de la voiture familiale. Plus tard dans la soirée, alors qu'il jouait aux cartes avec des amis, ses yeux roulèrent dans leurs orbites, puis il vacilla et s'évanouit. Il passa trois semaines à l'hôpital. Les médecins ne découvrirent rien de grave, mais il s'évanouit de nouveau à son retour chez lui. À son réveil, il fut pris de convulsions effrayantes. Un médecin conclut à une crise d'épilepsie. Le père de John Gacy traita par le mépris ce mal qu'il attribuait à la nature hypersensible et efféminée de l'adolescent, continuant à lui reprocher d'être « bête et stupide ». Il le battait parfois, comme il battait sa femme, qu'il frappa un jour au visage jusqu'au sang.

À vingt ans, John quitta le domicile familial pour Las Vegas, où il travailla quelque temps dans une entreprise de pompes funèbres. Il avoua plus tard qu'il lui arrivait de s'allonger dans un cercueil, d'enlacer un cadavre et de se sentir excité lorsqu'il le plaçait sur lui. Il ne faudrait néanmoins pas tirer de conclusions hâtives de cet épisode, car Gacy n'était pas à proprement parler nécrophile. Il ne recherchait pas spécifiquement la compagnie des morts pour assouvir ses besoins sexuels. C'était plutôt une question de curiosité et de sens pratique : les corps se trouvaient à sa disposition ; quant au cercueil, c'était l'endroit le plus accessible et le plus confortable pour s'allonger. On observe parfois des pratiques nécrophiles chez les tueurs en série, mais c'est loin d'être une constante. Gacy n'était pas animé par le désir de pouvoir et de domination généralement associé à cette perversion. En outre, c'était un homme très sociable, contrairement aux nécrophiles qui ont tendance à fuir la compagnie des vivants. À l'image d'Albert Fish, ou de Robert Berdella dont il sera question plus loin, John Gacy aimait faire des expériences, il essayait pour voir.

À l'approche de Noël 1967, à l'âge de vingt-six ans, il commença à attirer des adolescents dans sa maison en banlieue. Dans un premier temps, il s'efforça simplement d'obtenir des faveurs sexuelles. C'est ainsi qu'il proposa au jeune Donald Voorhees, seize ans, de venir regarder des films pornographiques chez lui sous prétexte de faire son éducation sexuelle. Là, il lui mentit avec aplomb, lui affirmant que selon le rapport Kinsey, cette célèbre étude publiée en 1948 sur les comportements sexuels des Américains blancs de moins de trente-cinq ans, de nombreux jeunes gens s'initiaient à la sexualité en pratiquant la fellation avec un autre homme. Lorsque l'adolescent objecta qu'il craignait que le sperme n'ait mauvais goût, Gracy s'empressa de le détromper : cela n'avait aucun goût, la fellation n'était pas sale, c'était exactement comme sucer son pouce. Fort du poids moral que lui conféraient ses responsabilités au Jaycees* local, il lui assura encore que ce n'était pas un péché. Il lui donna même de l'argent afin d'acheter un ampli pour son groupe de rock, et l'adolescent finit par céder.

Quelque temps plus tard, il chargea un autre garçon de donner une correction à Donald Voorhees afin de l'empêcher de témoigner contre lui au tribunal. John Gacy fut néanmoins arrêté et emprisonné. Tandis qu'il attendait son jugement pour menaces, intimidation et sodomie, les enquêteurs découvrirent qu'il avait eu des relations sexuelles avec d'autres jeunes gens. L'un d'eux, Edward Lynch, était cuisinier au Kentucky Fried Chicken que John gérait pour le compte de son beau-père. Le garçon avait été non seulement violé, mais aussi menotté et étranglé jusqu'à ce qu'il perde connaissance et urine sous lui. Gacy garderait l'habitude d'attacher ses victimes les mains derrière le dos avant de les violer. Lors du procès, il eut beau plaider qu'il s'agissait de relations consentantes, le juge Peter Van Metre le condamna à dix ans de réclusion au pénitencier d'Anamosa, dans l'Iowa. Sa femme, Marlynn, demanda le divorce et lui interdit de revoir son fils et sa fille.

À Anamosa, comme plus tard à Cermak, Gacy se comporta en prisonnier modèle. Il se montrait méticuleux, ordonné, et lisait assidûment le *Wall Street Journal* à la bibliothèque. Il grimpa rapidement les échelons au sein de la prison et devint chef cuisinier. En échange de

* Sigle dérivé de Junior Chamber of Commerce : association destinée à aider les jeunes dans leur carrière professionnelle. *(N.d.T.)*

petits plats, les autres détenus lui offraient des cigares et les gardiens des minutes supplémentaires de téléphone. Il créa même une division des Jaycees et persuada un couple âgé de faire don de leur golf miniature à l'établissement carcéral. Il était persuasif et flatteur – bref, un politicien-né. Néanmoins, on ne l'autorisa pas à rendre visite à son père malade, qui s'éteignit à la fin de 1969.

Au bout de dix-sept mois, sa conduite exemplaire valut à John Gacy une libération anticipée. Dans le rapport du psychiatre Richard Lee adressé à la commission chargée de statuer sur son sort, on pouvait lire : « Il apparaît peu probable qu'il manifeste à nouveau un comportement antisocial. » Le docteur Lee n'aurait pas pu se tromper plus lourdement. John avait sombré dans un état d'abattement profond parce qu'il n'avait pu revoir son père avant sa mort. Cette morosité persista malgré son élargissement.

Après notre premier entretien, je pris rendez-vous avec Jeff Rignall, l'une des rares victimes de Gacy à en avoir réchappé. C'était un homme brun de taille moyenne, mince sans être maigre, avec de longs favoris et une moustache. Il avait déjà raconté maintes fois son calvaire. Il était vivant mais se sentait marqué pour le restant de ses jours.

À la fin du mois de mars 1978, Rignall, bisexuel, s'était disputé avec sa petite amie. Il avait quitté son appartement de Chicago pour aller boire un verre. Tandis qu'il marchait dans la rue, une luxueuse voiture noire s'arrêta à son niveau. Sans hâte, Gacy baissa la vitre et engagea la conversation. Jeff le jaugea rapidement, estimant qu'il avait affaire à un chic type, sans doute un homosexuel refoulé marié à une femme qui devait l'attendre dans leur pavillon de banlieue. Pour un peu, il aurait eu pitié de lui. Le conducteur lui proposa un joint et Rignall monta dans le véhicule.

Gacy ne tarda pas à tomber le masque. Son passager

avait à peine tiré deux ou trois bouffées qu'il lui plaqua un linge humide nauséabond sur le visage. Rignall se souvenait encore du goût écœurant du chloroforme, un anesthésique quarante fois plus sucré que le sucre de canne. Il eut encore le temps de sentir une intense brûlure avant de perdre connaissance. Il se réveilla chez Gacy sur un canapé, à côté d'un bar au-dessus duquel était accroché un tableau représentant un clown qui le lorgnait avec des yeux malveillants et moqueurs. Alors que le visage du jeune homme était encore enflé et irrité, son ravisseur l'attacha à une sorte de pilori de sa confection et l'obligea à lui faire une fellation. Puis il lui inséra une série d'objets dans l'anus, dont un tisonnier pointu, avant de se débarrasser de sa victime dans un parc de Chicago. Le malheureux reprit conscience au milieu des ordures et des rats. Tant bien que mal, il parvint à rejoindre l'appartement de son amie. Il était grièvement blessé et dut passer plusieurs semaines à l'hôpital. Le chloroforme, qui peut d'ailleurs provoquer des crises cardiaques, avait infligé à son organisme des dommages irréversibles.

J'espérais que mon entretien avec lui m'aiderait à mieux comprendre John Gacy. J'interrogeai Jeff Rignall avec douceur.

« Pouvez-vous me raconter ce qui vous est arrivé ?

– Je ne pensais pas m'en sortir vivant. J'avais le rectum en sang, et la police ne me croyait pas. »

Le simple fait de relater son histoire le bouleversait. Il lui était impossible d'oublier ce qui s'était passé. Lorsque les souvenirs affluaient, il prenait sa voiture, faisait deux cents kilomètres et pleurait.

« Que ressentez-vous quand vous pensez à John Gacy aujourd'hui ?

– Je crois que j'aimerais le voir griller sur la chaise électrique. Jamais je n'aurais imaginé vivre une telle horreur. Et ça me poursuit.

– C'est-à-dire ?

– J'ai beaucoup vieilli en deux ans. J'avais l'air bien plus jeune avant. »

J'étais confiante. Il finirait par retrouver un semblant de tranquillité. Il avait l'impression d'avoir vieilli mais il n'avait que vingt-huit ans. Il avait encore une longue vie devant lui pour panser ses blessures.

« Selon vous, pourquoi Gacy vous a-t-il épargné ?

– À aucun moment je n'ai résisté. J'étais attaché de toute façon, je ne pouvais rien faire. Lorsqu'il voyait la souffrance sur mon visage, il me mettait son chiffon imprégné de chloroforme sur le nez et je tombais dans les vapes. Je me réveillais un moment plus tard, dans une autre position. Il me racontait ce qu'il allait me faire et il me lançait : "Je veux que tu me dises…" Des trucs vraiment dégueulasses. Mais pas une fois je n'ai résisté. Je pense que c'est la raison pour laquelle je suis encore vivant. Ça a dû le refroidir. »

Il se pouvait fort bien que Rignall ait raison. Sa soumission l'avait peut-être sauvé. Ce qui ne signifiait pas que cette même attitude aurait été efficace avec un tueur en série différent, ni même qu'elle aurait pu aider d'autres victimes de Gacy. Mais ce jour-là, peut-être parce que le serial killer était fatigué, peut-être parce que Rignall ne s'était pas débattu, il n'avait pas tué. Même si cet entretien ne m'apportait guère d'éléments nouveaux, il était important pour moi de pouvoir discuter avec un rescapé, ne serait-ce que pour dresser un profil des proies de Gacy : de jeunes hommes minces aux cheveux clairs ou châtains. Une pièce à ajouter au puzzle.

Jeff porta plainte, mais ce fut l'assassinat de Robert Piest qui précipita la chute de Gacy. En effet, jusque-là, les forces de l'ordre n'avaient guère fait de zèle. Rignall avait pourtant demandé aux autorités de se rendre au domicile de son persécuteur. On avait tergiversé et fini par lui répondre que c'était trop loin ! En général, l'assassin choisissait ses victimes parmi les marginaux, les pauvres, les fugueurs, les prostitués, les dépressifs, les travailleurs immigrés. De toute évidence, ces jeunes gens ne figuraient pas en tête de liste parmi les priorités de la police, qui semblait avoir oublié qu'aucune vie ne compte plus qu'une autre.

Robert Piest avait tout juste quinze ans au moment des faits. Il n'avait rien d'un marginal. C'était l'un des plus brillants élèves de son lycée. C'était également un gymnaste émérite et un photographe amateur enthousiaste. Mince, musclé, Robert avait des traits agréables et des cheveux mi-longs. Il était sur le point de passer « aigle », le plus haut grade chez les scouts américains, lorsqu'il rencontra John Gacy le 11 décembre 1978 à la Nisson Pharmacy de Des Plaines, dans l'Illinois, où il était employé comme commis. Peut-être parce que Noël approchait, peut-être parce qu'il voulait s'acheter une Jeep, peut-être à cause de l'anniversaire de sa mère, l'adolescent cherchait un emploi plus rémunérateur. L'entrepreneur était venu conseiller le propriétaire du magasin, qui souhaitait réaménager les lieux. En rangeant les produits sur les étagères, Robert entendit Gacy mentionner le salaire de ses employés : le double de ce qu'il gagnait. L'adolescent ne se manifesta pas, mais Gacy coulait des regards occasionnels de son côté tout en continuant à discuter avec le propriétaire. Il sortit, puis revint un instant plus tard pour récupérer son agenda qu'il avait oublié.

Dehors, il neigeait. Un froid glacial était tombé sur la région de Chicago. Robert demanda à un collègue s'il pouvait partir un peu plus tôt pour aller parler à Gacy. Il enfila sa parka bleue et rejoignit sa mère qui était venue le chercher en voiture.

« Je veux juste dire un mot à cet homme, dit-il, tout excité. Il a peut-être du travail pour moi. »

Elizabeth Piest acquiesça et décida d'aller faire un tour à la pharmacie en attendant.

Robert se dirigea vers le camion. Il regarda à l'intérieur.

L'entrepreneur était en train de brasser des papiers. Il hésita un moment, puis frappa à la vitre.

« Monsieur, est-ce que vous auriez du travail pour moi ? Je vous ai entendu parler dans le magasin. »

Il décocha un sourire à Gacy, qui l'invita à grimper. Transi de froid, il accepta sans se faire prier.

« Est-ce que vous pourriez me donner des détails sur le genre d'emploi que vous proposez ? »

Le criminel, qui déclara plus tard l'avoir trouvé trop revendicatif, lui suggéra de vendre son corps s'il souhaitait vraiment gagner de l'argent. L'adolescent pensa peut-être qu'il plaisantait, toujours est-il qu'il ne réagit pas. John Gacy démarra et prit la direction de sa maison de Norwood, non loin de Des Plaines. Une fois à destination, il ne perdit pas de temps. Il passa brutalement les menottes au garçon, malgré ses supplications.

Le lendemain matin, Robert Piest était mort. Il avait été violé puis étranglé à l'aide d'une corde. Il gisait telle une poupée de chiffon entre le lit et l'un des murs de la chambre. Son assassin avait dormi à côté de lui. Il le cacha dans le grenier avant de partir au travail. À son retour, il chargea la dépouille dans son véhicule, emprunta l'Interstate 55 et jeta le corps à soixante-dix kilomètres de chez lui dans la Des Plaines River. Quelques mois plus tard, on retrouva le cadavre décomposé près d'un barrage du comté de Grundy, soit des dizaines de kilomètres en aval.

Dans mon bureau, j'examinai longuement les photographies de tous les adolescents assassinés. La plupart avaient été prises au lycée. D'une certaine manière, ces garçons se ressemblaient. Tous étaient minces et séduisants. Sous leur tignasse claire un peu trop longue, leurs yeux exprimaient la confiance et l'espoir. Aucun ne fuyait l'objectif. Ils ne faisaient pas la grimace, ne jouaient pas les timides. Ils offraient un visage ouvert et lumineux. Seul Matthew Bowman, dix-neuf ans, semblait se méfier de l'appareil photo.

Bien entendu, les Gacy ne pouvaient pas croire à la culpabilité de John. Je demandai à rencontrer sa sœur cadette, Karen. C'était une petite femme calme aux traits ordinaires, aux cheveux bruns mi-longs attachés, sans une mèche qui dépassait. Elle me parla longuement de son frère en termes enthousiastes : un homme généreux, toujours prêt à aider son prochain, très attentif au bien-être de sa famille en général et de sa mère en particulier, surtout depuis la mort de leur père, John Stanley Gacy. De tels propos étaient prévisibles. Le déni est un phénomène courant chez les proches d'un tueur en série.

« Je ne peux pas y croire. Il a toujours été un bon frère. Comment une chose pareille a-t-elle pu arriver ?

– C'est ce que nous essayons de comprendre.

– Dans ce cas, est-ce que les gens ne pourraient pas essayer de comprendre sans en parler tous les jours dans les journaux et à la télé ? On dirait que c'est de notre faute, à nous, sa famille. »

L'attitude des médias la révoltait. Les fausses informations pullulaient comme les mouches en été. Pour obtenir un scoop, certains journalistes n'hésitaient pas à transformer les rumeurs en faits. Parce que j'avais déjà entendu ce discours, notamment dans la bouche des proches de Richard Macek, je comprenais ce que ressentait Karen et je lui exprimai ma compassion. Elle devint plus loquace.

« Nous étions toujours ensemble, même s'il y avait une rivalité fraternelle entre nous. Je me souviens qu'il avait été frappé à la tête par une balançoire et qu'il avait souvent des malaises, même à l'école. »

Elle cherchait une explication. Elle ne pouvait pas envisager que son frère ait été totalement responsable de ses actes. Cependant, rien dans les examens médicaux que John Gacy avait subis au cours de sa vie n'indiquait la présence de dommages physiologiques susceptibles d'expliquer ses penchants criminels. Le moindre traumatisme crânien aurait eu des conséquences sur son travail à l'école ou se serait manifesté par des troubles de la vue.

« A-t-il eu d'autres crises de quelque nature que ce soit ?

– Je me souviens qu'une fois il a perdu connaissance en haut de l'escalier. Il ne savait plus où il se trouvait lorsqu'il est revenu à lui. Il avait l'air soûl, sauf qu'il n'avait pas bu. Sa voix avait changé. Ce n'était plus sa voix. »

Puis Karen relata un autre incident. Pris d'un malaise, John avait été hospitalisé. À son réveil, lorsqu'il avait découvert qu'il était entravé, il s'était répandu en invectives et avait piqué une crise de nerfs, tirant sur ses liens et les déchirant « comme s'il avait eu la force de dix hommes ».

« J'ai entendu dire qu'il avait des problèmes avec son père. »

Karen prit une longue inspiration.

« Parfois, il y avait de petites choses. Je me souviens que papa ne voulait pas que John prenne des bains parce qu'il disait que l'eau chaude coûtait trop cher. Il lui criait dessus, le mettait au défi de lui donner un coup de poing. Mais John ne l'a jamais fait. »

John Stanley Gacy avait été marqué par la dépression de 1929 et, avec les ans, ses manies avaient pris un tour obsessionnel.

« C'est tout ?

– Quand notre père est décédé, John se trouvait dans l'Iowa, où il purgeait sa première peine. Il s'est persuadé que papa était mort de honte au sens propre à cause de lui. »

J'expliquai alors à Karen qu'il était primordial pour moi de discuter avec sa mère. Elle blêmit.

« Ma mère ne parle à personne. »

Un long silence s'installa. Elle regardait fixement le verre d'eau qu'elle tenait à la main. Enfin, elle leva les yeux.

« Je vais voir ce que je peux faire. »

Convaincre la mère de Gacy prit plusieurs semaines.

Mais elle finit par céder devant l'insistance conjuguée de Karen et de Sam Amirante. John lui-même intervint. Je discutai donc longuement avec Marion Gacy au téléphone. Elle avait été employée dans une pharmacie où son absence de diplôme ne l'avait pas empêchée de gravir les échelons. Malgré le mépris avec lequel son mari traitait John, elle était très proche de son fils.

Marion pensait qu'on le persécutait injustement et elle me le répéta plusieurs fois. Très vite, elle aborda la petite enfance de John.

« Il est né tard et, quand il est sorti, il était tout bleu.

– Cela a dû être dur pour vous, Marion.

– J'ai fait tout mon possible pour l'aider. Pendant des mois, je lui ai même administré des lavements.

– Je vous demande pardon ?

– Je lui administrais des lavements et des suppositoires, parce qu'il avait eu des problèmes avant la naissance. Il avait déféqué dans l'utérus, ce qui lui avait causé des problèmes respiratoires. »

Je compris qu'elle avait déduit que John souffrait de complications dues à une aspiration de méconium : si le fœtus inhale ses propres matières fécales dans le liquide amniotique, cela peut provoquer une détresse respiratoire, et à terme une pneumonie ou une lésion des poumons. Quelques jours après l'accouchement, Marion avait eu l'impression que son fils s'étouffait. De plus, il était devenu allergique au lait sous toutes ses formes. Les suppositoires étaient destinés à soigner ses troubles respiratoires.

« Qui lui avait prescrit ce traitement ? demandai-je, décontenancée par cette médication pour le moins inappropriée.

– Moi. Je suis pharmacienne.

– Pendant combien de temps l'a-t-il suivi ?

– Régulièrement pendant ses trois premiers mois. »

Les déclarations de Marion auraient pu laisser penser qu'elle était folle et qu'elle avait eu une influence néfaste sur son fils. Les premiers théoriciens de la psychanalyse auraient peut-être affirmé qu'elle avait contrarié son épanouissement et donné à John une vision menaçante du monde. Pour ma part, j'étais surprise par ses commentaires mais je ne pensais pas qu'elle était dérangée. J'estimai néanmoins nécessaire de faire le déplacement pour la rencontrer.

Lorsqu'elle ouvrit la porte, je découvris une femme de soixante-quinze ans si grosse qu'elle avait du mal à se mouvoir. Nous nous installâmes à la table de la cuisine, devant un café, et je sortis mon calepin pour prendre des notes.

« À quoi ressemblait le père de John ?

– À mon propre père. C'était un pêcheur, un homme, pas quelqu'un qui avait été élevé dans du coton. Il était strict, la perfection même.

– Dans quel sens était-il strict ?

– Eh bien, quand les enfants sortaient, ils devaient écrire où ils allaient, l'adresse et le numéro de téléphone, et l'heure à laquelle ils rentreraient. Ce genre de choses. Mon mari ne faisait confiance à personne.

– Il avait des problèmes de santé ?

– Oui. À cause de ses blessures de guerre. Il avait une tumeur au cerveau, mais les médecins disaient qu'on ne pouvait pas l'opérer. C'était pour ça qu'il était lunatique. Il lui arrivait d'être violent, verbalement et physiquement. Mais les médecins disaient que c'était comme ça et qu'il fallait vivre avec. »

Marion paraissait résignée. Sa vie n'avait pas toujours été facile, et à présent moins que jamais. Elle m'apprit que son époux avait été hospitalisé plusieurs fois au cours de leurs premières années de mariage pour des symptômes qui allaient des simples céphalées à la paralysie totale. Elle revint ensuite sur la relation entre le père et le fils.

« Quand même, il y avait quelque chose chez notre garçon qui tracassait mon mari. »

Lorsqu'elle eut terminé, je mentionnai l'épisode des suppositoires et des lavements.

« Je n'ai jamais dit ça. Jamais de la vie ! » protesta-t-elle, la figure empourprée, la respiration saccadée.

Mme Gacy se sentait coupable – elle me l'avait avoué au téléphone. Après réflexion, elle avait dû se rendre compte que ses confidences pouvaient être mal interprétées, qu'on risquait de la rendre responsable des meurtres commis par son fils.

Elle me raconta ensuite plusieurs anecdotes sur l'enfance de John. Il avait des crises de somnambulisme durant lesquelles il ne savait ni où il allait ni ce qu'il faisait. Un matin, le gamin s'était réveillé avec une tache de vin sur un bras, alors que la sienne à elle s'était volatilisée. Elle en parlait comme d'un événement surnaturel, presque religieux. Une autre fois, elle avait soi-disant perdu une dent qu'elle avait retrouvée dans la bouche de son fils. Là encore, il s'agissait pour elle d'une sorte de miracle.

« C'est juste pour dire à quel point on était proches. Il était exactement comme moi. Il ne pouvait pas dormir plus de quatre heures d'affilée. Il n'aimait pas rester seul, tout comme moi. Et il avait des problèmes de poids. »

Mais, à la différence de sa mère impotente et vieillissante dévorée par une culpabilité non avouée, John avait assassiné une trentaine de personnes.

Je m'entretins ensuite avec Carol Hoff, la seconde femme de Gacy. Je désirais savoir si elle avait jamais eu des doutes lorsqu'ils vivaient ensemble.

« Carol, se passait-il des choses anormales chez vous ?

– Pas à ma connaissance.

– Est-ce que vous sentiez parfois une odeur inhabituelle ?

– Oui, une odeur infecte. J'en ai parlé plusieurs fois à John.

– Que répondait-il ?

– Qu'on avait beaucoup de souris et qu'il avait mis de la chaux pour l'odeur.

– Vous n'avez jamais rien vu de suspect ?

– Non, rien du tout.

– Pourquoi vous êtes-vous séparés ?

– On ne le voyait plus à la maison, il était trop occupé. Quand il n'était pas pris par son entreprise, il donnait un coup de main aux voisins. Il n'était jamais disponible. Toujours à travailler.

– Un jour, il a ramené un jeune homme chez vous, John Butkovich. Il a fini par le tuer.

– Je ne me suis jamais doutée de rien. C'était un gosse qui avait besoin d'un toit. Mon mari disait qu'on faisait une bonne action en l'hébergeant. Franchement, je ne voyais pas où était le mal. Je suis tombée des nues quand j'ai appris que John faisait ces choses-là. Tombée des nues. »

C'est vrai, la famille et les voisins sont généralement abasourdis lorsqu'ils apprennent qu'une personne qu'ils croyaient connaître est impliquée dans un meurtre. Dans le cas de John Gacy, la surprise était d'autant plus grande qu'il était un citoyen actif et respecté. Non seulement il dirigeait une entreprise de bâtiment, mais il n'hésitait pas à aller réparer le robinet des voisins gratuitement. Carol était une femme aimable et paisible qui avait deux filles d'un précédent mariage. Extérieurement, c'était la famille petite-bourgeoise type. Le temps qu'il ne passait pas avec son épouse et ses belles-filles, John le consacrait aux plus défavorisés. Déguisé en Pogo le Clown, il rendait visite aux enfants malades dans les hôpitaux. Des centaines de personnes, dont des hommes politiques locaux, avaient été invités aux fêtes qu'il organisait dans son jardin. Il orchestrait la grande parade du Polish Day*

* Chicago, qui abrite une importante communauté polonaise, célèbre chaque année l'anniversaire de la Constitution polonaise de 1791, début mai. *(N.d.T.)*

à Chicago. À cette occasion, la première dame des États-Unis, Rosalynn Carter, avait même posé avec lui devant un objectif. Lillian Grexa, une voisine, qui avait préparé des saucisses polonaises pour la réception de mariage de Gacy, en 1972, m'assura qu'il était « plus qu'un simple voisin. Un ami ». On ne se contentait pas de l'apprécier, on l'admirait.

Mais Lillian ne connaissait pas l'autre facette de son voisin. La nuit, il fréquentait un quartier misérable surnommé Bughouse Square, la place des Dingos. Au début du XXe siècle, c'était le rendez-vous de la bohème de Chicago et des révolutionnaires de tout poil qui fuyaient leurs appartements et leurs hôtels miteux pour haranguer la foule, débattre et, à l'occasion, recevoir quelques tomates pourries. Clarence Darrow, le légendaire avocat de John Thomas Scopes*, ainsi que la militante anarchiste et féministe Emma Goldman étaient passés par là. Aujourd'hui, Bughouse Square a cédé la place à un parc arboré d'un peu plus de un hectare entouré d'immeubles chics. Une fête annuelle où l'on peut boire, manger et participer à des joutes oratoires commémore cette faune pittoresque qui a déserté les lieux depuis longtemps. Mais à l'époque où Gacy sévissait, Bughouse Square était encore un quartier pauvre, haut lieu de la prostitution masculine.

La rumeur s'était rapidement propagée parmi les habitués : on savait que Gacy avait des pratiques sexuelles violentes et qu'il aimait faire le tour du parc dans son Oldsmobile noire équipée d'un projecteur et d'une radio de la police. En dépit des avertissements, les plus démunis passaient outre. Tantôt le tueur se déguisait en policier bourru, brandissant une fausse plaque, tantôt il était le Gacy bonhomme et sociable que la plupart des gens connaissaient. De son propre aveu, il se

* Professeur condamné en 1925 (puis acquitté) pour avoir enseigné la théorie de l'évolution au lycée. *(N.d.T.)*

rendait fréquemment à Bughouse Square. Il ne menaçait ni ne tuait systématiquement les jeunes gens qu'il rencontrait. Il se vanterait par la suite auprès d'un policier d'avoir eu mille cinq cents rapports sexuels en sept ans, ce qui semble peu vraisemblable. Ces propos me rappelaient la réaction de Richard Macek, qui m'avait répondu « Deux cent cinq ! » lorsque je lui avais demandé le nombre de jours dans une année.

Si un prostitué tentait de gruger Gacy ou si celui-ci se sentait menacé d'une manière ou d'une autre, il se mettait en rogne et finissait par tuer son partenaire. Après avoir ramené le jeune homme chez lui, comme un animal attire sa proie dans sa tanière, il jouait avec lui. Pour le réduire à l'impuissance, il commençait par sortir ses menottes et le persuadait de les essayer, prétextant qu'il allait lui montrer un tour de magie. Une fois l'autre entravé, le meurtrier lui lançait :

« Il n'y a pas de clé pour les ouvrir, c'est ça le tour de magie. »

Puis il poursuivait :

« Maintenant, j'ai un autre tour à te montrer. Le tour de la corde. »

Il passait une corde au cou de sa victime, toujours menottée, et fabriquait un garrot primitif à l'aide d'une planche et d'une baguette.

Lorsque le garçon se retrouvait à ses pieds, nu et inconscient, Gacy s'amusait parfois à le photographier. Dès que son souffre-douleur reprenait conscience, il tordait à nouveau la corde pour le priver d'air, et recommençait jusqu'à ce que mort s'ensuive. Les autorités auraient dû réagir bien plus tôt, mais elles s'entêtaient à regarder ailleurs.

Robert Donnelly, un étudiant de dix-neuf ans, l'apprit à ses dépens. Gacy le repéra alors que le jeune homme se dirigeait vers un arrêt de bus. Le faux policier alluma son puissant projecteur et le braqua sur lui. Il hurla au garçon de monter dans sa voiture. Là, il le menotta et le conduisit chez lui, où il le tortura psychologiquement, physiquement et sexuellement.

« Qu'est-ce qu'on rigole ce soir, pas vrai ? demanda John, prenant un pistolet et visant l'autre à la tête.

– Pourquoi faites-vous ça ?

– Il y a une seule balle dedans », brailla Gacy, ignorant les supplications du malheureux.

Il agita l'arme et décréta qu'ils allaient jouer à la roulette russe. Chaque fois que le barillet tournait, chaque fois qu'il entendait le déclic, l'étudiant croyait sa dernière heure venue. Son tourmenteur appuya sur la détente une fois, deux fois, trois fois. Robert voulait que ça s'arrête. Il avait été violé, humilié et torturé. Il n'en pouvait plus. Lorsque le coup de feu partit enfin, il ferma les yeux de toutes ses forces. Mais l'arme était chargée à blanc. Une autre farce cruelle de Gacy, qui éclata de rire.

Il conduisit alors sa victime hébétée à la salle de bains et lui enfonça la tête dans une baignoire pleine d'eau. Donnelly paniqua, au bord de la suffocation, et finit par s'évanouir. Dès qu'il reprit conscience, son tortionnaire recommença, et il continua ainsi longtemps.

« Je vous en prie, tuez-moi », suppliait le jeune homme.

Il avait l'impression d'avoir été noyé quatre fois. Il avait été martyrisé toute la nuit et il était à bout de résistance. Au petit matin, Gacy songea qu'il était temps de se préparer pour partir au travail. Il libéra le garçon, lui dit de se doucher et le ramena en voiture.

La police mena son enquête et demanda au procureur adjoint, Jerry Latherow, d'inculper Gacy pour enlèvement et viol. Sans succès. Latherow refusait de croire Donnelly, peut-être parce que l'étudiant bégayait, qu'il suivait une thérapie et semblait psychologiquement instable. Il trouvait que le dossier n'était pas assez solide pour convaincre un jury.

L'assassin jeta quelques-unes de ses victimes dans les rivières Des Plaines et Illinois, mais il en enterra la grande majorité dans le vide sanitaire situé sous sa maison. Il creusa ces tombes peu profondes avec l'aide de ses employés, qui ne se doutaient pas de l'usage qu'il comptait en faire. Les corps étaient disposés en étoile. Il versait de la chaux de temps en temps, comme il le disait à sa femme, mais c'était pour accélérer la décomposition et masquer l'odeur des cadavres, pas des souris.

De fait, dix d'entre eux seraient retrouvés dans un tel état que les causes de la mort ne pourraient jamais être établies. Des corps les mieux conservés on extirperait des tampons de tissu enfoncés dans la gorge et dans l'œsophage, sans doute pour empêcher le saignement dans la maison immaculée du bourreau. Le médecin légiste du comté de Cook, le docteur Robert Stein, émit l'hypothèse que certains des jeunes hommes avaient été enterrés vivants, mais leur tortionnaire les croyait sans doute morts lorsqu'il avait traîné les corps dehors en pleine nuit.

Après les accusations portées par le jeune Donnelly, des policiers furent donc chargés de surveiller Gacy, mais le suspect les repéra et les emmena au restaurant, essayant nerveusement de les convaincre qu'ils s'acharnaient sur lui pour rien. Le 13 décembre 1978, on procéda enfin à une perquisition chez lui, au 8213, West Summerdale Avenue, Norwood Park. Le 22, il passa aux aveux. Plus tard il se rétracta, prétendant qu'il avait bu la veille de l'interrogatoire, et même consommé de la drogue. Il avait raconté n'importe quoi parce qu'il était exténué. Ce n'était qu'un demi-mensonge : il avait si peur d'être arrêté qu'il n'avait pas dormi depuis plusieurs nuits.

L'histoire de John Gacy, le serial killer aux trente-trois meurtres – et peut-être plus –, avait fait le tour du monde, les médias l'exploitaient quotidiennement. CNN, la toute jeune chaîne d'information du magnat Ted Turner, faisait régulièrement le point sur l'affaire. Sans parler des journaux, qui s'en donnaient à cœur joie avec des manchettes plus racoleuses les unes que les autres.

Certains articles n'étaient qu'un ramassis de stéréotypes sur les monstres sanguinaires qui rôdaient parmi nous, si bien que les gens n'avaient plus seulement peur de Gacy : ils finissaient par croire qu'un tueur en série se terrait dans leur jardin.

Il faut reconnaître que John Wayne Gacy était un homme effrayant. Au cours de nos premiers entretiens, un petit sourire satisfait ne quittait jamais son visage. Chacune des lettres dactylographiées qui venait compléter notre conversation du jour me rappelait sa vision déformée du monde. En en-tête, il plaçait des slogans revanchards tels que : « Exécutez la justice... pas les gens !!! », ou « L'exécution... la vengeance d'une société malade !!! » Si j'acceptais de témoigner, je me retrouverais au cœur de ce bourbier psychologique et médiatique.

VI

Mes entretiens avec Gacy

Par une froide soirée d'hiver, alors que je traversais Cabrini en taxi, un voyou armé d'un couteau tenta d'ouvrir ma portière pour m'arracher mon sac pendant que le véhicule était immobilisé à un feu. Le chauffeur redémarra juste à temps.

À la fin des années 1970, la sinistre réputation de cette cité tentaculaire où s'entassaient les plus défavorisés n'était plus à faire. Ce quartier livré aux gangs, au trafic de drogue et à la violence n'était sûr pour personne. Qui plus est, Cabrini Green se trouvait seulement à quelques rues de Bughouse Square.

Ce soir-là, malgré le froid et le danger, j'avais décidé d'explorer les lieux où John Gacy ramassait ses victimes. Je suis médecin, pas policier, mais mon travail requiert une part importante d'enquête sur le terrain. Les arbres dénudés étendaient leurs branches tourmentées au-dessus de sentiers boueux qui serpentaient à travers le parc désert.

Je ne tardai pas à trouver ce que je cherchais. Partiellement éclairé par un réverbère, l'homme attendait dans un coin, vêtu d'un jean et d'une veste noire.

« Excusez-moi… Bonsoir.

– Bonsoir. Qu'est-ce que vous voulez ? me demanda-t-il, légèrement décontenancé.

– Je veux juste discuter. John Wayne Gacy, ça vous dit quelque chose ?

– Vous êtes de la police ?

– Non, je veux juste discuter.

– Bien sûr que j'ai entendu parler du tueur. Qui n'en a pas entendu parler ? »

Dans un premier temps il prétendit qu'il ne savait de Gacy que ce qu'il avait lu dans la presse, puis il admit l'avoir rencontré.

« Oui, je connaissais Gacy. J'ai couché avec lui. Il préférait l'amour vache. Mais il ne m'a pas fait mal… pas trop.

– On ne vous avait pas mis en garde contre lui ?

– Tout le monde ici disait qu'il fallait être prudent. On savait qu'il pouvait être violent. Ça n'était un mystère pour personne ! lança-t-il d'un ton bravache.

– Dans ce cas, pourquoi avoir accepté de le suivre ? »

Mon interlocuteur se balança d'un pied sur l'autre en fixant le sol.

« Faut bien gagner sa vie, chérie ! »

Sur ces mots, il s'éloigna et disparut dans l'obscurité. Cette brève rencontre me donnait un aperçu de l'atmosphère qui régnait à Bughouse Square. Me familiariser avec ce milieu pouvait m'aider dans mes recherches, mais également lorsque je reverrais mon patient.

Peu après cette soirée, on m'appela d'urgence à l'hôpital car Gacy menaçait de se suicider. À mon arrivée, il se calma un peu. Lorsque je l'interrogeai, ce qu'il me dit sur lui-même se révéla beaucoup plus inquiétant que la faune de Bughouse Square et plus glaçant que le vent qui y soufflait le soir de mon équipée.

« Je pense qu'il y a deux personnages distincts », déclara un Gacy méditatif assis sur une chaise dans sa chambre.

Je l'écoutai avec l'impression que cette petite pièce de trois mètres sur cinq rétrécissait. Je commençais à me sentir claustrophobe.

« Un corps, deux personnes. Le sujet actif, John Gacy, a quinze caractères – je n'ai pas dit personnalités, compris ? Quinze caractères différents qui se sont réunis pour former un homme. La pulsion sexuelle, quand elle surgit, c'est deux personnes. John Gacy et Jack Hanley.

– D'accord. »

Je recouvrai rapidement mon sang-froid, consciente qu'il me menait peut-être en bateau.

« Ce type, Jack, c'est lui qui commande. Dix-huit heures par jour. Parfois vingt-quatre. Quand il est excité, et pas seulement à cause de la drogue ou de l'alcool, mais quand il est au bord du précipice, lorsque je m'énerve, c'est là qu'il lève des mecs. Il sort. Il sort ! Il est dépravé. Il a des idées dépravées. Comment est-ce que je le fais sortir ? Je ne sais pas comment lui parler. Je ne sais pas comment le faire sortir.

– Je vois. »

Je savais qu'il ne s'agissait pas d'un problème de personnalité multiple. Dans certaines circonstances, on peut endosser une autre personnalité pour échapper à une situation de stress. Or Gacy n'était pas soumis à un stress particulier lorsqu'il tuait. Malgré tout, j'étais curieuse d'entendre ce qu'il avait à dire.

« L'un doit tuer l'autre, c'est la conclusion logique. Si on ne peut pas les séparer, alors il faut les tuer tous les deux. Je ne pense pas être suicidaire, mais j'ai peur.

– Vous pensez que vous ne vous maîtrisez pas lorsque vous faites, ou ne faites pas, certaines choses ?

– La peur. Peur de quoi ? Il n'y a personne ici à part moi, mais j'ai peur de moi-même. Et j'ai peur d'aller en enfer. »

Mais Gacy n'avait pas de réelle notion de l'enfer – pas en tant que contraire du paradis, en tout cas. Plus tard, lorsqu'il évoqua Jésus-Christ et Satan, il apparut clairement que pour lui ils ne faisaient qu'un. Pas plus qu'il ne pouvait différencier les gens, Gacy ne pouvait distinguer les concepts.

Un jour, il me demanda même de l'hypnotiser pour découvrir ce qui le poussait à tuer. Mais je n'avais pas oublié les séances avec Richard Macek.

« Le problème, c'est que l'hypnose pourrait vous plonger dans un état dont je serais incapable de vous tirer. C'est pour cette raison que je ne le ferai pas. »

En fait, personne ne souhaitait tenter l'expérience. Dans la mesure où le chaos intérieur de Gacy était bien plus alarmant que celui de Macek, on pouvait redouter le pire. Sans compter que, s'il revivait sous hypnose les tortures qu'il avait infligées à ses victimes, il risquait de se faire réellement mal.

Mes arguments ne suffirent pas à le décourager.

« Cela nous permettrait peut-être de découvrir ce qui s'est passé, parce que, si je suis réellement comme ça, je ne tiens pas à vivre. »

De l'extérieur, il donnait l'impression qu'il se sentait prisonnier et qu'il était sincèrement prêt à faire quelque chose, n'importe quoi, pour y remédier. Il assurait connaître des moyens efficaces pour se suicider.

« Je pourrais me tuer.

– Comment ?

– Ici ? Je pourrais me faire le tour de la corde. Ou alors je pourrais me pendre. Si je voulais me suicider, je n'aurais qu'à tenter de me faire la malle pendant la promenade. Ils ont des ordres : si je m'échappe, pas la peine de me ramener vivant. Ces enfoirés, là-haut, ils ont la gâchette facile. Ils me descendraient certainement sans hésiter si je leur en donnais l'occasion. Cela dit, si vraiment j'avais voulu m'échapper, j'aurais eu l'occasion de désarmer le gardien au moins cinq fois. Ils ont confiance en moi. Lorsque j'étais à l'hôpital du comté [quelques semaines auparavant], ils étaient tous là avec leur arme, à ronfler sur leur chaise… Ou alors, je n'ai qu'à m'étouffer. Il y a les couvertures. Je pourrais brûler les matelas, allumer un feu, gratter des allumettes et déclencher un incendie dans le truc à gaz près de la porte [il parlait des anciennes arrivées d'oxygène]. À un moment, j'ai même eu une lame de rasoir entre les mains, mais ce n'est pas propre et il n'y a aucune garantie de succès.

– C'est vrai. »

Jamais avare de ses mots, Gacy se qualifiait lui-même de « moulin à paroles ». Il notait tous nos échanges dans ses cahiers. La médecine a un terme pour désigner ce besoin irrésistible de parler : la logorrhée. C'est l'un des symptômes de l'état maniaque. Le sujet n'est pas nécessairement hyperactif, mais il discourt sans jamais s'interrompre. Gacy avait ce point commun avec certains animateurs radio : il adorait le son de sa propre voix. Lorsqu'il parlait, il semblait se démultiplier. Il divaguait, expliquait, séduisait, assenait ses vérités. Curieusement, il ressortait souvent de ses élucubrations qu'il se prenait pour une victime. Malgré les viols, malgré les tortures, malgré les meurtres atroces dont il était l'auteur, c'était lui que tout le monde persécutait, et il déversait avec jubilation ses raisonnements spécieux sur qui voulait bien l'écouter.

Un après-midi grisâtre de juin 1980, Gacy entreprit de me raconter des anecdotes au sujet de son enfance. Quand il avait huit ou neuf ans, il avait un ami atteint de la polio. Les autres enfants refusaient de jouer avec le malade, mais pas lui. Soudain, il mentionna un rêve où figurait le père de ce camarade : Gacy le regardait en maillot de bain et admirait sa charpente musclée. Fallait-il en déduire qu'il était homosexuel à cet âge-là ? Je ne le pense pas. D'une certaine manière, il n'était pas non plus capable de distinguer les hommes des femmes. Pour lui, c'était comme si tout le monde appartenait à un sexe unique.

Il évoqua également deux souvenirs relativement inquiétants lorsque l'on connaissait l'histoire du serial killer :

« Quand on était petits, on jouait à la Main noire. "La Main noire va t'attraper !" Je fichais une de ses trouilles aux autres ! Et puis on allait au cimetière juif pour piquer les fleurs. Je collectionnais les pots en papier mâché. On organisait un mariage avec les fleurs. Un jour, on a trouvé un chien mort. On l'a mis dans un cercueil de fortune et on l'a recouvert de fleurs. Après, il a fallu enterrer la pauvre bête. »

Lorsque je demandai à Gacy s'il avait jamais eu peur des monstres et des fantômes, il haussa les épaules :

« Non, jamais. Mais vous voulez savoir un truc ? J'avais peur des pompiers. Chaque fois que j'entendais un camion de pompiers, je courais me planquer. Ils passaient tellement vite que leurs visages n'étaient que des taches. On aurait dit des monstres. Il n'y avait pas de visages dans ces camions. Juste des taches indistinctes. »

J'étais perplexe. Je ne comprenais pas d'où lui venait cette peur, d'autant que la majorité des enfants adorent les camions et que beaucoup de petits garçons rêvent de devenir pompiers. Comme Gacy le soulignait lui-même, c'était peut-être le hurlement soudain de la sirène qui l'effrayait.

Il me parla aussi de son besoin compulsif de dérober de la lingerie. Au début, il volait les dessous soyeux de sa mère étendus dehors et les cachait dans un sac en papier sous la véranda. Puis il se mit à chaparder les petites culottes qui séchaient sur les cordes à linge du quartier, lorsqu'il effectuait des livraisons pour l'épicerie du coin. Il continua tout au long de son adolescence.

« Je me masturbais avec. À quatorze ou quinze ans, un jour que je faisais brûler des déchets dehors, j'ai jeté toutes les culottes dans le feu. Mais elles n'ont pas voulu brûler. Elles fondaient, à cause de l'acétate. Plus tard, je suis sorti avec des types qui portaient des dessous féminins et je les leur piquais.

– Ce n'était pas l'odeur qui vous attirait, ou quelque chose comme ça ?

– C'était la douceur des dessous. Je les gardais, mais je ne m'en servais pas. J'aimais bien ça quand j'étais petit. »

Ces dessous n'avaient pas réellement de signification sexuelle pour lui. Il aimait sentir leur contact sur sa main et sur son corps. Pour lui, c'était une question de bien-être, pas de fantasme.

John Wayne Gacy avait de moi une perception qui fluctuait au gré de nos conversations. Tantôt j'étais son amie, tantôt il fulminait contre moi. Tantôt j'étais le médecin, tantôt j'étais « bête et stupide ». Parfois, j'étais simplement la personne qui lui apportait des magazines, celle qui pouvait franchir le barrage de l'hôpital.

Il aimait se décrire comme quelqu'un de puissant et d'influent. À certains moments, il oubliait qu'il était en prison et il se persuadait qu'il pouvait régner sur le monde. Puis il sombrait dans un accès de déprime. Il se disait seul, perdu et dépassé. Il affirmait même qu'il avait perdu tout désir de vivre. Mais c'étaient des formules toutes faites, des phrases qu'il avait entendues et qui lui semblaient adaptées à la situation. Son exaltation était extrême, comme son abattement. Jamais il ne tenta de se blesser, mais, heureux ou malheureux, il parlait toujours autant. Parfois il prenait un air soupçonneux, et puis il souriait – un rictus qui faisait froid dans le dos – avant de se remettre à pérorer.

Au cours de l'un de nos entretiens, je proposai à Gacy un test d'aptitude linguistique. Je lui donnai deux phrases et lui demandai d'imaginer ce qui s'était passé avant ce qu'elles décrivaient : « Arthur a lancé le ballon dans la forêt. Barbara était très en colère. » Il me donna une réponse écrite alambiquée :

> Je suppose qu'Arthur et Barbara jouaient au ballon et qu'Arthur a lancé le ballon dans la forêt. Elle a peut-être cru qu'il le faisait exprès. Le encore *[sic]* peut-être qu'elle était sa mère et qu'elle pensait qu'il avait désobéi. Peut-être qu'elle lui avait dit de ne pas lancer le ballon dans la forêt et qu'il voulait lui montrer qu'il ferait comme il voulait. On peut imaginer un tas de choses à partir de ces phrases. Peut-être qu'Arthur était trop jeune pour se rendre compte, c'était un accident. Je ne

> comprends pas pourquoi elle est fâchée, à moins qu'elle ait bu ou qu'elle soit malade. Personne n'est parfait, tout le monde peut se tromper. Barbara était très en colère, peut-être parce qu'elle n'avait pas réussi à rattraper le ballon, et c'est pour ça qu'elle s'était énervée. La question ne dit pas si c'est après Arthur que Barbara est fâchée, c'est juste une hypothèse. Peut-être qu'ils sont tous les deux adultes. Le ballon est tombé dans leur jardin et il l'a lancé dans la forêt au lieu de le renvoyer et ça a mis sa femme en colère, parce qu'il a fait ça.

Gacy était doté d'une intelligence supérieure à la moyenne, et pourtant il pouvait avoir des raisonnements très primitifs. Au lieu de proposer une histoire structurée, il jetait ses idées sur le papier comme elles lui venaient. Le résultat était un texte incohérent, une succession de pensées décousues. Une personne normale aurait construit un récit avec un début, un milieu et une fin, quelque chose comme : Arthur a lancé le ballon dans la forêt pour voir la réaction de Barbara. Barbara était très en colère parce que ça n'était pas la première fois qu'il se conduisait ainsi. Alors Arthur est allé chercher le ballon et Barbara s'est calmée.

On l'a vu, Gacy n'avait aucune discipline verbale. La plupart du temps, il devait percevoir ses impulsions et ses désirs comme des stimuli provenant de l'extérieur. Il se sentait submergé dès qu'il ressentait des émotions un tant soit peu subtiles. Lorsqu'il se retrouvait confronté à la complexité des autres, il perdait pied. Si le comportement d'une personne qu'il estimait « bête et stupide » contredisait l'opinion qu'il avait d'elle, il pouvait fort bien l'agresser.

Un soir, je reçus un courrier de Gacy. « J'ai juste eu envie de vous envoyer quelques mots, avec en prime la dernière lettre d'un de mes fans, m'écrivait-il. Comme vous le verrez, il emploie les mots "bête et stupide", exactement comme moi. » La lettre en question était anonyme et d'une écriture appliquée. Après avoir exprimé son souhait de voir Gacy finir sur la chaise électrique, l'auteur poursuivait en ces termes : « Tu es bête, tu es vraiment bête et stupide pour t'être fait arrêter après avoir commis ces crimes. [...] Tu es maintenant royalement idiot et bête, super, ultra bête, ultra stupide. [...] Tu n'es pas assez intelligent pour être fou, tu es trop stupide. Tu es trop bête pour être cinglé. » C'était une litanie obsédante, comme si le père de John le houspillait par-delà la tombe. Mais cette idée ne semblait pas avoir effleuré Gacy. En fait, il n'avait pas la capacité de réflexion nécessaire. Il avait glissé cette feuille dans l'enveloppe comme il aurait pu ajouter n'importe quoi. Sa lettre ne contenait que des banalités au sujet de son avocat, de sa sœur et de sa mère. (Il ne mentionnait jamais Carol dans la mesure où ils étaient divorcés et ne se voyaient plus.)

Son procès, en revanche, promettait d'être tout sauf banal. Je ne pouvais chasser une certaine appréhension. La publicité, les journaux, les reporters de la télévision risquaient de me distraire de mon travail. La presse se focalisait sur la dimension homosexuelle des meurtres, allant jusqu'à insinuer qu'il s'agissait d'un châtiment divin. On assistait à une véritable croisade antigay qui allait se poursuivre durant toute la durée du procès.

VII

Le procès Gacy

C'était une première pour moi. Jamais je n'avais comparu en tant qu'expert dans un procès aussi médiatisé. Plus la date approchait, plus il devenait clair que ce serait un événement charnière dans ma carrière. Je savais que désormais il me serait plus facile de rencontrer des tueurs en série. Les avocats de la défense m'avaient communiqué toutes les informations dont ils disposaient. J'avais longuement discuté avec Gacy et j'avais l'impression d'en avoir vu et lu suffisamment pour affirmer en toute sincérité qu'on ne pouvait pas le considérer comme sain d'esprit. Ce qui m'avait le plus frappée, c'était sa ressemblance avec Richard Macek. J'avais l'impression de retrouver le meurtrier de Paula Cupit dans un autre corps.

Toutes ces pensées tourbillonnaient dans ma tête depuis que j'avais accepté de témoigner en faveur de John Wayne Gacy, non pas dans l'intention de le faire libérer, mais pour lui éviter la chaise électrique. Ses avocats, Sam Amirante et Robert Motta, devraient persuader le jury que l'accusé était pénalement irresponsable. Une ribambelle de psychiatres de renom défilèrent à la barre, les uns pour le ministère public, les autres pour la défense, afin d'offrir leurs points de vue sur l'état mental de l'accusé avant et au moment des faits. Au final, la piètre qualité de certains témoignages m'amena à m'interroger sur l'éthique de la profession. Je m'étais résignée au manque d'ouverture d'esprit de la police, dont l'attitude pouvait s'expliquer par une méconnaissance des enjeux médicaux. Mais le procès Gacy acheva de dissiper mes illusions. Je découvris que les psychiatres n'étaient pas immunisés contre la mesquinerie. Celui qui n'était pas d'accord avec eux s'exposait à leurs insultes. Il devenait l'ennemi.

Dès l'ouverture du procès, le 6 février 1980 à Chicago, le jury entreprit vaillamment de dénouer l'écheveau complexe de la personnalité de Gacy, et celui non moins complexe des dossiers élaborés par les deux parties. Les jurés découvraient peu à peu les faits entourant les meurtres et les problèmes que soulevait la stratégie choisie par la défense. Selon le code pénal de l'Illinois, n'était pas considérée comme pénalement responsable « la personne qui présentait au moment des faits une maladie mentale ou une déficience ayant aboli sa capacité à apprécier la criminalité de ses actes ou à se conformer aux exigences de la loi ». Ce texte me semblait passablement ambigu, mais après soixante heures d'entretien il ne faisait aucun doute pour moi que Gacy n'était pas dans un état normal lorsqu'il avait tué tous ces jeunes gens.

Je préparais alors un diplôme en droit de la santé. La philosophie et le vocabulaire juridiques m'étaient familiers, ce qui me permettait de comprendre non seulement le fonctionnement de la justice, mais aussi son jargon. J'étais donc capable de parler le même langage que les avocats et la police. Pour revenir à l'affaire Gacy, la définition légale de la maladie ou de la déficience mentale n'incluait pas « une anormalité se manifestant uniquement par des actes criminels ou des comportements antisociaux répétés ». En d'autres termes, cela signifiait que les avocats de Gacy ne pouvaient pas s'appuyer sur ses homicides pour plaider la folie. En outre, à cette époque, selon une décision de la cour suprême de l'Illinois, apporter la preuve que l'accusé était psychopathe, malade mental ou arriéré ne suffisait pas à établir l'irresponsabilité pénale. Les jeunes avocats de l'accusé devaient donc prouver que les troubles psychiques de John Gacy brouillaient son discernement au point de l'empêcher de se rendre compte qu'il commettait un acte criminel. La tâche était ardue. Cette ligne de défense n'est pas nécessairement vouée à l'échec, mais elle ne profite guère aux tueurs en série. Ed Gein fut l'un des rares à qui elle bénéficia. Il passa dix ans dans un hôpital psychiatrique avant d'être estimé suffisamment sain d'esprit pour comparaître devant un tribunal. Reconnu coupable de meurtre mais pénalement irresponsable, il fut interné à Mendota au lieu d'être envoyé en prison.

Le procès Gacy se déroula dans une atmosphère très théâtrale : le procureur faisait des effets de manche, les témoins s'effondraient, les parents des victimes s'évanouissaient dans le public. L'accusé se tenait à la table de la défense, le visage totalement inexpressif.

Paradoxalement, Jeff Rignall fut appelé à la barre par la défense. Le jeune homme déclara que Gacy l'avait torturé avec une telle bestialité qu'il n'était certainement pas en état de comprendre les termes de la loi au moment des faits. Il retraça son calvaire avec une précision saisissante, puis il posa la tête sur la barre et vomit. Il sanglotait si violemment qu'il fallut l'aider à quitter la salle. Malgré tout, Amirante estimait que son témoignage pouvait l'aider à établir la démence de l'accusé.

La défense appela ensuite le psychologue Thomas Eliseo, un spécialiste de la schizophrénie qui scandalisa les jurés lorsqu'il leur expliqa que Gacy possédait une intelligence supérieure à la moyenne et qu'il figurait parmi les dix pour cent d'individus les plus brillants de la population. Il décrivit minutieusement les tests psychologiques qu'il lui avait fait passer et conclut que l'accusé, tout en ayant l'air normal, était un schizophrène paranoïde, quelqu'un qui croyait que « dehors le danger était partout » et que l'on risquait de l'attaquer, de le blesser, voire de le tuer à tout instant.

Le procureur William Kunkle était un personnage imposant qui avait le verbe haut. Il aboya après Eliseo, affirmant que si Gacy avait l'air normal c'était tout bonnement parce qu'il l'était, et non parce qu'il était schizophrène.

Le psychiatre Lawrence Freedman, alors président de l'Institut de pathologie sociale et comportementale, était un spécialiste reconnu qui pouvait se prévaloir d'un impressionnant curriculum vitæ. Il indiqua que Gacy était principalement psychotique, mais aussi névrotique. Ce trouble se caractérisait par une compulsion qui pouvait le gêner ou le déprimer, sans pour autant l'empêcher d'accomplir ses tâches quotidiennes. Il n'éprouvait aucun sentiment pour les gens qu'il tuait. Si le docteur Freedman admettait que l'accusé souffrait de schizophrénie paranoïde, il n'allait pas jusqu'à le déclarer pénalement irresponsable. Par ailleurs, lorsque Kunkle l'interrogea, il reconnut ne jamais avoir observé chez le sujet au cours des cinquante heures qu'il lui avait consacrées la coexistence de deux personnalités ou plus qui se seraient manifestées tour à tour, en dépit des affirmations de ce dernier.

Le docteur Robert Traisman n'avait passé que trois heures et demie en compagnie de Gacy. Néanmoins, après l'avoir soumis à un test consistant à demander au patient de dessiner une personne, il en avait conclu qu'il n'avait pas une identité masculine très affirmée. Le médecin le qualifiait de « schizophrène ambulatoire » ; il apparaissait normal à la plupart des gens qui avaient une conversation banale avec lui, mais, de l'avis du médecin, il était tout sauf sain d'esprit.

L'expert psychiatre Richard Rappaport, lui, s'était entretenu avec Gacy pendant soixante-cinq heures. À la barre, il affirma que le sujet ne souffrait d'aucun problème physiologique susceptible de provoquer une maladie mentale. Il fit néanmoins remarquer qu'il présentait un caryotype XXY. Le syndrome de Klinefelter, une anomalie chromosomique découverte au début des années 1970, touche entre un nouveau-né mâle sur cinq cents et un sur mille. Bien que ce soit aujourd'hui une théorie critiquée, on pensait à l'époque que les hommes dotés de ce chromosome X supplémentaire étaient prédisposés à la violence. Le docteur Rappaport estimait qu'il s'agissait d'un cas de personnalité borderline et confirmait le diagnostic du docteur Freedman. Il avait constaté que Gacy éprouvait de grandes difficultés à avoir un avis tranché sur un sujet ; il exposait tous les aspects de la question sans parvenir à se forger une opinion.

Répondant aux questions d'Amirante, le docteur Rappaport déclara que Gacy était un schizophrène paranoïde, incapable de « contrôler ses actes au moment de chacun de ses crimes ». Il était catégorique : l'individu qu'il avait examiné était impuissant à « se conformer aux exigences de la loi ». On objectera que si Gacy avait été réellement malade, il ne se serait pas si bien adapté à la vie et aux règles carcérales. Mais ce n'était pas si simple. Le fou n'est pas nécessairement celui qui court tout nu dans la rue avec des yeux révulsés ; le fou n'est pas nécessairement incapable de se plier à un règlement. Imaginons un homme souffrant d'une forme aiguë de paranoïa, persuadé que tous ses voisins lui en veulent et susceptible de tuer dans un accès de délire. Ce même individu sera souvent un tatillon qui appliquera la loi à la lettre. Il pourra parfaitement s'intégrer dans un environnement structuré. Il en était ainsi pour John Wayne Gacy.

Lorsque vint son tour d'interroger le témoin, William Kunkle tenta de le ridiculiser. Sans succès. Le psychiatre ne démordit pas de son diagnostic, même lorsque le procureur lui rappela que le lendemain du meurtre de

Robert Piest Gacy avait réglé tranquillement ses affaires courantes au téléphone avec le cadavre dans la pièce.

Je devais être appelée à la barre le samedi 8 mars à 10 heures du matin. Durant la semaine, je potassai mes notes et me replongeai dans les transcriptions de mes entretiens avec John. Amirante et Motta ne m'avaient pas donné de consignes sur ce que je devrais dire au tribunal – de toute façon, je n'en aurais accepté aucune. Ils m'avaient simplement demandé de leur confirmer mon diagnostic : oui, Gacy souffrait de troubles mentaux. C'était tout ce qu'ils voulaient entendre.

Puisqu'on était un samedi, mon mari m'accompagna au tribunal. On l'escorta jusqu'à la table de la défense, où l'accusé lui décocha un sourire glaçant. Mon époux était encore plus mal à l'aise que moi. Le rictus de Gacy le poursuivit pendant une bonne partie de l'audience.

J'avançai jusqu'à la barre avec une certaine appréhension et je prêtai serment. Motta, un moustachu aussi calme qu'Amirante était survolté, posa sa première question. Mais le micro n'était pas à la bonne hauteur et la salle m'entendait mal. Une fois ce problème résolu, je retrouvai mon assurance.

« Docteur, quel est votre diagnostic concernant l'état mental de M. Gacy ? me demanda l'avocat en mettant ses mains dans ses poches.

– Je dirais qu'il souffre de psychose schizo-affective. »

J'expliquai que John Gacy présentait des symptômes de diverses maladies mentales. Ce qui se passait dans sa tête, c'était un enchevêtrement pathologique complexe que je m'efforçai de détailler devant la cour et les jurés.

« Pourriez-vous expliquer ce que vous entendez par “mécanismes de défense psychotiques archaïques” ?

– Il existe un mécanisme de défense appelé clivage qui conduit le sujet à se détacher de la réalité. La propension de M. Gacy à oublier certaines choses en est un parfait exemple. »

Par « certaines choses », j'entendais les meurtres ainsi

que des épisodes de la vie de l'assassin. J'ajoutai qu'il avait une vision de lui-même magnifiée, mais qu'à cette mégalomanie se mêlait un sentiment d'infériorité écrasant qui l'affectait autant que si le mépris dont il se croyait l'objet était réel. Il pensait à la fois qu'il pouvait réussir n'importe quoi et qu'il n'arriverait jamais à rien parce que son père lui avait toujours seriné qu'il était « bête et stupide ». Par ailleurs, il avait tendance à projeter sur une autre personne sa colère rentrée et les pensées pénibles qui bouillonnaient en lui. Cette personne, généralement une victime, devenait dans son esprit un ennemi redoutable. Je m'efforçai alors d'expliquer le difficile concept d'identification projective, où le sujet assimile carrément l'autre à une partie de lui-même, lui attribuant des caractéristiques qui lui sont propres. Ce mécanisme de défense lui permet de rejeter la responsabilité de ses propres difficultés sur les autres, ou de leur imputer les impulsions et les actes qu'il n'accepte pas. L'identification projective peut occasionner chez le sujet des sentiments d'hostilité, un délire de la persécution, une suspicion exacerbée et des hallucinations.

Je m'attardai également sur l'hypocondrie de l'accusé. Nous avons tous quelqu'un dans notre entourage qui se plaint constamment de maladies imaginaires, une vieille tante qui exagère ses douleurs pour que l'on s'occupe d'elle. De même, John Gacy avait toujours un problème de santé. En 1978, il s'était persuadé qu'il souffrait de leucémie. Il affirmait aussi être un grand cardiaque. Ces maux n'existaient que dans sa tête, mais il était convaincu de leur réalité. À l'origine, c'étaient sans doute de simples étourdissements qui ne l'empêchaient nullement de travailler ni de comparaître devant un tribunal. Ces malaises survenaient souvent après un brusque changement de température. Gacy pouvait passer d'une pièce chauffée à une pièce plus fraîche et s'évanouir sur-le-champ.

« Présente-t-il des symptômes d'une maladie inexistante ? me demanda Motta.

– Oui. On parle de symptômes neurovégétatifs. Le patient ne les contrôle pas. Prenons un exemple : lorsque vous êtes nerveux, il arrive que vous ayez les mains moites. Pourtant, vous n'avez pas commandé à vos mains de transpirer. Mais elles le font quand même. Si vous êtes vraiment très nerveux, votre cœur bat plus vite. Là encore, vous ne demandez pas à votre cœur de s'emballer, mais il le fait parce qu'une partie de votre système nerveux échappe à votre volonté. Cela montre comment l'angoisse peut se manifester à travers le corps. »

Robert Motta lissa sa moustache.

« Revenons à cette agressivité qui s'exprime de deux manières antagonistes. Pourriez-vous être plus claire ?

– Le patient a en lui une destructivité haineuse, active, mais aussi une agressivité qui se manifeste par le biais de la vulnérabilité et de la faiblesse. »

Gacy pouvait passer d'un état à l'autre très rapidement. En une fraction de seconde, le sympathique clown Pogo qui distribuait des chocolats aux jeunes malades se transformait en forcené, en bête sauvage. Enfant, il n'avait pas appris à moduler son agressivité. Devenu adulte, il n'avait pas trouvé d'exutoire à sa colère qui fût à la fois utile et acceptable aux yeux de ses proches. Cette rage ne se déchargeait que par des explosions disproportionnées. Alors elle secouait son corps tout entier. Seule une telle colère expliquait le martyre ininterrompu qu'il avait fait subir à Jeff Rignall.

John avait appris à se défouler en observant son père, un homme silencieux, extrêmement méfiant, qui s'isolait dans la cave pour boire et se déchaînait sans avertissement, faisant pleuvoir les coups sur son fils. L'enfant avait découvert que l'on pouvait entrer dans une pièce sous les traits du docteur Jekyll et se transformer en

Mister Hyde. C'était d'ailleurs en ces termes que tous les Gacy décrivaient le père de famille.

« Est-ce un comportement conscient ou inconscient chez lui ? demanda Motta.

– Il s'agit d'un comportement inconscient qu'il ne maîtrise pas. Pas plus qu'on ne maîtrise le système nerveux neurovégétatif. On ne lui donne aucun ordre, pourtant il fonctionne.

– Vous voulez dire que certains comportements ne dépendent pas plus de notre volonté que lorsqu'on a les mains moites ?

– Exactement.

– Vous parlez également de difficultés à assurer la constance perceptive. Pourriez-vous préciser, s'il vous plaît ? »

J'expliquai alors à la cour que Gacy avait du mal à percevoir que les autres possédaient une existence propre. Normalement, l'individu voit son père, sa mère, ses amis comme extérieurs à lui, et il peut apprécier ce qu'ils font pour lui. Il se rend compte qu'il est aimé, qu'on lui offre des cadeaux par gentillesse, qu'on le fait rire pour lui remonter le moral. Dans la mesure où Gacy n'avait pas pu se construire une identité séparée, indépendante des autres, il s'identifiait à une partie d'eux. À l'extérieur il était homme, à l'intérieur femme, ou du moins plus féminin que masculin.

« Peut-on parler de trouble de l'identité sexuelle ou...

– Oui, et cela peut se manifester par ce que l'on appelle la bisexualité ou diverses formes d'homosexualité. »

Motta me demanda mon opinion sur le développement affectif de son client.

« Il est immature. Il a grandi, il est devenu adulte, mais ses émotions sont infantiles.

– Son développement affectif est celui...

– D'un nourrisson. »

Du point de vue intellectuel, John Gacy s'était développé, il avait même un Q.I. supérieur à la moyenne, mais il était sujet à de violentes crises de doute, il lui arrivait de trembler d'impuissance et de tomber dans une profonde prostration. Il vivait dans un monde peuplé de persécuteurs sans visage et truffé de pièges. D'un gouffre sans fond jaillissait sa paranoïa, une paranoïa qui envahissait tout son corps tel un liquide qu'on lui aurait injecté dans les veines. Pour se protéger de ces terreurs affreuses, presque tangibles, qui l'assaillaient, il s'était inventé un double, un héros qui volait à sa rescousse. Jack Hanley, son alter ego policier, prenait soin de lui, le défendait contre son chaos intérieur et son anxiété.

J'expliquai au tribunal que Hanley était le « dispositif de sécurité » de John Gacy.

« Il ne s'en sert pas pour faire croire qu'il souffre d'un trouble de la personnalité multiple ?

– Ce serait lui prêter une complexité qu'il ne possède pas. Il ne s'en sert pas dans ce but.

– Alors c'est pour se protéger.

– Pour sa sécurité, oui. »

C'était lui contre le reste du monde.

Plus encore, une partie de Jack Hanley, celle qu'il appelait Bad Jack, endossait la responsabilité de ses terribles explosions de rage. C'était Bad Jack qui détenait la clé de ses actes meurtriers. C'était Bad Jack qui tuait, pas John Gacy. Comme il affirmait qu'il avait bel et bien un ami appelé Jack Hanley, on l'avait recherché. James Hanley était effectivement un policier appartenant à une unité spécialisée dans les délits de fuite dont le quartier général se trouvait au 54, West Hubbard Street, à Chicago. Lorsqu'on l'avait interrogé, il avait déclaré qu'il était un habitué du restaurant où Gacy travaillait comme cuisinier en 1971. Ils n'avaient jamais été spécialement proches, mais Gacy en avait fait l'un des acteurs les plus importants de sa vie. Il fantasmait sur lui. Il se l'appropriait. Il était cet Hanley, un guerrier issu du tréfonds de son être.

Lorsque l'émotion devenait trop forte, son équilibre

psychologique vacillait. Le peu d'empire qu'il avait sur lui-même était précaire et la violence prenait le dessus. Tout cela pouvait se produire en une fraction de seconde. Les émotions et les sentiments de Gacy changeaient très vite. Sa personnalité n'était pas assez structurée pour qu'il puisse analyser ce qui se passait, encore moins maîtriser la situation. Il s'embrouillait, ne saisissait plus ce qui se déroulait autour de lui, même dans un environnement familier. Sa perception des autres était incohérente, fluctuante. Lorsque je l'examinais, il se rendait rarement compte qu'il se contredisait sans cesse.

Les autres n'avaient pas de réalité pour lui. Ce n'étaient pas des êtres entiers et composites, dotés de traits de caractère et de qualités diverses. Ils étaient tous « bêtes et stupides ».

« Il est incapable d'appréhender l'autre dans toute sa complexité. Pour lui, les gens sont des objets inanimés. Ils ne sont pas vivants », déclarai-je devant la cour.

Pour conclure, Motta me demanda si toutes ces données psychologiques poussaient ou non John à tuer.

« Objection ! » rugit Kunkle.

Le juge Garippo retint l'objection. Motta était déçu. Il reformula sa question, mais elle ne convenait toujours pas à l'accusation. Alors, il se lança dans une longue phrase pleine de circonvolutions. Cette fois, la cour m'autorisa à répondre.

« Je pense que M. Gacy souffre de maladie mentale depuis un certain temps… au moins depuis 1958, et qu'il s'agit depuis le début d'une psychose schizo-affective. »

Motta me demanda encore si Gacy avait ou non « la capacité d'apprécier le caractère criminel de ses actes au moment des faits ».

« Son état psychique empêchait M. Gacy d'apprécier le caractère criminel de ses actes et de se conformer à la loi au moment des faits. »

Autrement dit, j'estimais qu'il souffrait de troubles

mentaux lorsqu'il avait commis chacun des trente-trois horribles assassinats pour lesquels il était jugé.

Le contre-interrogatoire fut mené par Robert Egan. Il commença par déclarer solennellement à la cour que, selon lui, un homme capable de planifier et de commettre trente-trois meurtres était parfaitement conscient de ce qu'il faisait.

« Le fait qu'il ait emmené Robert Piest en voiture chez lui ne modifie pas votre opinion sur son état, je présume ? me demanda-t-il.

– Non, en effet.

– Le fait qu'il ait passé les menottes de force à Robert Piest non plus ?

– Non.

– Ni le fait qu'il ait répondu au téléphone et discuté avec son associé immédiatement après le meurtre de Robert Piest ?

– Non.

– Pensez-vous que John Wayne Gacy aurait tué Robert Piest si un policier en uniforme s'était trouvé chez lui au moment des faits ?

– Oui. »

Je tentais d'être aussi claire que possible : Gacy était incapable de se maîtriser. Il aurait tué même si le président des États-Unis en personne s'était trouvé à côté de lui.

Je venais de passer deux heures et demie stressantes et épuisantes, mais c'était fini. Profitant d'une pause, je quittai le tribunal en compagnie de mon mari, empruntant une petite porte pour éviter la meute des journalistes et des équipes de télévision.

La défense avait terminé, mais les interrogatoires de l'accusation ne faisaient que commencer. Donald Voorhees témoigna, mais il était tellement traumatisé qu'il lui fallut une éternité pour répondre à chaque question et il craqua à plusieurs reprises. Ensuite, le docteur Leonard Heston, un professeur en psychiatrie qui avait vu Gacy une seule fois, en 1968, affirma que l'accusé ne souffrait d'aucun trouble mental : il était simplement antisocial et il tuait par vice.

Robert Donnelly raconta comment Gacy l'avait enchaîné après l'avoir fait boire.

« Il s'est mis sur moi. Je savais qu'il avait enlevé son pantalon parce que je sentais ses genoux. Et puis il... il a mis ses genoux entre mes jambes et m'a empoigné par les épaules. »

C'était trop éprouvant pour le garçon. Il bégayait pitoyablement et finit par s'effondrer en larmes.

Gacy se mit soudain à s'agiter sur sa chaise. Il s'agrippa à la table et s'assit aussi droit que son corps énorme le lui permettait. À la surprise générale, il roula les yeux et rit si bruyamment que le jury l'entendit. Ce n'était pas la première fois qu'il avait une réaction déplacée depuis le début des auditions. Une voix intérieure lui soufflait-elle que ce genre d'attitude ferait pencher la balance en faveur de la folie ? Le témoignage de sa victime le mettait-il à tel point hors de lui qu'il préférait le tourner en dérision ? Quoi qu'il en soit, ses éclats ne pouvaient que lui porter préjudice.

La cour annonça une suspension de séance. À la reprise des débats, Donnelly avait recouvré son calme. Il décrivit le viol, raconta comment son bourreau lui avait cogné le crâne contre le mur et plongé la tête dans la baignoire jusqu'à ce qu'il perde conscience.

Une fois de plus, Gacy ricana tout haut. Après le procès, il confierait à ses avocats qu'il avait réagi ainsi pour contrebalancer un témoignage qu'il estimait outrancier. Mais tout ce que les jurés virent ce jour-là, ce fut un démon goguenard qui se réjouissait de ses crimes. Pour ma part, je pensais que l'attitude de Gacy avait peut-être une explication encore plus simple. Au tribunal, hors du cadre familier et structuré de la prison, il s'était soudain senti désorienté. Incapable de se contenir, il avait explosé.

Le psychologue A. Arthur Harmon, qui officiait depuis plusieurs années au tribunal correctionnel du comté de Cook, indiqua que Gacy était tout bonnement asocial et que, comme tous les gens de son espèce, il était prêt à raconter n'importe quoi pour se sortir d'un mauvais pas. Son collègue, le docteur Robert Reifman, fut tout aussi catégorique : Gacy affabulait pour faire croire qu'il était fou. Reifman eut une petite phrase qui marqua le jury :

« Je ne pense pas qu'on puisse avoir trente-trois crises de folie passagère. »

Le docteur James Cavanaugh, de l'hôpital Saint Luke, de Chicago, fit une déclaration surprenante. Pleinement conscient qu'il amorçait une bombe, Kunkle lui demanda si Gacy finirait sa vie à l'hôpital psychiatrique au cas où l'on déciderait de l'interner.

« Sûrement pas », décréta Cavanaugh d'un ton qui n'admettait pas de réplique.

Il pensait apparemment que John pouvait être guéri et réintégré dans la société. C'était une hérésie. J'étais sidérée par un tel manque de professionnalisme. Qu'un procureur profère ce genre de déclaration, soit, mais un psychiatre se devait de rester neutre. Cavanaugh était devenu un membre à part entière de l'accusation. Le juge estima d'ailleurs qu'il était sorti de son champ de compétence et demanda au jury de ne pas tenir compte de son témoignage.

Gacy était-il un criminel impitoyable organisant ses meurtres et sachant précisément ce qu'il faisait où était-il un malade mental au sens légal du terme, un homme animé par des pulsions irrépressibles ?

Les avocats de la défense ne croyaient pas vraiment avoir convaincu le jury. John Gacy lui-même ne nourrissait guère d'espoir. J'étais moi aussi réaliste. L'horreur de tous ses crimes, la médiatisation à outrance et les attaques de l'accusation avaient produit une très forte impression sur le tribunal. En outre, on avait entendu trop de psychologues et de psychiatres. Même si la plupart avaient fait leur possible pour tenir un langage accessible aux non-initiés, quelques-uns avaient bombardé les jurés de termes scientifiques, leur assenant des exposés théoriques qui avaient dû leur paraître assommants, effrayants ou irritants.

Dans sa plaidoirie, le procureur Terry Sullivan décrivit Gacy comme « un homme vil, cruel et diabolique, un animal sadique, le mal incarné ». Emporté par l'indignation, il ajouta : « John Gacy a causé plus de dégâts humains que beaucoup de catastrophes naturelles. » C'était du grand art.

Dans un autre genre, Sam Amirante offrit lui aussi un spectacle impressionnant. Droit comme un I, du haut de son mètre cinquante-huit, il lut d'une voix claire et distincte plusieurs phrases de *L'Étrange Cas du Docteur Jekyll et Mister Hyde*, de Robert Louis Stevenson, dont celle-ci : « Si je suis le premier des pécheurs, je suis aussi la première des victimes. » Puis, s'adressant aux jurés, il leur déclara :

« John Gacy est un homme malade qui nous adresse un appel : "Arrêtez-moi avant que je ne tue encore." » Il leur demanda de le déclarer pénalement irresponsable. Il fallait étudier le cas Gacy et résoudre l'énigme scientifique que représentait le fonctionnement de son cerveau si l'on voulait empêcher que des actes d'une violence aussi insondable ne se reproduisent.

Le mercredi 12 mars 1980, les jurés se retirèrent pour délibérer. Cent vingt minutes plus tard, après vingt-huit jours de procès et cent huit témoignages, les douze membres du jury reconnurent à l'unanimité John Wayne Gacy coupable des trente-trois meurtres dont il était accusé. À l'annonce du verdict, un tonnerre d'applaudissements et de hourras retentit dans le tribunal. La réaction de Gacy ne surprit personne : il accusa les autres. C'était leur faute s'il avait été condamné à mort et non à perpétuité. Il blâma ses avocats, il blâma le jury, il blâma le gouvernement, il blâma le système judiciaire, il blâma la politique.

Ses récriminations ne le servirent pas. Toutes ses tentatives d'appel devaient se solder par des échecs. Pour ma part, j'estimais que, s'il y avait des critiques à faire, elles ne concernaient pas le procès. Rignall et d'autres l'avaient dit et répété : la police n'avait pas fait son travail, beaucoup de meurtres auraient pu être évités. Elle avait accueilli la plainte de Jeff Rignall avec une telle désinvolture qu'il avait décidé de retrouver lui-même son agresseur. Il avait enquêté pour découvrir son identité, guettant dans une voiture avec des amis le passage de son véhicule. Il était retourné voir les forces de l'ordre, qui lui avaient dit d'attendre que Gacy soit accusé d'un autre délit. Lorsque l'entrepreneur avait enfin été appréhendé pour les sévices infligés au jeune homme, le procureur avait préféré abandonner les poursuites. Jeff avait le sentiment d'avoir été victime des préjugés homophobes qui régnaient au sein de la police et il n'avait sans doute pas entièrement tort. Robert Donnelly s'était heurté au même mur. On avait préféré croire la version de Gacy, qui clamait qu'il s'agissait de relations sexuelles entre adultes consentants. Dans certains cas, on n'avait même pas pris la peine de vérifier le casier judiciaire de Gacy, qui avait pourtant déjà été condamné dans l'Iowa. Cette incurie avait conduit le père de John Butkovich à déclarer : « Si seulement la police nous avait écoutés, on aurait peut-être pu sauver des vies. Ça n'était pourtant pas sorcier de faire le rapprochement. » Le jeune Butkovich avait été assassiné en juillet 1975, au début de l'épopée criminelle de Gacy. À la décharge des forces de l'ordre, il faut reconnaître que les cas de disparition étaient légion. En 1977, pour la seule ville de Chicago, près de sept mille jeunes de moins de dix-sept ans étaient portés disparus.

Plus tard, après avoir réfléchi au rôle de la police dans cette affaire, je relus les transcriptions de mes entretiens avec Gacy. Comble de la mauvaise foi, outre la justice et ses avocats, il rendait responsables de ses malheurs d'autres personnes, les plus innocentes : ses victimes.

« Regardez le livre de Jeff Rignall, s'énervait-il. Il prétend être retourné chez moi avec un ami en juillet, au volant d'une camionnette. Il serait venu chez moi et se serait appuyé à la grille. Il n'y a pas de grille. Il aurait sonné et attendu que ma mère vienne répondre. Il n'y a pas de sonnette. Il raconte aussi qu'il était attaché, et qu'un mec lui fourrait sa bistouquette dans le cul pendant qu'un blond lui taillait une pipe. Les parties de jambes en l'air à trois, ça n'a jamais été mon truc. Il dit aussi qu'il peut m'identifier parce que j'ai des vergetures. Je peux vous montrer. Je n'ai pas de vergetures. Même quand j'étais plus gros, je n'en avais pas. »

Fastidieux, inconscient de l'absurdité de ses propos, Gacy ne désarmerait pas, s'obstinant à se poser en victime. Il envisagerait d'ailleurs d'écrire un livre qui aurait pour titre *La Trente-Quatrième Victime*, rien de moins. Il avait réponse à tout, et tant pis si ses explications ne rimaient à rien. Il était désormais dans le couloir de la mort de l'Illinois, mais il y attendrait son exécution durant quatorze ans, subissant parfois les coups et les insultes des autres détenus.

L'endroit était laid et désolé. À l'intersection de la State Road 150 et de Kaskaskia Street, à proximité d'une voie ferrée envahie par les mauvaises herbes, s'élevait un édifice centenaire de style néoclassique. Sous le ciel nuageux et les pluies drues de l'Illinois, l'austère façade de brique brune garnie de quatre colonnes évoquait la gueule béante d'un manoir hanté. Un peu plus loin coulait un Mississippi particulièrement monotone. Mais Gacy ne voyait pas le fleuve depuis sa cellule. En compagnie d'une cinquantaine d'autres détenus, il attendait une éventuelle commutation de sa peine ou bien l'injection mortelle qui avait remplacé la chaise électrique depuis sa condamnation.

À présent qu'il n'y avait plus de chèque à encaisser, les avocats et les psychiatres se désintéressaient de Gacy. Un ou deux médecins avaient tenté de lui soutirer quelques informations supplémentaires pour compléter leur livre, mais ils s'étaient vite découragés. Un des avocats de l'accusation, Robert Egan, avait conçu un spectacle ambulant avec un diaporama et un commentaire rehaussé d'une pointe d'humour noir à destination des adeptes du macabre qui hantaient les festivals du film d'horreur.

Pour ma part j'avais le sentiment qu'une étude plus approfondie apporterait beaucoup à la médecine et à la science. Dans ce dessein, j'allais encore demeurer en contact avec John Gacy pendant bien des années. Lorsque je lui demandai de noter ses rêves, il m'envoya ce récit décousu :

> suis allé me coucher à 21 h 35. 01 h 53 : réveillé pour uriner Rêvé de mon emploi du temps réveillé pour le déjeuner
>
> Rêvé d'une parade dans un cimetière avec des fanfares et un groupe coloré pour un mariage rupin, dans le genre romantique nunuche
>
> Les gens au mariage et à l'enterrement je les connais du collège et du lycée.
>
> Apparemment, c'est moi qui réunissais tout ce monde. Le défilé passait dans de grands et beaux jardins, propres et parfaitement entretenus. Beaucoup de musique.

En l'absence d'éléments de comparaison, on ne pouvait pas tirer grand-chose de sa lettre brouillonne. Cependant, j'espérais qu'un journal de ses rêves me fournirait des indices. Mais j'eus beau le presser, il ne m'envoya plus rien de tel. Ses cauchemars étaient-ils trop horribles pour qu'il se résolve à les écrire ou était-ce simple paresse de sa part ? Je n'en avais aucune idée. En dix ans je reçus néanmoins une cargaison de lettres, la plupart soigneusement dactylographiées avec double interligne.

Peut-être pour compenser l'oubli de ses crimes – volontaire ou non –, Gacy prêtait dans cette correspondance une attention obsessionnelle aux détails. En juin 1983, il m'écrivit ainsi :

> Au cours du mois de mai, j'ai reçu 143 courriers et j'en ai envoyé 59. En 1982, j'en ai reçu 1 167… Sur les 8 760 heures de l'année [1982], j'ai passé 2 274 heures et 20 minutes hors de ma cellule. J'ai envoyé 568 lettres, pris 353 douches, on a pris ma tension 16 fois et sur les 1 095 repas servis j'en ai mangé 463… Aujourd'hui, j'entame mon trente-neuvième mois ici.

Comme Richard Macek, Gacy s'était bien adapté à la vie carcérale. Il avait même trouvé à employer son expérience d'entrepreneur du bâtiment.

> J'ai été très occupé avec le plâtre et la peinture. Ils ont tout changé au parloir et je devais m'occuper de la rénovation, mais finalement je leur ai dit qu'il valait mieux que ce soit quelqu'un d'autre qui fasse le gros œuvre. Ça ne me dérange pas de bosser pour eux, mais travailler dans une zone de sécurité ça m'aurait obligé à enfreindre le code d'honneur des détenus. Ça ne m'aurait valu que des ennuis… Lorsqu'ils ont eu fini, je me suis chargé de la préparation des murs et du plâtre et maintenant il ne me reste plus que la peinture.

Gacy persuada les autorités pénitentiaires de repeindre le parloir en bleu ciel.

Depuis qu'il se savait condamné à mort, il peignait sur toile. Le plus souvent, ses tableaux représentaient des clowns, comme Pogo, ce personnage de pitre grimaçant qu'il interprétait autrefois. Il lui arrivait également de peindre Jésus, la tête couronnée d'épines, ainsi que des paysages. Il m'envoya quelques scènes bucoliques que j'accrochai dans mon bureau. En deux ans, il exécuta plus de deux cent cinquante toiles qui lui rapportèrent dix mille dollars. À cette époque, un petit scandale éclata lorsqu'on découvrit que l'un de ses acquéreurs n'était autre que Mars Kennedy, le photographe du gouverneur James Thompson. Par ailleurs, ce dernier tenta de faire retirer les toiles de Gacy exposées à la grande foire annuelle de l'Illinois, où figuraient cinq cents œuvres de détenus. Mais il arrivait trop tard : ses six tableaux étaient partis comme des petits pains.

Leur succès ne me faisait ni chaud ni froid. En revanche, j'étais curieuse de savoir pourquoi Gacy peignait. Selon lui, c'était pour tromper l'ennui, pas parce qu'il possédait une quelconque sensibilité artistique. J'étais intriguée par les paysages qu'il m'avait donnés et ce qu'ils révélaient de sa personnalité. « Bien que vous sembliez copier la réalité, ce que vous peignez vient de l'intérieur. Derrière, on devine la dépression, le désespoir et la colère », lui écrivis-je le 18 janvier 1984. C'était un ballon d'essai. Je me demandais s'il s'emploierait à démentir mon analyse. En fait, mon commentaire ne déclencha aucune réaction de sa part.

Il avait peint pour moi un lac au pied d'une montagne. Le plan d'eau et les conifères au premier plan étaient d'un style naïf, tandis que la montagne couronnée de neige qui se dressait au fond avait quelque chose d'hyperréaliste. Surtout, la position des ombres ne correspondait nullement à celle du soleil. En fait, cette œuvre était à l'image de Gacy : de prime abord elle semblait aimable, presque joyeuse. Mais au fond elle était complètement déglinguée.

Dans le couloir de la mort, on surnommait Gacy « Boss Hogg », du nom du maire corrompu et voleur de *Shérif fais-moi peur*. En apparence, le sobriquet lui allait comme un gant. À l'instar du personnage de la série télévisée, le jovial Gacy était ventripotent et fumait ses quinze cigares par jour. Mais ce surnom ne signifiait pas que ses codétenus l'appréciaient. À ce sujet, Gacy m'écrivit :

> La semaine dernière, à la bibliothèque, je suis tombé sur quelqu'un qui voulait m'entraîner dans l'arrière-salle pour qu'on discute. Il y avait quatre autres gars avec lui. J'ai prévenu le chef que j'avais été menacé par cette personne, mais on m'a juste dit de me débrouiller et de lui botter les

fesses… Ce n'est pas de lui que j'ai peur mais de moi-même. Je ne crois pas à la violence, je n'y ai jamais cru, mais s'il faut faire un exemple, alors il y aura un mort. J'ai demandé [à cet homme] avec lequel de mes moi il voulait se battre. Il n'a rien répondu et il s'est éloigné. Mais ça ne durera pas éternellement. J'ai peur de blesser quelqu'un. Parce qu'une fois que c'est parti, je ne peux plus m'arrêter.

J'étais prête à parier que jamais Gacy ne provoquerait de bagarre. En prison, il réagissait bien aux stimulations externes que représentaient les gardiens et le règlement. Il était capable de sublimer ses pulsions, ses pensées, tout ce qui hors de sa geôle l'aurait mis hors de lui et poussé au meurtre. Encore une fois, sa docilité ne signifiait pas qu'il était devenu sain d'esprit. Mais il n'avait plus accès à ses victimes potentielles, à son Oldsmobile noire, à son terrain de chasse, à rien de ce qui dans son environnement habituel pouvait jouer un rôle déclencheur. Quand bien même il aurait eu envie de tuer, il n'avait plus son matériel – pas de corde, pas de substances pour droguer ses victimes. En prison, il était contraint de respecter le règlement, et c'était tant mieux.

De temps en temps, il se faisait rosser par des détenus au cours d'une échauffourée. Ainsi, il se plaignit de s'être fait « poignarder » violemment par un prisonnier armé d'un crayon à la mine aiguisée. « Il me l'a planté dans le bras gauche, il l'a enfoncé de trois ou quatre centimètres, m'écrivit Gacy. J'ai perdu beaucoup de sang, mais ils l'ont remplacé à l'hôpital… Le plus étonnant, c'est que je ne suis même pas furieux, mais je pense que ce type est un animal. » Il avait également l'impression que son agresseur cherchait à se faire de la publicité : « Il doit se dire que ça va marcher avec moi. » C'était tout à fait plausible. Quiconque s'en prenait à John Wayne Gacy passait pour un héros au sein de la prison.

Les années s'écoulèrent ainsi, rythmées par les crises d'hypocondrie, les peurs et l'ennui.

À l'approche de minuit, le 9 mai 1994, des centaines de personnes attendaient dehors. Certaines priaient avec recueillement, d'autres buvaient et s'amusaient comme à un concert de rock. À l'intérieur du bâtiment, un employé de la prison serra la demi-douzaine de sangles qui maintenaient le tueur le plus célèbre du pays (et peut-être du monde) sur son lit à roulettes. On fit entrer les proches des victimes dans une salle au sous-sol, non pour assister à l'exécution mais pour suivre sa couverture sur une chaîne de télévision locale – comme s'ils n'en avaient pas déjà assez vu ! John Wayne Gacy avait dîné de poulet frit, de crevettes et de fraises, un repas qui avait coûté environ dix-huit dollars au contribuable. La veille, sa famille lui avait rendu visite. Les deux enfants qu'il avait eus de sa première femme s'étaient également déplacés.

Jusqu'à la fin, il resta un bavard impénitent.

« Prendre ma vie ne ressuscitera pas les autres. Ceci n'est qu'un assassinat d'État ! » brama-t-il avant l'exécution, prenant le gardien à partie.

On avait l'impression qu'il n'avait pas fait le rapprochement entre ses meurtres et sa condamnation.

On lui enfonça deux seringues dans le bras, la seconde au cas où la première ne fonctionnerait pas. C'était une équipe de la prison qui surveillait le bon déroulement de l'injection : un médecin assermenté n'aurait pas eu le droit de le faire. Tandis que la solution saline pénétrait lentement dans son bras par voie intraveineuse, un rideau s'ouvrit, révélant les spectateurs qui se trouvaient dans la pièce adjacente. On administra au condamné une double dose de thiopental sodique pour l'endormir. Il se contracta brièvement, gémit, haleta, et ses poings serrés se détendirent. Puis le bromure de pancuronium paralysa ses muscles. Enfin, le chlorure de potassium provoqua l'arrêt cardiaque. La trentaine de témoins se mit à chuchoter en voyant le masque de la mort transformer le visage du meurtrier.

Gacy avait cessé de vivre. Il ne torturerait plus, ne violerait plus, ne tuerait plus, n'étoufferait plus, ne noierait plus. Je le connaissais depuis près de quinze ans, mais sa mort ne m'émouvait pas. Un médecin ne peut pas s'impliquer affectivement avec chacun de ses patients. C'est difficile au début, mais on vous enseigne à prendre du recul dès la faculté. C'est la seule façon d'être efficace. Ensuite, chacun réagit selon sa personnalité. Certains praticiens se blindent, ils se disent : « C'est terminé pour ce malade, je passe à un autre cas. » À l'opposé, d'autres s'investissent tellement qu'ils en perdent toute objectivité, tout discernement. J'ai souvent été confrontée à ce problème lorsque je travaillais dans un service d'oncologie pédiatrique avec des enfants en phase terminale de cancer. J'ai appris à conjuguer distance professionnelle et bienveillance pour aider au mieux leurs parents à leur dire adieu. J'ai appris moi aussi à passer d'un cas à un autre, mais je ne m'interdisais pas toujours d'exprimer mon émotion et de pleurer un bon coup. Le cas de John Gacy était totalement différent. Il n'avait rien d'un enfant innocent. Il m'avait permis de collecter des informations pour mes recherches, mais sa personne ne m'inspirait ni amitié ni affection.

Après avoir passé tant d'années dans le couloir de la mort, John Wayne Gacy fut déclaré officiellement décédé à 0 h 58 le 10 mai 1994. J'éteignis la télévision dans ma chambre à l'Holiday Inn de Joliet, dans l'Illinois, où je m'étais rendue discrètement dans la soirée pour éviter la presse. Tandis que je cherchais une station de radio diffusant de la musique, je songeai à l'incroyable aventure que représentait tout ce temps passé à suivre John Gacy. C'était totalement irréel. Jusqu'au dernier moment, on avait attendu une éventuelle grâce du gouverneur qui n'était pas arrivée. Dans ma chambre d'hôtel, les minutes s'égrenaient avec une lenteur presque insupportable. Pour m'occuper, je me mis à réviser l'examen de droit de la responsabilité délictuelle que je devais passer le lendemain.

À 3 heures du matin, le téléphone sonna enfin. Je pris l'ascenseur, indifférente à la musique sirupeuse diffusée dans la cabine, puis je traversai le hall sans regarder personne. Dehors, j'attendis quelques instants la voiture qui devait venir me chercher. Aucun mot ne fut prononcé durant le court trajet entre l'hôtel et le Silver Cross Hospital. Seul le ronronnement du moteur rompait le silence feutré de la nuit.

À 3 h 21, je me retrouvai dans la salle d'autopsie. J'en avais obtenu l'autorisation à la demande de la famille de Gacy. Sur la route, le fourgon qui transportait le corps avait été pris en chasse, sans doute par des journalistes. Il avait fallu transférer le cadavre dans un autre véhicule pour semer ces vautours qui ne faisaient guère honneur à leur profession.

Outre le pathologiste et moi-même, il n'y avait dans la pièce qu'un policier solidement charpenté qui se tenait discrètement à l'écart. Il est rare qu'un membre des forces de l'ordre assiste à l'autopsie d'un détenu, mais la notoriété de Gacy et la curiosité des médias rendaient certainement cette précaution nécessaire. Cela ne me posait pas de problème tant que l'homme ne perturbait pas notre travail.

Le corps de John Wayne Gacy avait pris une teinte bleutée. Il était allongé sur une table en aluminium parfaitement étudiée. C'était une plate-forme inclinée équipée de robinets, d'un système d'écoulement et de bords surélevés pour empêcher le sang de se répandre sur le sol. Le prosecteur ouvrit le torse du cadavre. Les organes internes furent ôtés, mesurés et étiquetés. Nous nous activions dans le silence le plus total. Il n'y avait même pas de musique de fond, comme c'est parfois le cas dans les salles d'opération, car cette autopsie exigeait de nous une concentration extrême.

Le crâne de Gacy fut ouvert avec une scie électrique. Il

y avait là ces mille trois cents grammes de matière grise responsables de tant d'horreurs et de larmes, qui nous livreraient peut-être la clé de l'enfer tortionnaire et criminel de Gacy.

On sectionna sans difficultés les attaches qui reliaient la substance molle du cerveau à la moelle épinière et à différentes membranes (les expansions de la dure-mère), puis l'on retira l'organe de sa cavité. Il se dégagea avec un bruit de succion. On le plaça alors dans un bocal rempli d'une solution aqueuse de formaldéhyde. Ce liquide, plus connu sous le nom de formol, a deux effets : d'une part il prévient la décomposition, d'autre part il solidifie l'organe, ce qui permet de le manipuler sans l'abîmer. Je procédai à un préexamen hâtif qui ne révéla aucune anomalie, ce qui ne me surprit pas outre-mesure.

Lorsque je récupérai ma voiture, le ciel pâlissait au-dessus de Joliet. Je rentrai chez moi avec le cerveau de Gacy, espérant que ma tâche suivante serait moins compliquée que je ne le redoutais. Car à présent il me fallait trouver un neuropathologiste qui accepterait d'effectuer les analyses nécessaires. Ce n'était pas une mince affaire. La plupart des médecins que je connaissais ne voulaient rien avoir à faire avec ce tueur trop célèbre, même mort. Cela heurtait leur sens des convenances et ils pensaient à leur carrière. Ils redoutaient qu'on leur colle l'étiquette « savant fou » et que cette réputation les poursuive, même si les analyses pouvaient être le point de départ d'une découverte importante. En outre, si le neuropathologiste était employé par un institut rattaché à une université, son établissement courait le risque de perdre des millions de dollars de subventions.

Après de nombreux coups de téléphone, je finis par trouver un spécialiste qui se laissa convaincre contre une promesse d'anonymat plusieurs fois réitérée. En outre, il insista pour que le nom de Gacy n'apparaisse nulle part sur les échantillons envoyés dans divers laboratoires. Ils ne seraient identifiables que par un numéro dont nous seuls connaîtrions le sens.

Quelques semaines plus tard, une enveloppe Federal Express arrivait à mon bureau. Je la regardai un long moment, hésitant à l'ouvrir. Contenait-elle une information qui m'aiderait à comprendre les actes de Gacy ? Avait-on trouvé une quelconque tumeur, une aberration microscopique ? Je déchirai le rabat et me plongeai dans les documents.

Le rapport tant attendu ne signalait rien d'anormal. Toutefois, le neuropathologiste demeuré anonyme était d'accord avec moi : « Rien ne peut remplacer l'étude d'une personne vivante dans différentes situations avec différents stimuli. » Un organe mort ne vaut guère mieux qu'un morceau de viande. Il ne vous éclaire pas sur le fonctionnement de l'organisme vivant. Je m'étais engagée dans une impasse.

Il n'existait ni équipe scientifique ni ouvrage psychiatrique capable d'expliquer la nature exacte du tueur en série, et je savais que cela n'était pas près de changer. Personne au niveau local, fédéral ou international, aucune institution publique ou privée n'étaient disposés à consacrer les fonds nécessaires à une étude sérieuse, d'autant que la loi ne nous autoriserait pas à effectuer des examens rigoureux et approfondis sur un serial killer vivant.

Pourtant, je ne pouvais m'empêcher de nourrir un espoir, l'espoir que les choses pouvaient changer. Plus qu'un espoir, c'était une certitude.

VIII

L'Éventreur du Yorkshire et Wayne Williams

Au bout de plusieurs années de recherches, j'avais l'impression d'avoir à peine gratté la surface de l'énigme. J'avais réuni des tonnes de données, entamé une réflexion théorique, et pourtant les questions demeuraient plus nombreuses que les réponses. Aussi, lorsque le magazine britannique *She* me contacta en mai 1980 au sujet de l'Éventreur du Yorkshire, j'acceptai volontiers de rencontrer la journaliste. En 1975 avait débuté la plus grande chasse à l'homme de l'histoire britannique. Toute la population s'était mobilisée et l'on assistait à toutes sortes de réactions, des plus sérieuses aux plus ridicules. Des centaines de femmes étaient descendues dans la rue pour protester contre les films qui mettaient en scène la violence exercée contre leurs semblables, les accusant de pousser les hommes au crime. Cependant, la journaliste de *She*, qui avait été elle-même victime d'une agression en plein Manhattan, près d'un grand magasin, m'affirma que son journal ne voulait pas miser sur la peur pour doper les ventes. Tout ce qu'elle souhaitait, c'étaient des conseils à l'intention de ses lectrices.

Certains prétendent que se débattre en hurlant peut décourager l'assaillant. Peut-être, mais si le tueur a une personnalité dominante et agressive, la peur et les cris risquent de l'exciter. À l'opposé, on dit aussi qu'en restant calme on peut sauver sa peau. Là encore, tout dépend de l'agresseur. S'il est timoré, hésitant, la résistance et les cris seront sans doute plus efficaces. On retrouve les mêmes conseils contradictoires concernant le viol. Autrefois on nous disait qu'il valait mieux ne pas se défendre, aujourd'hui il faudrait se débattre. En fin de compte, quoi qu'on fasse, il existe toujours un risque, et il en va de même avec les tueurs en série.

Jeff Rignall avait adopté une attitude passive. Bien que grièvement blessé, il avait eu la vie sauve et l'on avait de bonnes raisons d'espérer qu'il se remettrait un jour du traumatisme subi. Il avait émis l'hypothèse qu'il avait été épargné parce qu'il n'avait pas résisté à John Wayne Gacy. Mais au fond il ne savait pas exactement pourquoi son tourmenteur avait fini par le relâcher. Plus troublant encore, Gacy ne le savait pas lui-même. Selon moi, il fallait chercher la réponse plutôt du côté du bourreau que du côté de la victime. Y avait-il quelque chose qui préoccupait le tueur en série, qui l'empêchait de se concentrer pleinement sur ce qu'il faisait ? Si Jeff avait été son unique souci, le meurtrier aurait certainement suivi sa procédure habituelle, aussi machinalement que l'on exécute une recette de cuisine, étape par étape. Ce désintérêt pouvait avoir une origine toute bête. Peut-être Gacy s'était-il lassé de son prisonnier, peut-être s'était-il senti fatigué. Mais l'attitude de Rignall n'y était pas pour grand-chose. Si l'on veut filer la métaphore culinaire, Rignall représentait le repas de Gacy. Parfois un tueur en série grignote, parfois il festoie. Avec Rignall, il avait grignoté.

Lorsque le meurtrier choisit une victime, il doit percevoir chez elle un indice sous-jacent, préconscient, qui fonctionne comme un feu vert l'avertissant qu'il a affaire à une proie potentielle. Ce signal peut être parfaitement innocent : le simple fait que la personne accepte de discuter avec lui, par exemple. Il ne s'agit même pas de ces petits gestes, de ces mouvements subtils qui constituent le langage du corps. En d'autres termes, il n'existe pas de victime type. Tout le monde est concerné, du plus timide au plus sûr de soi, du plus discret au plus fanfaron. Tout dépend de ce que le serial killer recherche, et cela on ne sait pas encore clairement le définir. À l'instar de certains chercheurs qui mettent en cause les phéromones, ces sécrétions chimiques à l'origine du coup de foudre, je pense que l'interaction initiale entre le tueur en série et sa victime est aussi imprévisible que l'alchimie amoureuse. Seulement, dans un cas il s'agit d'amour et dans l'autre de mort. À l'heure actuelle, on ignore presque tout de ce mécanisme, sinon qu'il se déclenche soudainement et que l'issue en est immanquablement tragique.

J'avais expliqué tout cela en détail à la journaliste, aussi tombai-je de haut lorsque j'ouvris le numéro d'août 1980 : elle avait préféré traiter son sujet sous un angle sensationnaliste, plus effrayant qu'utile. Je maudis ma naïveté.

À quelque chose malheur est bon, puisque après la publication de l'article je fus contactée par un des hommes de Scotland Yard chargés de l'enquête sur l'Éventreur du Yorkshire. La plupart des policiers souhaitent une réponse rapide et claire à leurs questions. En cela, les Anglais ne diffèrent pas des Américains.

« Pouvez-vous me dire exactement quel genre de personne a commis ces crimes, docteur Morrison ? me demanda le policier.

– Non, je suis désolée, je ne peux pas vous donner de réponse précise. Je ne suis pas sur place.

– Vous êtes sûre que vous ne pouvez pas nous en dire plus ?

– Non... Non, vraiment je ne peux pas, à moins de faire une enquête de terrain. »

Pour tirer des conclusions, il faut analyser tous les détails d'un crime. La divination n'est pas mon rayon. Mais la police n'a que faire des hypothèses. À un « peut-être » elle préfère un : « C'est bon, je sais où le trouver. »

En désespoir de cause, elle finit parfois par se tourner vers des médiums qui ne leur sont pas d'un grand secours. Malgré tout, cette affaire m'intéressait, d'autant qu'à l'époque beaucoup de gens croyaient encore que le serial killer était une invention typiquement américaine.

Bingley est une ville sans intérêt particulier, nichée dans une vallée à trois cent cinquante kilomètres de Londres et à une dizaine de Leeds. Dans les années 1970, la principale occupation de la population masculine était le pub : on buvait à midi, on dessoûlait l'après-midi et on remettait ça à la réouverture. John Sutcliffe n'échappait pas à la règle. Ce vétéran de la Seconde Guerre mondiale n'avait jamais combattu ni sur le front ni ailleurs : il remontait le moral des troupes grâce à ses talents de chanteur. Dans le civil, c'était un pilier de bar, amateur de cricket à ses heures, sujet à des colères qui terrorisaient ses enfants.

Il surnommait son fils aîné « l'avorton ». Si déplaisant fût-il, le sobriquet frappait juste. À la naissance, Peter pesait à peine deux kilos cinq cents. Ç'avait été un garçonnet malingre aux petites pattes grêles, silencieux et renfermé. Lorsque John lui avait acheté un ballon et une tenue de footballeur, il avait fallu le supplier pour le convaincre de jouer au moins une fois. À l'école, il était le souffre-douleur d'un groupe de petites brutes, si bien que pendant quinze jours il s'était caché dans le grenier au lieu d'aller en classe.

Peter avait grandi dans un monde de machos, de gros buveurs qui réglaient leurs différends à coups de poing – voire à coups-de-poing américains –, et qui injuriaient leurs femmes plus souvent qu'ils ne prenaient leur défense. Les Sutcliffe formaient une famille turbulente. Mick et Carl, les frères de Peter, manigançaient toujours quelque chose. Mick avait fait trois mois de prison pour avoir frappé un policier. Lui et Carl volaient aussi bien des enjoliveurs que des bijoux.

Peter avait voulu coûte que coûte se débarrasser de sa

réputation de mauviette, passant des heures dans sa chambre à s'entraîner avec un appareil de musculation. Il avait fini par décrocher un emploi de fossoyeur. Ce jeune homme secret ne manifestait jamais la moindre émotion. Il profitait de son nouveau travail pour dérober aux morts les bijoux avec lesquels on les avait enterrés.

En 1964, âgé de dix-huit ans, il lança un maillet sur un collègue, sans motif apparent. Le vieil homme fut blessé à la tête, mais c'était un dur à cuire qui ne jugea pas utile de porter plainte. Comme beaucoup de tueurs en série, Sutcliffe avait donc commis ses premières agressions avant l'âge de vingt ans. Lorsque je pris connaissance de cet épisode qui apparaissait rarement dans les documents le concernant, je songeai que cela avait dû être une révélation pour Peter. Ce jour-là, il avait découvert que frapper quelqu'un avec un maillet lui procurait des sensations fortes. C'était le début d'une escalade qui le conduirait au meurtre.

L'alcool désinhibait le garçon, mais il partait alors dans des crises de fou rire qui pouvaient durer une dizaine de minutes. Souvent, il prenait un air effrayé sans raison particulière et lançait des coups d'œil nerveux autour de lui. Il parvenait rarement à soutenir le regard de son interlocuteur. Il cultivait un look de rock star, passant des heures dans la salle de bains à se couper les cheveux et à se raser. Il portait un blouson en cuir noir et des bottes à talons cubains de la même couleur. Cette coquetterie constituait un autre indice : riches ou pauvres, les serial killers prennent généralement soin de leur apparence. Ils sont toujours impeccables. Par petites touches, ces détails combinés à d'autres dessinaient un portrait de plus en plus précis du tueur en série.

Peter était un passionné de mécanique et de motos. Il était capable de passer des heures à bricoler un moteur, même neuf. Désormais, il pouvait se regarder dans un miroir sans rougir. Ce corps autrefois haï était devenu son ami. Il lui arrivait même d'exhiber ses muscles chèrement conquis, montant et descendant l'escalier de la maison familiale sur les mains. Mais il était toujours aussi introverti. Lorsque quelque chose le contrariait, il se retenait jusqu'à l'explosion de rage. Un jour, il frappa un homme qui le taquinait avec une telle force qu'il se cassa le poignet et que l'autre, pourtant solidement charpenté, effectua un vol plané digne d'un film d'Arnold Schwarzenegger. Il s'agissait peut-être d'un nouvel indice : les tueurs en série maîtrisent rarement l'intensité de leurs réactions. Chez eux, c'est tout ou rien.

En dépit de son apparente froideur, Peter aurait tout sacrifié pour aider sa famille. Même son père en était venu à l'apprécier. Au Royal Standard, le pub d'élection de ses frères, il tomba amoureux d'une jeune femme d'origine tchèque, Sonia, mais peu après leur rencontre elle proclama qu'elle était la réincarnation du Christ et que ses mains en portaient les stigmates. Le diagnostic fut terrible : schizophrénie. Peter l'entoura de soins, mais cela ne signifiait pas pour autant qu'il était éperdument amoureux, car pas plus que les psychotiques les tueurs en série ne sont capables de réel attachement. Il agissait ainsi simplement parce que les circonstances l'exigeaient. Quelque temps plus tard, Peter et Sonia se marièrent.

Au cours de cette période, il se mit à explorer les quartiers chauds des villes environnantes avec un ou deux copains. Un soir, il prit son courage à deux mains pour aborder une prostituée, lui demandant combien elle prenait. Mais l'aventure tourna court et elle le planta là, s'enfuyant avec ses dix livres. Il retrouva ses amis, penaud, mais bien décidé à se venger.

Peu après, dans un snack de Saint Paul's Road, à côté de Manningham Park, un haut lieu de la prostitution, il se leva de table, abandonnant son *fish and chips* avec une soudaineté qui surprit ses amis. Dans les rues sombres alentour, il trouva rapidement ce qu'il cherchait. Il regarda autour de lui pour s'assurer qu'il serait tranquille et glissa un morceau de brique dans une chaussette. Il s'approcha alors d'une femme, leva son arme improvisée et la frappa à la tête. La police retrouva rapidement la trace de Sutcliffe, mais sa victime renonça à porter plainte.

Non seulement il commença à s'en prendre aux femmes, mais surtout il eut de la « compagnie » au cimetière. Alors qu'il creusait une tombe, il entendit une voix. Une voix pressante et intimidante qui tonnait dans sa tête. Après avoir regardé autour de lui, il sortit du trou, se croyant possédé. Il avait l'impression que le sol se transformait en pente abrupte sous ses pieds. La voix le guida jusqu'à une tombe envahie de mauvaises herbes où reposait un Polonais mort depuis des lustres. Peter fixa longtemps le grand crucifix sur la pierre tombale, puis la voix retentit de nouveau. Il chercha encore son origine, sans succès. La voix semblait émaner de la dalle. Les mots résonnaient et se fondaient pour n'en former qu'un. Pourtant, Peter comprenait parfaitement ce qu'on lui disait. Ce fut sans doute pour lui une expérience aussi bouleversante que l'épisode du buisson ardent pour Moïse. À cette différence près que Peter Sutcliffe n'avait rien d'un prophète.

« Sur le moment, j'ai trouvé ça merveilleux, expliqua-t-il par la suite. J'ai entendu ce que je croyais et crois encore être la voix de Dieu. Il a commencé à pleuvoir. Je me rappelle que je suis monté au sommet d'une butte qui surplombait la vallée. J'avais l'impression de vivre quelque chose d'extraordinaire. J'ai regardé tout autour de moi, et j'ai pensé au paradis et à la terre, au rôle essentiel que nous avons tous. À cet instant je me suis senti très important. »

Peter Sutcliffe n'était pas le premier tueur en série à entendre une voix divine. Jeffrey Dahmer, nécrophile et anthropophage notoire, avait construit dans son appartement un autel épouvantable dédié à Dieu et à Satan. Il faisait brûler de l'encens dans les crânes de ses victimes pour « absorber des énergies et des pouvoirs spéciaux ». Joseph Kallinger, qui avait commis divers meurtres et noyé son propre fils Joey avec l'aide d'un autre de ses enfants, se prétendait chargé d'une mission divine.

Mais le Dieu que de tels assassins croient entendre n'est que l'écho de leur voix intérieure. Peut-être ont-ils besoin de rejeter la responsabilité de leurs actes terribles sur quelqu'un d'autre, ou se sentent-ils plus importants à l'idée qu'ils sont des anges de Dieu envoyés sur terre pour purifier le monde.

Les déclarations de Sutcliffe m'amenèrent à penser qu'il s'agissait encore d'un tueur dont le développement affectif était celui d'un très jeune enfant : il croyait contrôler non pas le monde mais l'univers tout entier, et ce non par soif de pouvoir mais uniquement pour protéger son petit cosmos personnel.

Sutcliffe était convaincu qu'il avait été élu. Les mois passèrent, les voix rassurantes devinrent plus virulentes, l'incitant à s'attaquer aux prostituées qu'il rendait responsables de tous les maux de la terre depuis que l'une d'elles l'avait berné.

« La voix répétait que je devais accomplir une mission… éliminer les prostituées. En débarrasser le monde. »

À l'insu de ses parents et de sa femme (qui allait mieux depuis qu'elle était sous traitement), Sutcliffe s'attela donc à sa « mission » avec zèle. Généralement, il assaillait ses proies par-derrière et les frappait plusieurs fois à la tête avec un marteau. Parfois, il se servait d'un tournevis ou d'un couteau de cuisine. L'une de ses victimes fut ainsi frappée de cinquante-deux coups de couteau. Une autre reçut des coups de pied d'une telle violence que l'on retrouva sur son cadavre l'empreinte de bottes en caoutchouc de pointure 41. Mais l'arme de prédilection de Peter Sutcliffe demeurait le marteau.

Il s'attaquait principalement aux prostituées. Lorsque le besoin de tuer le prenait, rien ne pouvait l'arrêter, même pas une réunion familiale. Il lui arrivait également d'agresser d'autres femmes, car une voix dans sa tête lui soufflait que toutes celles qu'il désirait assassiner étaient des prostituées. Ainsi, le docteur Upadhya Bandara, originaire de Singapour et qui avait obtenu une bourse de l'Organisation mondiale de la santé pour suivre une formation en Angleterre, en réchappa de justesse. Barbara Leach, étudiante à l'université de Bradford, et Jayne MacDonald, jeune fille de seize ans employée dans un supermarché, n'eurent pas cette chance.

Sutcliffe, qui continuait à jouer les bons fils et les maris dévoués, avait un autre passe-temps secret. Il se rendait souvent à Morecambe, une petite ville balnéaire ouvrière à une heure de Bingley, sur la côte du Lancashire, dans un musée délabré peuplé de personnages en cire. Là, il passait sans s'arrêter devant la princesse Margaret et Joseph Staline pour se rendre directement dans la chambre des horreurs où se trouvaient Jack l'Éventreur et d'autres criminels. Ce spectacle le fascinait tellement qu'il en oubliait l'odeur de moisi et les gouttes d'eau qui suintaient du plafond. Il s'intéressait également à la section du musée consacrée à l'anatomie, et en particulier à la « salle macabre des torses », un lieu mal éclairé qui portait bien son nom. Là, il déambulait parmi les femmes troncs. Un peu plus loin, il s'attardait devant des reproductions d'organes génitaux qui témoignaient des ravages des maladies vénériennes. En dépit de leur caractère sinistre, de telles visites le poussaient-elles d'une quelconque manière à tuer ? Non. Sutcliffe était-il capable de penser : ce sont les prostituées qui transmettent aux gens ces maladies, donc je vais nettoyer le monde ? Certainement pas. Il s'agissait simplement d'une fascination morbide, d'un prolongement de l'expérimentation criminelle.

Les meurtres se multipliaient, le coupable courait toujours. Pour répondre à l'impatience croissante de la population, les autorités lancèrent une chasse à l'homme sans précédent. En 1979, 150 000 personnes avaient été interrogées et 27 000 perquisitions réalisées ! La police avait établi une liste de 17 000 suspects. Sutcliffe fut convoqué huit fois sans éveiller de soupçon particulier. En outre, une cassette envoyée par un individu se faisant passer pour le tueur lança les enquêteurs sur une fausse piste : sur la foi de cette bande, George Oldfield, l'adjoint du directeur de la police, élimina tous les suspects qui n'avaient pas l'accent *geordie*, caractéristique de la région de Newcastle. Sutcliffe étant originaire de Bingley, à cent cinquante kilomètres au sud, il pouvait dormir sur ses deux oreilles.

À cause de ce maudit enregistrement, on commença même à se demander si le meurtrier n'avait pas fait un émule, un *copycat killer*. C'est une idée récurrente dans les affaires d'homicides en série. « Une seule personne ne peut pas avoir commis autant d'horreurs ! » se récrie-t-on de toutes parts. Cette croyance est particulièrement répandue chez les gens qui pensent qu'un criminel opère toujours exactement de la même manière. Or l'étude de terrain prouve le contraire, car le serial killer aime les nouvelles expériences.

L'enquête piétinait tellement que la police finit par s'adresser à des médiums qui ne parvinrent qu'à embrouiller l'affaire. Pourtant, Sutcliffe avait bien failli se faire épingler en 1977. Après avoir donné cinq livres sterling à Jean Jordan contre une passe, il l'avait poignardée près d'un cimetière envahi par les ronces puis s'était enfui en laissant sa victime sur place, effrayé par les phares d'un véhicule. Un peu plus tard, il s'était souvenu d'avoir laissé sur le corps ses cinq livres, un billet neuf avec lequel on l'avait payé récemment. Il était retourné sur les lieux quelques jours plus tard pour récupérer le billet de banque compromettant mais ne l'avait pas retrouvé. De rage, il s'était saisi d'un éclat de vitre et avait tailladé le cadavre. Le ventre de Jean Jordan s'était ouvert, répandant une odeur de mort qui avait fait vomir Sutcliffe. Redoublant de fureur, il avait alors décidé de couper la tête de sa victime avec une scie à métaux pour brouiller les pistes. Mais l'épuisement l'avait empêché de mener à bien sa besogne. C'est la police qui avait retrouvé les cinq livres dans le sac à main de Jean Jordan. Le billet qui portait le numéro de série AW51 121565 provenait d'un lot distribué à vingt-trois sociétés. Huit mille personnes avaient été entendues, dont Peter Sutcliffe, mais il était parvenu une fois de plus à passer entre les mailles du filet.

L'un de ses compagnons de virée, Trevor Birdsall, commençait cependant à nourrir des soupçons. Après avoir longuement réfléchi, il se décida à aller trouver les forces de l'ordre. Il déclara que Peter lui avait avoué avoir frappé une femme avec une pierre emmaillotée dans une chaussette à l'époque où il avait commencé à fréquenter des prostituées. Birdsall précisa qu'il avait même vu la pierre et la chaussette ensanglantée. Noyée sous les informations, la police ne donna pas suite.

Le 2 janvier 1981 à Sheffield (South Yorkshire), deux policiers tombèrent sur une voiture suspecte garée dans une allée isolée. Sutcliffe se trouvait à l'intérieur du véhicule avec une prostituée qu'il s'apprêtait à assassiner. Le sergent Bob Ring et le stagiaire Robert Hydes s'approchèrent pour parler au conducteur. Tandis qu'ils examinaient ses plaques minéralogiques, Peter prétexta un besoin pressant pour se débarrasser de ses armes. Constatant que les plaques fixées grossièrement provenaient d'une voiture volée, les policiers l'embarquèrent. Après plusieurs heures d'interrogatoire, il finit par faire des aveux complets. Sa confession dura seize heures. Seize heures durant lesquelles il conserva un calme souverain.

Lors du procès, Peter invoqua souvent ses « voix » en guise d'excuse. Mais il ne faisait aucun doute que les soi-disant commandements divins servaient uniquement à justifier son désir de meurtre. Il déclara également qu'une fois il était parvenu à s'arrêter avant de commettre un crime. Personnellement, je n'ai jamais rencontré de tueur en série capable de se dominer dans une telle situation. Il s'interrompt comme il a commencé, sans réfléchir. Par ailleurs, cette déclaration qui sous-entendait une maîtrise totale contredisait ce qu'il avait pu dire sur sa soumission à une prétendue volonté supérieure. Pourquoi aurait-il enfreint les ordres cette fois-là et pas les autres ? Et si Dieu voulait qu'il supprime les prostituées, pourquoi lui ordonnait-il de tuer des femmes qui n'en étaient pas ?

Peter Sutcliffe fut reconnu coupable de treize meurtres le 22 mai 1981 et emprisonné à Parkhurst, sur l'île de Wight. Après le vote d'une loi sur les troubles mentaux en 1983, on le jugea médicalement fou. Au printemps 1984, il fut transféré à l'hôpital de Broadmoor, dans le sud-est de l'Angleterre, où il est interné depuis.

Tandis que Peter Sutcliffe sévissait en Grande-Bretagne, une vague de meurtres semait la confusion à Atlanta. Les assassinats, commentés presque quotidiennement par les chaînes nationales, touchaient principalement des enfants noirs.

À la fin des années 1970, la ville détenait encore le triste record du taux de criminalité le plus élevé des États-Unis. L'extrême pauvreté de la communauté afro-américaine compliquait encore le problème. Au début de 1979, un médecin blanc réputé et une secrétaire juridique furent assassinés par des Noirs. En juillet de la même année, deux adolescents noirs, Edward Hope Smith et Alfred Evans, furent tués à leur tour. Ce n'étaient là que les premiers d'une série de meurtres troublants qui reléguèrent au second plan la mort du médecin et de la secrétaire. Edward et Alfred étaient fous de football américain et débordaient de vitalité. Leurs portraits révélaient des visages ouverts sur lesquels se lisait l'espoir d'une vie meilleure. Ces gamins au sourire radieux n'auraient jamais dû être agressés, et encore moins tués (Edward par balle, Alfred sans doute par strangulation). Il leur restait tant d'années à vivre ! Vingt-sept jeunes Noirs disparurent ainsi en l'espace de deux ans, suscitant une atmosphère de méfiance et de panique qui égala presque l'hystérie provoquée par l'Éventreur du Yorkshire de l'autre côté de l'Atlantique.

Au cours de l'été, les meurtres se succédèrent. Milton Harvey, quatorze ans, disparut alors qu'il allait à la banque à vélo. Yusef Bell, neuf ans, un garçon intelligent et aimé de tous, partit chercher une boîte de tabac à priser chez un voisin et ne rentra jamais chez lui. Angel Lenair, douze ans, fut retrouvée attachée à un arbre avec un câble électrique, une culotte qui n'était pas la sienne dans la bouche. Le lendemain, Jeffrey Mathis, dix ans, sortit chercher des cigarettes pour sa mère et ne revint pas. Eric Middlebrooks, quatorze ans, réparait son vélo lorsqu'il fut assassiné à coups de matraque. Christopher Richardson, douze ans, fut tué sur le chemin de la piscine municipale. À l'automne, le meurtrier s'enhardit. LaTonya Wilson, sept ans, fut kidnappée chez elle ; on ne devait pas la revoir vivante.

Ces sept meurtres transformèrent la vie des habitants d'Atlanta en enfer. La police anglaise s'était fourvoyée plus d'une fois dans l'affaire de l'Éventreur, mais ce n'était rien à côté de la négligence dont firent preuve les forces de l'ordre à Atlanta. Elles commirent des erreurs dans l'identification des corps. Des preuves essentielles furent accidentellement détruites sur les lieux des crimes. On classa des disparitions, décrétant qu'il s'agissait de simples fugues. Patrick Baltazar, un garçon de onze ans, téléphona aux enquêteurs qui ignorèrent son appel en dépit de sa peur manifeste. Il fut retrouvé étranglé.

Les Noirs de Géorgie ne savaient plus que faire. Quelques personnes formèrent une milice, arpentant leur quartier avec des battes de base-ball, mais ce déploiement de force ne prévint pas un nouvel homicide. Des personnalités comme Mohammed Ali et la chanteuse Gladys Knight, native d'Atlanta, se rendirent sur place pour offrir un soutien financier aux familles des victimes. Malheureusement, là encore les autorités brillèrent par leur maladresse. Une partie de l'argent fut soi-disant égarée et de nombreux dons n'atteignirent jamais leurs destinataires.

Au paroxysme de la crise, on m'invita à parler sur WRC-AM, une station de radio de Washington. Le ton des émissions d'alors était encore relativement posé. Les invectives des présentateurs survoltés n'avaient pas envahi les ondes. Jeffrey Saint John n'était pourtant pas un enfant de chœur. Il m'interviewa en direct par téléphone. Après m'avoir présentée à ses auditeurs, il m'interrogea sur mon métier.

Depuis mon bureau, j'expliquai pendant une demi-heure en quoi consistait mon travail.

Puis vint la question inéluctable :

« Qui est le meurtrier des enfants d'Atlanta, selon vous ? »

Je pris une longue inspiration. Dans ce genre de situation, il vaut mieux réfléchir avant de se lancer. Est-on sûr de son propre jugement ? de ses conclusions ? Ne va-t-on pas se ridiculiser devant ses pairs et les auditeurs ? Je me sentais prête, mais je savais que mes déclarations risquaient de créer des remous.

« Il me semble que c'est quelqu'un de proche de la communauté noire, quelqu'un qui la connaît bien.

– Qu'entendez-vous par là ? demanda Saint John.

– Il a sans doute entre vingt et trente ans. Il doit fréquenter beaucoup de monde mais sans pour autant avoir de vrais amis. Il a l'air gentil, calme et secourable, ne se fâche jamais avec personne. Et je pense qu'il est noir. »

Aussitôt les appels se mirent à pleuvoir. Les auditeurs,

en particulier les Afro-Américains, réagirent avec hostilité, m'accusant de racisme.

« De quel droit parlez-vous ainsi des Noirs ? Pourquoi essayez-vous de semer la zizanie ? »

De toute évidence, ils refusaient d'envisager qu'un homme de couleur ait pu commettre ces crimes révoltants. Certains, furieux, me rappelèrent que les tueurs en série noirs se comptaient sur les doigts de la main dans notre pays, d'autres citèrent des articles dans lesquels des sources policières affirmaient que le tueur était blanc. Le sujet touchait à un point sensible qui dépassait les meurtres d'Atlanta : les douloureuses relations interraciales aux États-Unis.

L'émission s'acheva. Je restai un moment assise à mon bureau, le combiné toujours à la main, abasourdie par la réaction des auditeurs. Enfin, je raccrochai et rentrai chez moi, mais je ne pus me détendre. Tout en préparant le dîner je ressassai tout ce que j'avais entendu. À mon mari qui m'interrogeait sur mon air soucieux, je relatai l'incident en quelques mots sans m'appesantir sur l'émotion et la tristesse que j'éprouvais. J'attendis qu'il monte se coucher pour réfléchir plus à fond à ce qui s'était passé.

C'était la première fois que quelqu'un suggérait que le tueur d'Atlanta puisse être noir. Peut-être le murmurait-on derrière des portes fermées, mais ni les autorités ni la police n'avaient jamais émis une telle théorie en public. Je savais tout cela, mais j'étais surprise par l'hostilité que j'avais déclenchée. Je n'attaquais personne. Je formulais une théorie étayée par ce que j'avais appris en étudiant les meurtriers. Effectivement, il existait peu d'exemples de tueurs en série noirs, mais il y avait des exceptions. En outre, un Blanc se serait fait immédiatement repérer dans un quartier noir, alors qu'un Afro-Américain pouvait circuler sans éveiller les soupçons. Pour moi, c'était une simple question de logique. Je ne disposais d'aucune preuve, certes, mais je m'appuyais sur l'histoire et mes recherches. Avais-je franchi les limites de mes compétences en formulant une opinion qui ne se fondait sur aucune découverte scientifique ? Après avoir retourné ces questions dans ma tête pendant au moins deux jours, j'en arrivai à la conclusion que je n'avais fait qu'exposer mes convictions profondes. Je n'avais pas participé à l'enquête de quelque manière que ce soit, mais mon intérêt pour l'affaire ne datait pas de ma prestation radiophonique. Toute cette histoire prenait un tour de plus en plus politique – très bien analysé dans *Meurtres à Atlanta*, de James Baldwin*.

C'est alors que je reçus un appel d'un ponte de la police d'Atlanta. Je lui annonçai sans détour que je ne souhaitais pas rejoindre son équipe. Préserver son indépendance est certainement la chose la plus malaisée qui soit dans mon métier. Les événements des dernières semaines n'avaient fait que me conforter dans l'idée que je n'avais pas intérêt à intégrer un groupe quelconque. Si j'accédais à la requête de cet homme, j'aurais un statut de policier et cela risquait de compromettre mon travail. Je ne tenais pas à suivre l'exemple de ce psychiatre qui travaillait avec le FBI et qui avait fait un stage à Quantico pour devenir tireur d'élite. Était-il flic ou médecin ? En ce qui me concernait, j'étais résolument médecin.

En outre, le Sud n'était pas le Nord. Là-bas on se méfiait des étrangers. Il fallait du temps pour se faire accepter et j'avais mieux à faire.

Je tâchai néanmoins d'aider mon interlocuteur.

« Docteur Morrison, que pensez-vous du fait que le meurtrier ait jeté des corps dans la rivière ?

– Cela n'a rien d'exceptionnel. À Chicago, John Wayne Gacy s'est débarrassé de plusieurs cadavres de cette manière.

– Est-ce qu'un tueur pourrait se cantonner à ce scénario ?

* Paris, Stock, 1985. *(N.d.T.)*

– Pas nécessairement. Il pourrait en changer sans difficulté.

– Intéressant, car justement le scénario n'est pas toujours le même. »

Les meurtres n'obéissaient effectivement pas à un schéma préétabli. Le tueur s'en prenait tantôt à des garçons, tantôt à des filles, tantôt à des jeunes hommes. Il avait jeté certains corps du haut d'un pont, et d'autres dans un ravin. On en avait même retrouvé un dans une école.

Le 22 mai 1981, juste avant l'aube, sur le Jackson Parkway Bridge, des policiers entendirent le bruit d'une chute dans la Chattahoochee. À l'autre bout du pont ils arrêtèrent Wayne Bertram Williams, un jeune Noir de vingt-trois ans soi-disant « découvreur de talents musicaux » qui, jusque-là, n'avait guère eu de chance dans l'industrie du disque. On crut l'affaire réglée lorsqu'on eut repêché un corps dans la rivière. Mais Williams n'avoua jamais les meurtres. Ses empreintes n'avaient été relevées sur aucune scène de crime. Quant aux fibres vertes retrouvées sur les corps ainsi que chez les parents de Williams, elles étaient trop répandues pour constituer une preuve suffisante. Néanmoins, on découvrit dans sa voiture deux taches de sang correspondant aux groupes sanguins de deux victimes poignardées. Malheureusement, les tests ADN étaient rares à l'époque et l'on ne procéda pas à l'analyse qui aurait pu déterminer avec certitude s'il s'agissait ou non de leur sang.

Malgré l'insuffisance de preuves, un jury composé de quatre Blancs et de huit Noirs condamna Williams à perpétuité. Aujourd'hui, il se trouve à la prison d'État de Valdosta, en dépit des doutes qui subsistent sur sa culpabilité, notamment chez les mères de certaines victimes. Seul un test génétique nous donnera le fin mot de l'histoire. Souhaitons que les tribunaux de Géorgie l'autorisent enfin car, si le sang retrouvé dans la voiture ne correspond pas à celui des victimes, Wayne Williams devra être rejugé et peut-être libéré avec des excuses. Dans le cas contraire, plus personne ne contestera sa condamnation.

IX

Les lettres et les rêves de Bobby Joe Long

La Floride, comme la Californie, représente un rêve accessible pour les Américains de tous âges. Des visiteurs venant des quatre coins du pays migrent vers le sud, en particulier durant l'hiver. Le seul nom de cet État fait surgir des visions de plages, de palmiers et de promenades sur le sable chaud au coucher du soleil.

Dans mon esprit, la Floride reste associée à Tampa Bay, où j'ai passé plusieurs fois des vacances familiales consacrées au bateau et à la pêche. Tous mes soucis s'envolaient lorsque j'entendais mon mari dire à notre fils aîné : « J'avais ton âge quand mon oncle John m'a appris à pêcher, et je veux te montrer à mon tour ce que j'ai appris. » Nous espérions quelques belles prises, car on nous avait dit que la baie abritait de gros tarpons et même des voiliers de l'Atlantique, mais l'important c'était d'être ensemble : j'étais heureuse de pouvoir m'éloigner pour quelques jours des tueurs en série.

C'est sans doute cette même perspective de bonheur ensoleillé – ou du moins d'une vie meilleure – qui en 1955 avait poussé Louella Long à faire ses bagages après son divorce et à grimper dans un car Greyhound avec son fils de deux ans, Bobby Joe, laissant derrière elle la petite ville poussiéreuse de Kenova, en Virginie-Occidentale. En Floride, le rêve lui parut un temps à portée de main. Mais déjà couvait chez son fils une rage qui s'accrut avec les ans. Ils déménageaient régulièrement, louant souvent une chambre chez l'habitant. L'aversion muette que Bobby Joe éprouvait pour sa mère se transforma peu à peu en haine. Jusqu'à ce qu'il ait douze ans, ils dormaient souvent dans le même lit, en partie à cause du manque d'espace, en partie parce que Louella le maternait trop. Dans l'une de ses premières lettres il m'écrirait : « Ma mère est une femme étrange, elle a toujours tout dramatisé, elle a toujours été très négative à mon sujet… Je ne l'ai JAMAIS frappée. J'en avais envie. Je voulais lui tordre le cou, mais je ne l'ai *jamais* fait. »

En effet, ce n'était pas Louella qui faisait les frais de ses fréquentes crises de rage, mais il se battait souvent, tantôt avec ses camarades d'école qui se moquaient de sa denture irrégulière, tantôt avec des membres de sa famille.

> Avec mes tantes et mes cousins, on avait des bagarres monstres et je finissais souvent par leur sauter à la gorge. Ils n'arrêtaient pas de me répéter : « Tu es fou », « Tu finiras par tuer quelqu'un », « Un jour, tu te retrouveras en prison pour meurtre. » Moi, j'avais dix ou douze ans et je me disais : « C'est eux qui sont fous, je ne pourrais *jamais* tuer quelqu'un ! »
>
> C'était moi contre eux et parfois le barrage cédait. J'en attrapais un. C'était affreux. Et c'était toujours le même refrain : « Tu es fou », « Tu finiras par tuer quelqu'un. » Alors ma mère me flanquait une raclée ou elle me punissait, mais il ne lui venait pas à l'idée que, la plupart du temps, tout avait commencé parce que je l'avais défendue en son absence, parce qu'on la traitait de putain ou de salope.
>
> Lorsque je repense à tout ça, je me dis que c'est dommage que je ne sois jamais allé jusqu'au bout. J'aurais dû en tuer un. Au moins, j'aurais reçu l'aide dont j'avais besoin.

Long pensait à un soutien psychiatrique et social, peut-être un séjour dans un centre pour mineurs puis un programme de réinsertion. En Floride comme en Virginie, les enfants ne risquaient pas la prison. Il le savait. La petite parcelle d'intégrité qui demeurait en lui aurait aimé pouvoir effacer le passé, mais ce n'était pas tant pour épargner des vies innocentes (il n'éprouvait aucun sentiment de culpabilité) que pour sauver la sienne. S'il ne tua jamais aucun de ses proches, Bobby Joe était fier de son tempérament bagarreur. « J'ai boxé au Boys Club, à l'armée, et j'ai participé au Golden Gloves*, me racontait-il dans une lettre datée du 2 avril 1985. Je me suis battu mille fois dans la rue. J'aimais bien ça et je me défendais bien. J'ai passé mon enfance à me bagarrer. J'étais toujours le nouveau, celui qui devait faire ses preuves. Je suppose que ça m'est resté. J'ai défoncé la tronche à pas mal de types. » En lisant ces mots, je le voyais presque devant moi, fier de ses exploits, un sourire complaisant retroussant sa moustache. Puis, comme s'il venait de me raconter une belle histoire, il concluait : « Au dodo, bonne nuit. » C'était incongru mais caractéristique. Comme la plupart des tueurs en série, il était totalement imprévisible.

Enfant, Long négligeait ses devoirs et il redoubla son cours préparatoire. Il détestait la discipline mais n'éprouvait aucune antipathie particulière pour les enseignants. En revanche, il trouvait son existence sinistre et solitaire.

> J'étais toujours seul quand j'étais gosse... Ni frère ni sœur, pas vraiment de parents. Je détestais la plupart des gens (la famille comme les autres) qui vivaient avec nous (et à nos crochets). Comme on n'est jamais restés plus d'un an au même endroit jusqu'à mes douze ans, je ne pouvais pas me faire de véritables amis. J'avais le sentiment que j'étais né un siècle trop tard. J'aurais été parfaitement heureux à l'époque de la conquête de l'Ouest, dans une cabane au sommet de la montagne, seul, sans personne pour me pourrir la vie. Ça m'aurait vraiment plu. Un chien ou deux, et que les autres aillent au diable !

En lisant cela, je me fis la réflexion que le reste du pays, et en particulier les habitants de Tampa, auraient également été ravis s'il avait vécu à une autre époque.

* Championnat de boxe amateur. *(N.d.T.)*

Dans le reste de la lettre, Bobby Joe s'étendait longuement sur la nature, ses rêves impossibles et ses amours perdues. C'était mièvre et banal à souhait. Puis le ton changeait brutalement : « Je suis… la Nuit, je l'ai toujours été. » Cette majuscule donnait l'impression qu'il se prenait pour le mal incarné, un démon échappé de *L'Exorciste*, un être doté d'un pouvoir absolu. Peut-être cherchait-il à frapper mon imagination, mais j'avais rencontré trop de ses semblables pour me laisser impressionner par quelques lignes sur une feuille de papier. Il aurait probablement poussé des hauts cris s'il m'avait entendue, mais en l'occurrence c'était lui et non sa mère qui avait tendance à tout dramatiser.

Il s'était interrogé très tôt sur le mal : « Lorsque j'avais une douzaine d'années, je me suis rendu compte que ce serait très facile de devenir comme les petits sauvages que je connaissais. Des gosses qui créaient toujours des problèmes, méchants, féroces, drogués, des brutes dans tous les sens du terme. » Bobby Joe se croyait assez fort pour repousser la tentation, ou du moins pour en triompher. Mais il y cédait déjà lorsqu'il infligeait à ses cousins de violentes corrections. Il mentionnait autre chose dans une de ses lettres : des yeux étranges que, selon sa grand-mère, il craignait tant qu'il se réfugiait dans le placard. Devenu adulte, il continuerait à fuir le regard de ses victimes.

> J'ai toujours eu un truc avec les yeux. Comment dit-on déjà ? Les yeux sont la fenêtre de l'âme. Bon, l'âme, je n'y crois pas, mais oui, ils sont une fenêtre sur l'intérieur de la personne. C'est dur de mentir ou de tromper quelqu'un qui vous regarde dans les yeux. C'est trop bizarre. Regarder ces filles mourantes dans les yeux. Aucune ne soutenait mon regard très longtemps. Peut-être qu'elles voyaient qu'elles allaient mourir. En général, elles fixaient un point derrière moi. Toutes sauf Simms. Je lui ai bandé les yeux et j'ai essayé de l'assommer d'abord. Je ne voulais pas la regarder. Je ne sais pas pourquoi. J'avais peut-être peur qu'elle voie la mort et je ne voulais pas. Je ne voulais pas qu'elle sache, je l'aimais bien. Peut-être que j'avais peur de ne pas aller jusqu'au bout si je la

> regardais dans les yeux. Peut-être que c'était les deux. Je ne sais pas.

Bobby Joe avait été marié. Il était très jeune lorsqu'il avait rencontré Cindy. Ils partageaient un même sentiment de révolte. Mais, très vite, il avait retrouvé en elle quelqu'un qu'il haïssait.

> J'ai vu Cindy se transformer en Louella (ma mère) de tout un tas de manières. Toujours à courir, râler, geindre et ronchonner pour arriver à ses fins. Elle ne voulait pas entendre raison, soit on se prenait la tête, soit c'était le Silence. Il n'y avait AUCUNE vraie communication.
>
> Elle a commencé à changer pas longtemps après notre mariage. Sa personnalité, mais aussi au pieu, tout ce qui pouvait changer. C'était couru d'avance. Elle avait obtenu ce qu'elle attendait depuis qu'on avait seize ans.

Cette lettre m'éclaira sur un point : il existait un Bobby Joe orgueilleux qui vivait mal le fait de n'exercer aucune autorité sur les personnes dont il était le plus proche, sa mère et sa femme. La psychanalyste Melanie Klein explique que les six premiers mois de la vie de l'enfant sont placés sous le signe de la paranoïa et de la méfiance. Allongé, vulnérable, incapable de faire quoi que ce soit, le tout-petit attend, guette et observe. Si l'on admet que le tueur en série a la maturité affective d'un bébé, on peut imaginer que Bobby Joe éprouvait le même sentiment d'impuissance face à sa famille. Il voulait « tordre le cou » à sa mère, il voulait tuer Cindy. Ne pouvant réaliser son fantasme, il le projetait sur les femmes qu'il assassinait. Mais la projection est un phénomène complexe. Bobby Joe était incapable d'analyser ce qui lui arrivait.

Avant d'en arriver au meurtre, il commit de nombreux viols. Plus de cinquante, et jusqu'à cent cinquante selon ceux qui font remonter les premières agressions à 1975. Il trouvait ses proies dans les petites annonces locales. Il se faisait passer pour un éventuel acquéreur intéressé par le mobilier d'une chambre ou carrément par l'achat d'une maison. Après avoir sonné, il écoutait attentivement le bruit des pas qui s'approchaient. Il attendait sur le perron, impatient, se balançant d'un pied sur l'autre. Si c'était une femme qui ouvrait, il la regardait dans les yeux et souriait.

« Je viens à propos de l'annonce. Est-ce que je peux entrer et jeter un coup d'œil ? »

La plupart du temps, elle laissait entrer sans difficulté cet homme aimable et bien mis. Si d'aventure elle se méfiait, il n'hésitait pas à user de la force. Une fois dans la place, il l'attachait et la violait brutalement, souvent à plusieurs reprises.

Et puis un jour le viol ne lui suffit plus.

Le bureau du shérif du comté de Hillsborough se trouve à Ybor City, le quartier historique de Tampa, célèbre pour ses manufactures où d'admirables vieux artisans roulent encore les cigares à la main dans d'immenses hangars où les brisures de tabac forment comme un tapis sur le sol. C'est là que le shérif, en partenariat avec le FBI, commença à enquêter sur plusieurs homicides qui présentaient de troublantes similitudes. La première victime fut une séduisante Laotienne. Elle s'apprêtait à entrer à l'université de Floride du Sud après avoir été danseuse dans un club de Tampa. Il se trouvait qu'elle s'appelait également Long, Nguen Thi Long. Le 13 mai 1984, deux adolescents la retrouvèrent dans un champ, nue, couchée sur le ventre. Elle avait été étranglée. Ses petites jambes étaient si écartées que ses pieds étaient distants d'un mètre cinquante, comme si le tueur avait cherché à lui arracher les membres.

Le comté de Hillsborough, sur la côte ouest de la Floride, s'étend sur plus de deux mille cinq cents kilomètres carrés. La ville principale, Tampa, ne se résume pas au charme pittoresque d'Ybor City. C'est une métropole dynamique qui n'a rien à envier à Miami. Jusqu'en 1984, Tampa ne recensait guère plus d'une trentaine d'homicides par an et n'avait jamais eu maille à partir avec un tueur en série du calibre de Bobby Joe Long. Néanmoins, la police soupçonna immédiatement qu'elle avait affaire à un sadique susceptible de recommencer. Après avoir envoyé plusieurs échantillons au laboratoire du FBI à Washington, on retrouva près du corps de Nguen Thi Long des fibres de Nylon rouge, sans doute arrachées au tapis de la voiture. La police choisit de taire cette information pour garder un avantage sur le meurtrier en cas de récidive.

Deux semaines plus tard, alors qu'il se promenait au volant de sa Dodge Magnum rouge, Bobby Joe Long repéra une jolie jeune fille, ancienne prétendante au titre de Miss Californie devenue prostituée, qui venait d'arriver à Tampa. Il la flatta et l'amadoua si bien qu'elle finit par monter dans sa voiture. Il prit alors la direction de Park Road, une route bien connue des amoureux. Mais Long n'était pas d'humeur câline. Il forma un nœud coulant avec une grosse corde rêche qu'il passa autour du cou de Michelle Denise Simms, vingt-deux ans. Puis il attacha ses mains avec une corde à linge et l'allongea sur le ventre à l'arrière du véhicule, lui bourrant la tête de coups de poing jusqu'à rendre son beau visage méconnaissable. Ensuite, il la viola et la poussa hors de la voiture. Mais Michelle n'était pas morte. Lorsqu'il voulut l'étrangler, elle se débattit. Furieux, il lui trancha la gorge et pendit ses vêtements ensanglantés à un arbre. La police remarqua que même le vernis à ongles pêche sur les orteils de la fille semblait avoir été sauvagement raclé. Long l'admettait avec fierté : « C'est mon meurtre le plus violent, le plus horrible. »

Sur le cadavre, on préleva des fibres rouge vif semblables à celles retrouvées près de la jeune Asiatique. La corde était de même facture que celle utilisée avec la Laotienne. La victime suivante, la timide Elizabeth Loudenback, vingt-deux ans, fut retrouvée gisant sur le ventre parmi les orangers. Une fois de plus, on ramassa des fibres rouges sur le lieu du crime. Les analyses au microscope et au microspectrophotomètre confirmèrent qu'elles étaient semblables aux précédentes. Elizabeth avait été attachée, violée, étranglée avec une corde.

Au cinéma, étrangler quelqu'un est une affaire vite expédiée qui ne prend guère qu'une quinzaine de secondes. Dans la réalité, ce n'est ni aussi rapide ni aussi propre. La victime hurle et se débat. Les globes oculaires sortent de leurs orbites, les vaisseaux sanguins de l'œil éclatent. La personne peut mettre une bonne dizaine de minutes à mourir. Lorsqu'il serrait le cou de sa victime, Long lui brisait parfois l'hyoïde, un petit os en forme de U situé au-dessus du larynx. Il la traînait alors face contre terre avec une telle brutalité qu'elle se retrouvait défigurée, la peau arrachée par les cailloux. Tandis qu'il la violait, parfois par pénétration anale, il tirait brutalement sur une sorte de licol passé autour du cou de la pauvre fille, comme pour dompter un animal sauvage. Si Long ligotait sa victime, c'était certes pour s'assurer de son immobilité. Sur le ventre, elle était incapable de se débattre. En outre, elle ne voyait rien. Mais surtout, en contraignant sa proie à la passivité la plus totale, il affirmait sa domination sur elle.

Le 3 novembre 1984, Long repéra une jeune fille de dix-sept ans juchée sur un vélo avec un panier à l'avant. Elle rentrait du fast-food où elle travaillait. Il la dépassa, gara sa voiture un peu plus loin, en descendit sans se presser, referma doucement la portière et s'embusqua derrière une camionnette. Lorsque Lisa McVey passa à portée de main, il la saisit par les cheveux et la projeta sur le sol. Puis il la lança dans son véhicule et lui banda les yeux. Durant les vingt-six heures suivantes, Bobby Joe Long la viola à plusieurs reprises. La jeune fille bâillonnée, aveuglée et attachée sur le divan vécut un moment totalement surréaliste lorsqu'il s'assit à côté d'elle pour regarder *Supercopter*, sa série préférée. Tandis qu'elle se demandait si elle reverrait jamais son père, la télévision diffusa un reportage sur son enlèvement.

« Tu ne tiens pas à écouter ça, pas vrai ? » dit Long en éteignant le poste.

Il la poussa sur le lit et la viola encore une fois. Puis sa colère se mua soudain en une bienveillance presque sirupeuse.

« Je ne sais pas pourquoi j'ai fait ça. Tu es une gentille fille. »

Finalement, il la doucha, l'habilla, la chaussa, attacha ses lacets et la conduisit jusqu'à un parking où il la relâcha.

La libération inespérée de Lisa McVey causa la perte de Bobby Joe, car l'adolescente fournit à la police des renseignements cruciaux. Durant sa captivité, elle s'était débrouillée pour jeter un coup d'œil sous son bandeau. Elle fut donc capable de décrire l'endroit où son ravisseur l'avait emmenée, à défaut de pouvoir indiquer une adresse exacte. En outre, elle se rappelait parfaitement la voiture. Le 16 novembre 1984, Long fut arrêté et passa aux aveux.

Je rencontrai Bobby Joe à l'initiative de ses avocats, Charles O'Connor et Robert Norgard. Ils m'avaient contactée aux alentours de Thanksgiving et ma secrétaire m'avait transmis leur message en soulignant son caractère pressant : « Nous avons besoin d'aide », avaient-ils insisté.

J'eus avec Long une demi-douzaine d'entretiens. J'avais le sentiment qu'il avait commis plus de dix homicides et qu'il était temps de le pousser dans ses retranchements.

« Alors, combien y en a-t-il eu ? lui demandai-je dès notre première rencontre.

– J'espère que vous n'allez pas me prendre la tête avec ça ! » maugréa-t-il, sur la défensive.

Je repris un ton plus doux.

« Alors, combien ?
– Dix.
– C'est peu.
– Je me suis vite arrêté.
– Et vous avez démarré à quel rythme ? Rapide ou lent ?
– Lent.
– Qui était votre première victime ?
– Assassinée ?
– Comme vous voulez.
– Une Cubaine. »

Pour Long, elle n'était que cela : une Cubaine, pas une personne, pas quelqu'un qui pensait et éprouvait des sentiments, à qui l'on pouvait trouver des défauts et des qualités, mais un objet que l'on utilisait. Il ne se souvenait même pas de son nom.

« Cela remonte à quand ?
– 1975 ou 1976, à Miami.
– C'était la première ? Cela ne fait que dix ans. »

Je le soupçonnais d'avoir commencé plus tôt, mais Long refusa d'en démordre.

« C'est tout, insista-t-il.
– C'est tard. La plupart des gens comme vous débutent beaucoup plus tôt.
– Comme moi ? demanda-t-il d'un ton faraud.
– John Gacy par exemple. Ou Wayne Williams. »

Long éclata de rire. Ce n'était pas un rire maniaque, plutôt un gloussement condescendant et dépourvu d'émotion. Il sonnait faux. Je songeai à Richard Macek. Long ignora mon commentaire sur Gacy et Williams. Apparemment, il préférait qu'on parle uniquement de lui.

« J'imagine qu'on vous a fait passer tous les examens possibles et imaginables ?
– Ici ? On m'a fait un électroencéphalogramme, une IRM et des tests neuropsychologiques. »

Long avait pris l'air de celui qui s'y connaissait, mais il ne trompait personne.

« Qu'a-t-on trouvé ?
– Rien.
– Rien… ça ne m'étonne pas.
– Une lésion bénigne au cerveau, mais rien qui expliquerait la perte de contrôle. »

Il fanfaronna pendant le reste de l'entretien. Bobby Joe se sentait mal à l'aise dès qu'il avait l'impression qu'on exerçait une autorité sur lui. Pourtant, dans sa jeunesse, il s'était engagé dans l'armée. Mais il se présentait souvent en retard aux revues militaires et il avait été suspendu à cause d'une liaison avec la fille d'un officier, à une époque où il était encore marié avec Cindy. Il avait également séjourné dans un service de désintoxication pour avoir abusé de divers stupéfiants. Et ce n'était là qu'un aperçu de ses infractions au règlement militaire.

« Vous aviez l'impression qu'on vous en voulait ?
– Bien sûr. Je ne suis pas parano, je suis réaliste. Il y a quatre ou cinq fois où je ne me suis pas présenté. Une fois parce que j'étais à la chasse. J'étais parti deux semaines, j'avais tout envoyé paître et j'avais loué un camping-car militaire pour emmener Cindy dans les Everglades. J'en avais déjà par-dessus la tête à cette époque. Je n'avais rien à faire en désintoxication : je passais mon temps à repeindre des bâtiments, à tondre le gazon, à ramasser des mégots et à faire un tas de trucs à la con. On nous faisait trimer jusqu'à l'épuisement, comme ça pas de drogue, pas de bêtises. »

Ces mesures s'étaient révélées totalement inefficaces. Il avait dépassé depuis longtemps le stade des bêtises, et à présent les avocats qu'on lui avait commis d'office n'étaient pas sûrs de lui éviter la peine de mort.

O'Connor et Norgard n'avaient pas encore de stratégie précise, malgré l'imminence du procès. Les avocats attendent souvent la dernière minute pour exposer leur plan d'attaque. Cependant, dans leur cas, c'était moins un choix tactique que le reflet d'un réel désarroi. Au cours de notre longue conversation, une question revenait sans cesse : Long pouvait-il être considéré comme un malade mental au regard de la loi de l'État de Floride ?

« Il va falloir déterminer s'il est pénalement irresponsable et je ne tiens pas à ce qu'on perde toute crédibilité en débitant des âneries pendant quatre jours devant le jury, dit Norgard en me regardant dans les yeux. Dois-je déclarer qu'il est fou ou bien me concentrer sur les circonstances atténuantes ? Qu'en pensez-vous ?

– Il serait plus sage de miser sur les circonstances atténuantes, si vous en avez. Aucun jury, et surtout pas en Floride, n'admettra que cet homme est un malade mental.

– Mais c'est pourtant bien la question. Avait-il réellement conscience que ce qu'il faisait était illégal ?

– Il ne peut pas être question de réelle conscience dans le cas de Long. Il ne peut même pas être question de conscience tout court, car pour cela il faut non seulement que le cerveau enregistre les informations mais aussi qu'il les traite. Long possède la maturité affective d'un enfant. D'après ce que j'ai pu constater, il ne se rendait compte de rien au moment des faits et c'est toujours vrai aujourd'hui. »

Maître O'Connor se mit à arpenter la pièce. Lui et son associé avaient du mal à me suivre mais ils cherchaient désespérément un angle sous lequel présenter l'affaire au tribunal.

« Si je comprends bien – arrêtez-moi si je me trompe –, par rapport à la manière dont la plupart des gens pensent et réagissent à un niveau élémentaire il y aurait comme des trous chez lui. Ce qui signifie que dans certaines circonstances il n'a aucune notion de ce qui se passe et de ce que l'on est censé faire.

– Si l'on veut.

– Comment défend-on un type qui relève de la psychiatrie ?

– Avec du culot.

– Je parle de mécanique élémentaire.

– Dans ce cas, reprenez la stratégie des avocats de John Gacy dans l'Illinois. Vous avez lu l'article de la *West Virginia Law Review* que je vous ai envoyé ? »

J'avais cosigné un long papier sur Gacy qui couvrait aussi bien les faits et les théories psychiatriques que l'aspect légal de l'affaire.

Norgard se pencha en avant, une main agrippée au bras de son fauteuil.

« La législation concernant la maladie mentale est différente dans l'Illinois ! »

Chaque jour, nous passions des heures à étudier les méandres des lois, cherchant à établir avec précision la définition de la folie d'un point de vue médical et à déterminer dans quelle mesure Bobby Joe Long pouvait être considéré comme pénalement irresponsable. Parfois, j'avais l'impression que nous tournions en rond, d'autant que nous n'étions pas toujours sur la même longueur d'onde.

« Pensez-vous qu'il soit dément au sens de Mc Naughton ? » me demandèrent-ils un jour.

Ils faisaient référence à un précédent appelé « jugement McNaughton ». En 1843, Daniel McNaughton avait été jugé pour le meurtre du secrétaire de Sir Robert Peel, alors Premier ministre. Durant le procès, il avait été démontré que l'accusé souffrait de troubles mentaux. Les jurés avaient refusé d'envoyer un homme malade à la mort. Il avait été reconnu pénalement irresponsable et placé dans un asile d'aliénés. Aujourd'hui, les avocats et les juges américains se réfèrent encore à cette jurisprudence dans ce type d'affaires. En résumé, si le prévenu n'est pas capable de discerner le bien du mal au moment des faits, s'il n'est pas capable de comprendre les charges qui pèsent contre lui, ou s'il est incapable de collaborer à sa défense, on peut en déduire qu'il n'est pas pénalement responsable.

« Je vous ai envoyé tout ce que j'ai écrit, répondis-je aux avocats de Long.

– Vous n'avez jamais dit qu'il était fou au sens de McNaughton. En fait, c'est la première fois que j'entends quelqu'un dire qu'un de ces branques est fou au sens de McNaughton. »

Je ne pus m'empêcher de me demander si un avocat pouvait se permettre de traiter son client de « branque », même en privé, mais je m'abstins de tout commentaire.

« Pour ma part, je l'affirme et je le répète depuis que je travaille avec ces criminels, autrement dit depuis 1975.

– Très bien. J'ai peut-être mal lu. »

Je n'avais rien contre les avocats de Long, mais je ne savais pas s'ils seraient à la hauteur de la tâche. Leur absence de stratégie claire risquait de les handicaper dans une affaire déjà mal engagée. Mon inquiétude redoubla lorsque j'appris que la défense et l'accusé avaient rencontré d'autres psychiatres. Je redoutais que la surenchère médicale s'avère aussi peu productive qu'au procès Gacy. L'un des médecins avait suggéré à Long qu'il désirait peut-être qu'on l'arrête parce qu'il avait commis trop d'atrocités. Bobby Joe m'écrivit à ce sujet :

> En ce qui concerne McVey, j'ai du mal à croire que je l'ai libérée parce que je « voulais » être pris.
>
> Je l'ai libérée parce je ne *pouvais pas* lui faire de mal, même si je savais que je serais pris.
>
> La nuance est subtile, mais bien réelle, en tout cas je le pense. Pas vous ? [...]
>
> Je *savais* qu'on viendrait m'arrêter. Pourtant je ne me suis pas enfui.
>
> En même temps, je ne peux pas dire que je *voulais* que la police me capture. Je ne *voulais pas* aller en prison. Mais je *voulais* arrêter et je savais que si je m'enfuyais, je n'arrêterais *pas*.

À présent, Bobby Joe prétendait aspirer à la solitude, il voulait vivre au sommet d'une montagne. Entre les quatre murs de sa cellule de six mètres carrés, il avait une vie onirique très riche. Il m'envoya plus de récits de rêves qu'aucun autre tueur en série. Ils suintaient l'angoisse.

Ses cauchemars effrayants, d'une précision saisissante, étaient pour lui une prison psychologique qui s'ajoutait à l'enfermement physique.

Dans le rêve, ce n'est pas tant le contenu qui importe que la manière dont l'individu l'interprète. En dépit des innombrables ouvrages sur la question, il n'existe pas de dictionnaire universel du rêve. Contrairement à ce que l'on peut découvrir dans certains livres grand public, une araignée ne symbolise pas nécessairement la mère, le loup n'est pas toujours synonyme de danger. Lorsque j'étudie les rêves d'un patient, je m'appuie sur les associations d'idées exprimées par le sujet lui-même.

Le 31 mars 1985 à 6 heures du matin, Bobby Joe Long m'écrivit ainsi :

> Je me trouve dans la cellule à côté de la pièce où l'exécution doit avoir lieu. J'attends le matin et ma mort.
>
> Je pense à ma famille, à mes enfants [un fils et une fille]. Je suis assis sur la banquette et je fume. (Je ne suis pas fumeur.) Il y a deux gardiens qui ressemblent à des zombies devant ma cellule et ils passent leur temps à me dévisager.
>
> Enfin, l'un des deux types, qui a l'air d'être mort depuis au moins deux semaines, me parle très, très lentement, d'une voix d'outre-tombe, pour m'annoncer que le prêtre arrive, que c'est presque l'heure.
>
> Le prêtre entre et je ne veux pas lui parler.
>
> Il porte une robe de bure marron avec une capuche, je ne vois pas son visage.
>
> Il me donne du « mon fils » et s'assoit sur ma couchette. Je me dis tant pis et je m'assois aussi. Il sent le whisky et le tabac.
>
> Il me demande si je crois en Dieu et je lui réponds que non.
>
> Il me demande pourquoi, mais sans me laisser le temps de répondre il éclate de rire. Il me montre du doigt et il rigole comme un tordu.
>
> Je ne comprends pas. Je me demande si c'est une blague. Alors il jette la tête en arrière pour rire plus à son aise et je vois le visage de ma mère sous la capuche, et elle se marre toujours.
>
> Les deux gardiens entrent à leur tour et ils rient aussi, mais très lentement, puis ils sortent tous, les deux zombies et la mère/prêtre.
>
> J'entends leurs pas et leur rire s'éloigner dans le couloir.
>
> Alors je pense à la chaise. J'y ai déjà pensé avant et dans mon rêve je suis persuadé qu'elle ne vous tue pas vraiment.

Elle vous grille le cerveau et les nerfs, mais vous êtes toujours vivant.

J'ai une vision : je me vois au moment où ils me zigouillent. Le médecin officiel entre et me déclare mort. Sauf que je ne le suis pas. On m'emmène sur un brancard, noir et fumant, dans une pièce avec une table d'autopsie et tout ce qu'il faut.

On m'allonge sur la table et le médecin m'ouvre le torse, de la poitrine à l'entrejambe.

Ensuite il me fend les côtes avec des espèces de gros ciseaux, il m'ouvre en deux.

Mon cœur bat toujours, mes yeux sont grands ouverts, mais le médecin n'a pas l'air surpris. Comme si ça se passait toujours comme ça.

Il enlève mon cœur sous mes yeux, pendant que je m'en vais lentement.

Je soulève les paupières une dernière fois et je vois le prêtre qui a le visage de ma mère et le médecin me regarder tous les deux en riant.

Alors je me réveille.

D'autres femmes apparaissaient dans les rêves de Long, des femmes aux traits de mortes vivantes qui semblaient le hanter.

Je ne sais plus trop où ça se passe, c'est un grand bâtiment et on est nombreux (il y a de tout, hommes et femmes) à y vivre. Je pense que c'est une prison. Personne n'est content d'être là. On dort dans des tourelles de mitrailleuses de vieux bombardiers de la Seconde Guerre mondiale.

On n'a pas de place, on est obligés de dormir pliés en deux et il faut se tourner souvent pour ne pas s'ankyloser.

Avec une des femmes – je ne la connais pas, elle ne m'est rien de spécial –, on part, je dois l'emmener quelque part dans ma Coccinelle.

L'image d'après, je dors et elle conduit, mais la voiture zigzague, alors je lui dis de s'arrêter et je prends le volant.

On va pour changer de place, elle sort, je m'assois sur le siège passager et d'un coup elle pète les plombs. Elle a l'air absente. Elle ne m'entend pas ou ne fait pas attention, elle regarde dans le vide.

Ensuite, elle est à moitié dans la voiture, à moitié dehors, et je ne peux pas fermer la portière. Puis trois ou quatre filles se pointent. On dirait des zombies. Elles se dirigent vers l'arrière de la voiture et la frottent, c'est vraiment bizarre.

Finalement je démarre avec la femme à moitié dedans, à moitié dehors, parce que je commence à m'inquiéter. Ce n'est pas normal. On est à Miami, je reconnais les rues, et j'accélère pour qu'elle lâche prise.

C'est là que je me suis réveillé.

Ce qui retient l'attention, c'est que les apparitions de la mère/prêtre et des femmes zombies semblent dépourvues de signification émotionnelle. Les rêves peuvent se révéler très utiles dans le cadre d'une thérapie ou d'une analyse parce qu'ils ouvrent une fenêtre sur la vie intérieure du sujet. Mais dans le cas d'un tueur en série, ce serait une erreur de vouloir leur attribuer un sens. Bien sûr, on a envie de trouver une logique, des analogies, des liens ; on est tenté d'assimiler cette mère en robe de bure à la Grande Faucheuse, d'en déduire que Bobby Joe la perçoit comme une menace. Et de là à en conclure qu'il tue à cause d'elle, il n'y a qu'un pas. Mais on ne peut pas le franchir. Les rêves de Long sont comme extérieurs à lui. Il les raconte avec le détachement d'un journaliste. Sa vie onirique est comme dépourvue de symbolique, elle ne provoque chez lui aucune association d'idées. Or le rêve n'est jamais que ce que le patient veut bien en faire. Lui seul peut lui donner un sens, le médecin ne peut pas l'inventer à sa place.

Le 10 avril 1985, Long m'écrivit une lettre exaltée au sujet de *L'Étrangleur de Boston*, un film de 1968 inspiré de l'histoire d'Albert DeSalvo et interprété par Tony Curtis.

J'avais vu le film une première fois quand j'étais jeune, puis je l'ai revu à la télé, à l'époque des « viols par petites annonces ».

La deuxième fois, ça m'a fait flipper. Jamais vu un film pareil. J'avais l'impression de me voir MOI. Je n'avais encore tué aucune femme à ce moment-là, mais je voyais sur son visage à lui ce que j'éprouvais quand je les agressais.

Il y en a une que je n'oublierai jamais, une blonde qu'il attrape par-derrière. Il lui plaque la main sur la bouche et le visage de Tony Curtis est comme un miroir. Ce n'est qu'un acteur, mais il arrive à faire passer quelque chose grâce à son visage… J'étais hypnotisé. Jamais je n'oublierai ça. Il disait : « Non, non, je ne peux plus ! » Il faut le voir pour le croire, ou le comprendre. Je l'ai vu et j'ai compris. Ça m'a terrorisé. Mais je me suis dit : « Attends ! Ce type tue. Pas moi. Je ne suis pas comme ça. Je ne pourrais jamais tuer personne. J'ai un minimum de sang-froid. »

Je me rappelle qu'il en attachait une à un lit et qu'elle se débattait. J'avais vécu ça. Je savais ce qu'il ressentait. Comme un miroir, je vous le jure.

L'impact de la violence à l'écran est un sujet récurrent dans la presse. Au tribunal, on entend souvent affirmer que tel film ou tel jeu vidéo est à l'origine d'un meurtre. Or les cas d'agressions provoquées par la vision d'une œuvre de fiction sont beaucoup plus rares qu'on ne le croit. Il arrivait peut-être à Long de revoir une scène de *L'Étrangleur de Boston* lorsqu'il tuait, mais ce n'était pas ce qui le poussait à agir, même s'il pouvait chercher à expliquer ainsi son geste.

Il se plaignait constamment d'une ancienne blessure à la tête. Ce n'était pas une douleur à proprement parler mais, à l'en croire, la zone affectée possédait une vie propre.

Même quand c'est « normal », ou du moins ce que j'appellerais normal « maintenant », ce n'est pas comme avant. Avant je ne sentais *rien du tout* dans ma tête, sauf si j'avais la migraine. Mais maintenant, je sens *toujours* la partie gauche, il n'y a que la sensation qui change. « Normal », ça veut dire que ça bouge de temps en temps. Ça peut sembler bizarre, mais je ne le sens jamais à droite, seulement à gauche. C'est comme si j'étais assis et que je regardais autour de moi, que mes yeux se déplaçaient d'un côté à l'autre, et même si je ferme les yeux et que je me concentre, je sens cela à gauche. Ça n'est pas une douleur mais une sensation dans le cerveau qui est absente à droite…

Quand je suis désorienté, sens dessus dessous, c'est différent. Ça ressemble plus à une absence. Difficile de se concentrer, et parfois difficile de penser tout court. Impossible d'organiser mes idées, de lire, et même d'avoir une conversation qui tienne la route. C'est comme si je venais de me prendre un bon coup sur le crâne. J'ai pas mal, mais j'ai la tête qui tourne, je suis désorienté. Je me sens comme ça en ce moment. Je m'en rends compte avec les gens quand je leur parle. Des fois, comme aujourd'hui, c'est dur de parler de quelque chose de sensé ou de profond.

Bobby Joe s'était effectivement blessé à la tête, mais son cerveau ne présentait aucune lésion significative. Tout ce que l'on pouvait retenir de cette lettre, c'était qu'il avait tendance à se plaindre de maladies imaginaires, comme la plupart des tueurs en série. John Wayne Gacy prétendait qu'il avait une leucémie. Richard Macek se croyait atteint de maux divers et variés. Il semblerait que ces plaintes relèvent en fait du symptôme chez le serial killer. Cette forme d'hypocondrie est une véritable maladie, la manifestation exacerbée d'un sentiment ou d'une sensation que le sujet ne peut pas verbaliser. Comme un enfant de quatre ans qui se coupe le doigt et pense qu'il va se vider de son sang.

Long disait que « quelque chose » changeait dans sa tête et même dans son corps lorsqu'un proche, en l'occurrence son ex-femme, lui faisait du tort.

> Quand Cindy me ment, ça m'empêche de penser, je disjoncte, j'ai mal au crâne, dans la poitrine, partout. C'est une sensation que j'ai éprouvée avec trois personnes au cours de ma vie : Cindy, ma mère et Barbara. Toujours la même sensation, et je n'ai pas de meilleur mot pour la décrire que « désorienté ». À ce moment-là, je crois que je ne pourrais même pas écrire mon nom. C'est une sensation atroce, je déteste ça, je me sens totalement vulnérable, et je déteste ça aussi… C'est frustrant, rageant.

La frustration de Bobby Joe s'apparentait à ce que peut éprouver l'employé licencié ou l'amoureux éconduit. C'était une sensation physique, un mélange de panique et des symptômes de la grippe intestinale. Mais cela ne donne qu'une vague idée de ce qu'endurait Bobby Joe, car il vivait ces moments-là avec une intensité inouïe. C'était tout son corps qui recevait l'assaut sans qu'il puisse faire quoi que ce soit pour se défendre. Lorsqu'un tueur en série est confronté à une situation qu'il perçoit comme problématique, il réagit toujours au niveau physique, comme un bébé soumis à un stimulus.

Qui était cette mystérieuse Barbara qu'il mentionnait

dans sa lettre ? Tout semblait indiquer qu'elle jouait un rôle important. Pourtant il n'avait jamais fait référence à elle devant moi et je ne trouvai pas trace de ce prénom dans le dossier. Il ne s'agissait pas d'un fantasme ou d'une hallucination, mais plutôt d'une bribe de souvenir comme on en rencontre parfois : d'abord on pense avoir affaire à un indice solide, mais rapidement il se désagrège. Lorsque plus tard je posai la question à Bobby Joe, il nia avoir jamais parlé d'une quelconque Barbara.

Dans une autre lettre, Long me livrait un aperçu de ce qu'il pensait et éprouvait lorsqu'il frappait sa femme Cindy.

> Une fois, ça a failli basculer. Ça m'a flanqué une trouille monstre. J'étais à deux doigts de la tuer. Mais sa lèvre saignait tant que je me suis rendu compte que j'étais en train de faire du mal à ma vie, à ma chérie. Dire que j'étais sur le point de la tuer ! Ça m'a fichu la trouille. Mais c'était déjà arrivé une ou deux fois avec elle.

Plus précisément, que ressentait-il ?

> C'est comme avant une bagarre, lorsque je suis sur le point d'éclater la tête à quelqu'un. La colère. Le trou noir. Comme si j'étais vide de toute pensée. Comme si je m'absentais un instant et que je revenais un peu plus tard. Ça se passait à peu près comme ça avec les filles, avec celles que je violais aussi, maintenant que j'y pense. Ça prenait toute la place, plus rien n'importait. Juste l'objectif ! Comme lorsque je me battais ou que je donnais des coups de pied contre un mur. Plus rien n'existait, pas même les choses que je démolissais, plus rien n'existait, je ne pensais à rien d'autre. Juste l'objectif.

Pas de pensée. Le vide. Un objectif. Une chose. Les victimes sont déshumanisées. Ce sont des objets que l'on peut écarter, et même tuer, puisqu'ils ne sont pas humains.

Parfois, Long avait l'impression que sa tête se détachait de son corps : « Les murs bougent encore. Même assis et immobile, on dirait que ma tête bouge. » Je lui expliquai qu'il avait du mal à distinguer ce qui était réel de ce qui ne l'était pas. Son esprit construisait une image du monde dictée par son ressenti, mais cette image ne correspondait pas nécessairement à la réalité. Aussi lui demandai-je avec insistance de se concentrer pour que nous puissions préparer ensemble son procès.

Il se mit alors à m'écrire uniquement en majuscules. À la même époque, il cessa totalement d'évoquer ses rêves. Je lui demandai pourquoi à plusieurs reprises, en vain. Il continua de m'envoyer ses « cris » en lettres capitales, comme s'il cherchait à attirer mon attention.

Il semblait en proie à une confusion croissante, une confusion rageuse.

> CE N'EST PAS AGRÉABLE DE SAVOIR QUE MA VIE EST FINIE. DE SAVOIR QUE DANS LE MEILLEUR DES CAS JE RESTERAI ENFERMÉ COMME UNE BÊTE PENDANT LE RESTANT DE MES JOURS. TOUT ÇA PARCE QUE J'AI TUÉ UNE POIGNÉE DE SALOPES ET DE PUTES QUE JE NE CONNAISSAIS MÊME PAS. POURQUOI ?

« Qu'est-ce que vous en pensez ? » me demandait-il souvent après m'avoir donné une raison censée expliquer ses meurtres. Comme s'il me proposait une argumentation pour étayer la thèse de la folie devant le tribunal.

Même s'il n'était pas totalement sincère, il faisait de son mieux. On ne pouvait pas en dire autant de ses avocats. Mes discussions avec Bobby Joe Long m'avaient amenée à penser qu'il n'était pas responsable de ses actes au moment des faits. J'avais patiemment analysé ses lettres et nos entretiens. J'avais accepté de témoigner à son procès pour le meurtre de Virginia Johnson, sa septième victime, mais je finis par me retirer du jeu. Non seulement les psychiatres mêlés à cette affaire étaient trop nombreux, mais certains ne possédaient pas les qualifications requises. En outre, la défense semblait dépassée par la situation. Ma décision n'avait rien de personnel : après avoir pesé le pour et le contre, j'étais arrivée à la conclusion que les avocats de Long hésitaient toujours sur la stratégie à adopter. À l'issue d'une série de procès, celui-ci fut condamné à la peine capitale.

Aujourd'hui, c'est un homme aux cheveux gris incarcéré à Raiford, en Floride, en compagnie de trois cent soixante-six autres condamnés. Près de vingt ans après ses meurtres, il attend toujours son exécution.

Mon travail sur cette affaire était terminé, mais je continuais à songer à l'étrange colère que Bobby Joe nourrissait contre sa mère et je décidai d'étudier de plus près les rapports des tueurs en série avec leurs familles.

X

L'environnement familial

Donner la vie à un enfant est une lourde responsabilité. Il y a sa santé physique : sera-t-il robuste ou souffreteux ? Il y a sa santé mentale : sera-t-il psychologiquement équilibré ? Et il y a tout le reste. Comment le protéger du pire sans le priver du meilleur ? Comment l'élever, l'éduquer, lui apprendre à devenir un adulte aimant et productif, au sein de sa famille en particulier et de la société en général ? Les questions sont sans fin.

J'ai toujours tenu mes enfants à l'écart de mon travail. Je n'ai jamais discuté avec eux des informations que contient cet ouvrage. Ils savent que je passe parfois à la télévision et que j'y parle de criminels, mais mon aîné n'a rien su de mes entretiens avec John Gacy avant l'âge de douze ans – et c'était uniquement parce qu'un de ses camarades m'avait vue dans une émission. J'ai expliqué à mon fils et à ses amis que j'étais un « médecin de la parole », que je travaillais avec des enfants et des adolescents.

J'ai eu le triste privilège d'observer des parents confrontés au pire. Il y a le chagrin incommensurable de ceux dont les enfants ont été victimes d'un tueur en série, et la stupeur de ceux qui découvrent que leur fils est un monstre. La culpabilité, la honte et le déni de Marion Gacy offrent un aperçu de ce qu'une mère peut ressentir dans ce genre de situation. Et les parents ne sont pas les seuls à éprouver ces sentiments déchirants. Il y a les frères, les sœurs, les épouses furieuses ou abattues, sans parler des enfants des meurtriers. Chez les proches des victimes, on devine l'ampleur de la détresse derrière le silence.

« Il y a toujours, dans notre enfance, un moment où la porte s'ouvre et laisse entrer l'avenir », écrit Graham Greene dans *La Puissance et la Gloire*. Je pense que l'on peut augurer très tôt des tendances meurtrières d'un individu, mais si une porte s'ouvre durant l'enfance, une autre se ferme lorsqu'un père et une mère apprennent qu'ils ont élevé un meurtrier. C'est une découverte parfois difficile à admettre pour des parents. Au printemps 1985, les avocats de Bobby Joe Long m'avaient demandé d'assister à l'audience précédant le procès. Je me tenais à la sortie du palais de justice de Dade City, une petite ville proche de Tampa. Cela faisait des heures que nous étions enfermés dans cette horrible petite salle de tribunal et la journée n'était pas terminée, aussi appréciais-je la brève pause que nous avait accordée la cour. J'inspirais profondément l'air humide en admirant les parterres de fleurs tropicales, lorsque je vis Joe et Louella Long, les parents de l'accusé, foncer sur moi. Ils fulminaient. De toute évidence, ils avaient besoin de se défouler, et de préférence sur quelqu'un qui était lié d'une manière ou d'une autre au procès.

À l'audience ils avaient appris sur leur fils des choses qui allaient complètement à l'encontre de l'image qu'ils avaient de lui. Ses crimes leur avaient été décrits une fois de plus dans leurs moindres détails, mais surtout ils m'avaient entendue rapporter des propos de Bobby Joe, qui m'avait confié combien il détestait ses parents et son enfance. Pour ne rien arranger, à la pause, Louella avait vu une journaliste expliquer devant une caméra que l'accusé était devenu un violeur et un assassin à cause de son éducation, et en particulier du manque d'amour maternel. Plus tard, Louella m'avoua qu'elle était tellement furieuse qu'elle avait eu envie de gifler cette femme. Mais la journaliste n'aurait pas manqué de rapporter l'incident dans l'édition suivante. Aussi les Long s'étaient-ils rabattus sur moi. Divorcés depuis de longues années, ils s'étaient retrouvés sur un point : ni l'un ni l'autre ne pouvait croire à la culpabilité de Bobby Joe. Ils étaient livides.

Lui me domina de sa haute taille et m'accabla de reproches.

« Nous avons élevé notre enfant de notre mieux ! hurla Louella.

– Vous nous faites passer pour de mauvais parents ! » me lança Joe.

En général je ne me laissais pas facilement impressionner, mais là je commençai à m'inquiéter. La situation risquait de dégénérer. Les Long refusaient d'admettre que Bobby Joe ait pu commettre ces meurtres. « Si seulement cette femme avait compris que notre fils était incapable d'avoir fait ça, il n'en serait pas là », devaient-ils se dire.

Je me rendais compte que c'était très dur pour eux, mais j'étais là pour aider Bobby Joe, pas pour l'enfoncer. La colère ne nous mènerait nulle part. Je leur répétai à maintes reprises que je travaillais « pour Bobby et pas contre lui », je m'escrimai à leur expliquer la situation :

« Ce n'est pas moi personnellement qui dis ces choses-là. C'est ce que Bobby Joe m'a raconté en séance. Nous essayons tous de l'aider. Il ne sortira pas d'ici libre, vous comprenez ? Dans le meilleur des cas, ses avocats obtiendront une condamnation à perpétuité. Il sera derrière les barreaux, mais il sera vivant. »

Malheureusement, tout ce que je disais semblait glisser sur eux. Je ne souhaitais pas me disputer avec eux, et leurs souvenirs m'étaient précieux : j'avais besoin de mieux connaître l'enfance de Bobby Joe, son adolescence et sa vie de jeune adulte ; j'avais besoin que les Long me peignent un tableau précis de leur propre existence. C'était une situation délicate. Je tenais à obtenir ces informations mais je ne pouvais pas les laisser me menacer.

Quelque temps avant l'audience, le 11 mars 1985, je leur avais envoyé une lettre leur demandant de remplir un questionnaire détaillé sur les premières années de leur fils. Le 15 avril, je leur avais adressé une lettre de rappel, car ni Joe ni Louella n'avait pris la peine de me répondre. Le 3 mai, le père de Bobby Joe s'était décidé à me renvoyer le questionnaire partiellement rempli sur lequel manquaient la plupart des informations concernant l'histoire médicale de sa famille, ainsi que quelques détails mineurs touchant à son état civil. Soit les parents avaient perdu la mémoire, soit ils ne souhaitaient pas savoir comment leur fils était devenu le monstre dont parlaient tous les journaux. Or je devais gagner leur confiance si je voulais mener à bien mon travail avant le procès.

Joe Long était un homme grave qui souffrait d'un handicap physique dû à un accident du travail. Dans la lettre qu'il avait fini par m'adresser, il affirmait n'avoir jamais rien remarqué d'anormal chez son fils. Mais l'enfant n'avait même pas un an à l'époque du divorce. Le père se souvenait d'un seul incident notable : « Bobby a eu très peur pendant une grosse tempête de neige. Quand il était petit, il a dû faire une fois le voyage en avion seul [entre la Floride et la Virginie]. À cause d'une grosse tempête de neige, son avion a été retardé à Cincinnati, où il a passé la nuit dans une chambre d'hôtel. » Joe ajoutait que sa propre mère était « sujette à des crises depuis toujours ». « Elle est allée voir un tas de médecins qui lui ont fait passer des examens, mais on n'a jamais su d'où ça venait. » Il me décrivait ainsi les crises en question : « Elle se frappe la poitrine et tape des pieds en disant qu'elle ressent une chaleur oppressante. Parfois elle s'évanouit pendant quelques secondes... Puis elle redevient parfaitement normale. » Il mentionnait également que son frère avait souffert d'une « grave dépression » à l'époque où son beau-père était en train de mourir du cancer. En fin de compte, l'histoire médicale de la famille ne m'avançait guère, d'autant que rien n'indiquait que Bobby Joe était lui-même sujet à ce genre de maux, ni qu'il souffrait d'une quelconque maladie héréditaire. Joe était catégorique : son fils n'avait jamais eu de problèmes de santé dans son enfance. Mais il avait redoublé son cours préparatoire « à cause du changement d'école et peut-être parce qu'il était trop jeune pour s'intéresser aux choses ».

C'est à l'époque où le jeune homme était stationné à la base aérienne de Homestead, près de Miami, que s'était produit ce que son père désignait uniquement du terme d'« accident ». Pour Joe, cela avait représenté un tel drame qu'il ne me donnait aucun détail sur les circonstances de la collision dans sa très longue lettre manuscrite. Comme si l'événement et ses conséquences dépassaient l'entendement. Ce jour-là, la moto de Bobby Joe avait été fauchée par une voiture et le garçon était tombé sur la tête, dix mètres plus loin. Bien que protégé par son casque, il avait souffert de plusieurs traumatismes graves. Joe Long pensait que cet épisode était à l'origine de tous les maux de son fils. Pour le prouver, il avait joint à sa lettre la déclaration d'un médecin militaire signalant une lésion cérébrale due à l'accident.

Certaines personnes établissent un lien direct entre les meurtres en série et les traumatismes crâniens. Ainsi, dans son livre *Guilty by Reason of Insanity**, la psychiatre Dorothy Lewis affirme que l'on trouve chez les tueurs les plus sanguinaires des lésions cervicales résultant d'un accident ou de violences physiques. Pour étayer son propos, elle cite le cas d'Arthur Shawcross, qui assassina onze femmes près de Rochester, dans l'État de New York, au début des années 1980. Le docteur Lewis rapporte que sous hypnose le meurtrier racontait ses

* New York, Fawcett, 1998. *(N.d.T.)*

crimes de manière fragmentaire. Elle en déduit qu'il souffrait d'épilepsie psychomotrice et que ses crises semaient le désordre dans ses souvenirs. Selon elle, les accès survenaient uniquement lorsque Shawcross se retrouvait seul avec ses victimes, des prostituées pour la plupart. Après avoir étudié les résultats d'une IRM, elle a trouvé un kyste à la base d'un des lobes temporaux, et son collaborateur Jonathan Pincus a relevé « deux petites cicatrices rectilignes » au niveau de ces mêmes lobes. Ce sont là des découvertes d'une importance indéniable, mais elles ne suffisent pas à prouver que le kyste a eu une quelconque influence sur le comportement du sujet. Pour cela, il aurait fallu procéder à un examen plus approfondi d'Arthur Shawcross, en particulier mesurer l'activité de son cerveau lorsqu'il effectuait des tâches quotidiennes, et comparer plusieurs tueurs en série présentant un kyste du même type. John Wayne Gacy n'avait pas la moindre tumeur, et pour ma part je ne pense pas que les meurtres d'Arthur Shawcross et de Bobby Joe Long aient résulté d'un traumatisme cérébral.

Les lettres de Louella étaient plus passionnelles et plus détaillées que celles de son ex-époux. Cette femme qui avait été serveuse dans divers établissements était au fond une âme candide. Elle me jurait ne pas avoir bu plus de cinquante verres au cours de ses quarante-six ans d'existence, et encore elle n'avait jamais touché ni à la bière ni à un alcool fort. Elle préférait le lait fermenté.

Elle reconnaissait qu'elle s'était mariée trop jeune, si jeune qu'elle ne savait même pas comment naissaient les bébés ; comme beaucoup de filles de la campagne en ce temps-là, elle imaginait qu'ils « sortaient par le nombril ». Après l'accident du travail qui avait coûté la vie à son père, elle avait vécu avec sa mère dans une maison qu'elle qualifiait avec honnêteté de « taudis ». « Ma mère était quelqu'un de bien, mais elle ne savait pas comment on élevait des enfants », précisait-elle.

L'adoration que Louella vouait à Bobby Joe transparaissait clairement sous sa plume.

> Mon fils,
>
> Te rends-tu compte qu'avant l'autre soir je ne t'avais jamais entendu dire de gros mots ? Cela m'a brisé le cœur. Es-tu devenu si endurci, mon fils, que tu ne respectes plus rien ? J'ai imaginé des centaines de stratagèmes pour te sortir de là. Je me retrouve à faire ci ou ça, et soudain je me dis : Qu'est-ce que tu fabriques ? Est-ce que tu deviens folle ? Je ne peux pas te faire sortir et, de toute façon, quand j'y pense, je me dis que c'est mieux que tu ne sortes pas pour l'instant, vu l'état dans lequel tu te trouves. Mon fils, que t'est-il arrivé ?... Je me souviens de ta voix au téléphone, les deux ou trois dernières fois avant les événements. C'est irréel. Je suppose que je n'arrive toujours pas à croire que tu aies pu faire toutes ces choses – même si je sais que tu les as faites. C'est tout simplement impossible quand on sait comment tu étais avec les gens, quand on a vécu avec toi, quand on t'a observé avec tes enfants. Je te vois encore peigner Chris, l'aider à enfiler ses chaussettes et ses chaussures, brosser les cheveux de Bobby Joe, laver et étendre le linge, plier soigneusement leurs petits habits et les ranger, les emmener au lac avec le chien. Tu étais un homme tout ce qu'il y a de plus ordinaire. Qu'est-il arrivé à cet homme-là ? Mon fils, je t'en prie, ne t'endurcis pas au point de devenir insensible. Sois gentil avec les autres. Cherche ce qu'il y a de bon en eux. Tu verras qu'il y a plus de gens prêts à t'aider que tu ne le crois... Si je t'ai jamais blessé ou humilié, je m'en excuse. Je regrette tellement de ne pas avoir fait certaines choses, et d'en avoir fait d'autres que je n'aurais pas dû faire.

De son côté, Bobby Joe affirmait ne pas avoir beaucoup de souvenirs heureux avec sa mère, à la plus grande détresse de celle-ci. Louella avait l'impression qu'on lui plantait un coup de poignard dans le cœur.

> Je ne vois pas comment Bob peut avoir oublié tous les bons moments. Les six ou huit premières années en Floride, nous allions partout ensemble. J'ai des films et des photos de tous ces endroits – la jungle des singes, la jungle des perroquets, l'aquarium, les tortues savantes de Key West, Daytona, la Colline fantôme, et des centaines de photos des journées que nous passions à la plage chaque année. Quand il était petit, nous étions tout le temps ensemble... Je n'ai jamais ramené d'homme à la maison, ni « viré Bob du lit ».

Peut-être Louella arrangeait-elle la vérité, peut-être avait-elle une mémoire sélective, toutefois la question n'est pas là. Même si elle n'était pas la mère idéale, ce n'était pas son éducation qui avait fait de Bobby Joe un tueur en série. Pour certains, cela tombe sous le sens, mais il ne faut pas craindre de le répéter, car trop de parents se reprochent ou se font reprocher les meurtres de leurs enfants.

Des millions de personnes ont grandi dans des foyers désunis. Si elles en gardent des cicatrices psychologiques, la plupart ne se transforment pas en assassins pour autant. Que Louella ait ou non chassé son fils de son lit pour être seule avec son amant n'a aucun rapport avec les crimes qu'il a commis plus tard. Il ne tuait pas pour se venger de la société ni pour punir sa mère. Cependant, les émotions exacerbées de Louella illustrent bien la culpabilité et la colère que peut ressentir un parent qui découvre que son enfant est un meurtrier de la pire espèce. Certaines familles ne s'en remettent jamais. Elles se condamnent à la douleur et au chagrin à perpétuité. Elles décortiquent le passé à la recherche des erreurs qu'elles ont pu commettre. Elles errent dans les limbes du regret, s'imposant un purgatoire dont elles n'émergent jamais indemnes.

Tout comme son mari, Louella se méfiait de moi au début. Elle doutait de ma bonne foi, ne voulait pas croire que je m'efforçais d'aider son fils. Mais elle finit par baisser sa garde. En octobre 1985, elle m'envoya une lettre de dix-neuf pages rédigée d'une écriture serrée sur de grandes feuilles. Elle y mentionnait les yeux qui effrayaient tant Bobby Joe enfant. C'était la grand-mère de l'enfant, Mamie, qui l'avait avertie : elle l'avait retrouvé une ou deux fois caché dans un placard parce qu'il avait peur de « quelque chose » qui le poursuivait. Naturellement, Mamie était restée aux côtés du petit garçon jusqu'à ce qu'il s'endorme. Louella précisait qu'elle ne l'avait jamais vu effrayé ainsi. Ce n'était pourtant pas ce que semblait dire Mamie dans une lettre datée du 30 novembre 1985 qu'elle m'écrivit de chez elle, à Shenandoah en Géorgie :

> Quand Bobby était petit et qu'on le laissait seul, il se cachait dans le placard avec sa batte de base-ball et il pleurait toutes les larmes de son corps. Il disait que Gros Yeux allait l'attraper. J'ai supplié sa mère de l'emmener voir quelqu'un, mais elle m'a dit qu'elle ne pouvait pas. Puis, juste avant que ça n'arrive [les meurtres], je leur ai dit qu'il avait vraiment un problème grave, mais Joe et elle n'ont pas voulu m'écouter. Il avait l'air très perturbé, il n'était plus le même. Je demande à Dieu de veiller sur lui et de faire en sorte que les juges ne l'envoient pas à la chaise électrique.

Qui était Gros Yeux ? La plupart des monstres imaginaires ont un corps, ils ne sont pas désincarnés. Les enfants qui en voient sous leur lit décrivent une forme, une silhouette. Ce genre de symptôme signifie en général que l'on se sent observé. Il apparaît chez les gens souffrant d'une forme de paranoïa précoce. Les tueurs en série sont de nature suspicieuse, même lorsqu'ils ne sont pas surveillés par la police. Ces yeux étaient le produit d'une psychologie primitive, infantile. Les bébés distinguent mal les êtres qui les entourent, ils ne captent que des ombres, des formes floues, morcelées, des parties du corps. À l'instar des autres serial killers que j'avais interrogés, Long était resté totalement immature du point de vue affectif.

Par ailleurs, Louella me signalait dans sa lettre que son fils souffrait d'un déséquilibre hormonal qui se caractérisait par un développement excessif des glandes mammaires. La gynécomastie est une anomalie sans gravité, mais elle peut être gênante dans la mesure où elle donne au torse une allure indubitablement féminine. Louella avait longuement réfléchi au problème avant de faire opérer son fils : « Un médecin lui a fait six ou sept piqûres pour lui faire dégonfler la poitrine, mais ça n'a pas marché, alors on nous a proposé la chirurgie. Sa poitrine n'était pas énorme, mais assez importante pour le complexer, et le docteur a dit que ce serait mieux pour son équilibre psychologique d'ôter la graisse. »

Elle mentionnait également l'insensibilité de Bobby Joe : « Je ne l'ai pas vu pleurer depuis l'âge de sept ans. » Elle ajoutait qu'il y avait des périodes où il se montrait « très froid, indifférent, plusieurs jours d'affilée ».

Comme beaucoup d'adolescents, le garçon regardait des photos pornographiques en cachette. Mais Louella avait découvert que la curiosité de son fils ne s'arrêtait pas là. « Il y avait un trou dans l'une des parois de la salle de bains et un autre, dans un placard, par lequel il pouvait voir toute la chambre reflétée dans le miroir de ma coiffeuse. Je ne sais pas depuis combien de temps ce trou était là. » Louella pensait que Bobby Joe l'observait lorsqu'elle se trouvait avec son amant, qui avait brièvement vécu avec eux.

> Bob le détestait. Ils se sont violemment disputés un soir à propos d'une histoire de chaussures mal rangées... Il a fait un carnage. Je n'en revenais pas de toute cette haine que Bob avait en lui. Le nez de Jim était en sang, il l'a rossé, ça faisait peine à voir... Je ne sais pas si Bob nous a regardés faire l'amour par le trou dans le placard ou non, mais au fond de moi je pense que oui. C'est pour ça qu'il détestait Jim... Bob n'a jamais été capable de pardonner. Pourquoi ? Il détestait les membres de ma famille, il ne voulait même pas leur parler.

Cette rage sans bornes est une autre preuve d'immaturité. Lorsqu'un enfant surprend ses parents en train de faire l'amour, il croit souvent que l'un fait du mal à l'autre. Bobby Joe avait beau être un adolescent, ses émotions étaient celles d'un tout-petit, et elles le resteraient.

Toujours selon sa mère, il imaginait des événements qui ne s'étaient jamais produits dans la famille.

> Il croit que j'étais une personne méchante et dure qui giflait les gens. Il a même dit que j'avais donné des claques à mes sœurs Luanne et Sharon. Je n'ai jamais fait une chose pareille de ma vie, mais il en est persuadé, comme il croit avoir failli se noyer. Il dit qu'on l'a repêché et qu'il a fallu le réanimer. En fait, il était agrippé à une plate-forme flottante et les

sauveteurs sont allés le chercher. Cinq minutes plus tard, on mangeait à la baraque à hot-dogs.

Bobby avait envoyé à sa mère deux lettres furieuses au sujet de cet incident, lui reprochant une négligence qui, elle l'affirmait catégoriquement, n'existait que dans son imagination.

Karen, la sœur de John Wayne Gacy, ne traitait pas son frère avec la même indulgence. Elle répéta maintes fois que les meurtres de Gacy représentaient un très lourd fardeau pour sa famille, notamment dans cette lettre qu'elle lui adressa au début de 1979 :

> Tu as dû te demander pourquoi je ne t'écrivais pas. Qu'est-ce que je peux te dire ? Je suis totalement effondrée. Je ne peux plus vivre comme avant, le cauchemar est toujours là.
>
> J'étais fière que tu aies réussi à changer de vie après l'Iowa [où Gacy avait été incarcéré pour sodomie], et puis il y a eu cette histoire. Tout ce que je voudrais savoir, c'est : Pourquoi ? Pourquoi ? Est-ce que tu avais tellement honte de ta sexualité qu'il te fallait ramasser ces jeunes garçons et les tuer ensuite pour les empêcher de parler ? Mais enfin pourquoi ? Pourquoi ne nous as-tu pas demandé de l'aide ?
>
> Cette histoire a déchiré ma famille. Je prie pour que cela n'affecte pas les enfants. Sheri était tellement bouleversée qu'on a dû consulter un spécialiste. Je suis toujours suivie par un médecin. Quant à maman, Dieu seul sait comment elle prend tout ça.
>
> Qu'est-ce que je pourrais bien te dire ? Je suis désolée de ne pas avoir su t'aider. Plusieurs fois, j'ai eu l'impression que tu voulais me parler, mais tu ne l'as jamais fait. Tu étais malade depuis longtemps, je regrette de ne pas l'avoir vu et de n'avoir rien fait.
>
> Nous nous efforçons de reconstruire nos vies tant bien que mal. Je sais que maintenant nous ne pouvons plus rien faire pour toi. Seul Dieu peut te secourir.

La femme de Richard Macek était plus ambivalente. Sandra évitait de se rendre au Central State Hospital, dans le Wisconsin, où il était interné. « Je n'y suis pas beaucoup allée et je n'y ai pas emmené les enfants parce que ça me chamboule. Il me chamboule. Il les chamboule.

Je m'énerve. Ma fille pleure pendant des jours. Au début, je croyais que je ne m'en remettrais jamais, je ne faisais que tourner en rond en pleurant. »

Comme on pouvait s'y attendre, elle refusait de croire à la culpabilité de Macek. Elle se raccrochait à son apparente gentillesse : il était tellement serviable, il aidait régulièrement la mère d'une voisine qui se déplaçait en fauteuil roulant. « Il a même pris des jours de congé parce qu'il tenait à faire un costume de lion à notre fille pour Halloween. Il ramenait des animaux à la maison pour faire plaisir aux enfants. Un vrai zoo. J'avais quatre chiens. J'avais deux chats. Je ne sais pas combien de canards. J'avais quatre oiseaux. Un aquarium plein de poissons. »

Mais, on l'a vu, Macek était d'humeur changeante : « Le jour où il devait passer le test du détecteur de mensonge, il bouillait de rage parce qu'il m'avait dit de ne pas venir si je ne prenais pas la voiture, me raconta Sandra. Mais je ne tenais pas à conduire. Il faisait mauvais et je déteste prendre le volant quand il y a du verglas. Alors je suis venue en train. Il n'a pas pu passer le test tellement il était furieux contre moi. »

Un jour que nous discutions à l'aéroport de Chicago, je fis part à Sandra de mon appréhension :

« Je m'inquiète pour tous ceux à qui il pourrait en vouloir s'il sortait un jour. Pensez-vous qu'il soit capable de vous faire du mal ? »

D'abord elle se récria : comment pourrait-il lui faire du mal ? Ils étaient mariés, un lien profond les unissait. Puis la façade commença à se craqueler :

« Je n'ai jamais eu peur de Richard et je n'ai toujours pas peur, mais je veux divorcer. Quand quelqu'un me demande si j'ai un lien de famille avec le Macek qui est en prison, je réponds que je n'en ai aucune idée, et que s'il est de la famille de mon mari, je ne le connais pas. C'est pour ça que je veux changer de nom. Je ne veux plus m'appeler Macek. Je ne veux plus qu'on demande à mes enfants si leur père est un assassin. »

C'est une situation terrible pour un enfant. On ne peut qu'essayer d'imaginer l'éprouvante combinaison de tristesse et de gêne qu'il éprouve lorsque ses camarades lui rappellent que son père est un meurtrier. Il y pense chaque jour. Il appréhende chaque nouvelle rencontre. Les questions toutes simples que la plupart des gens échangent sans arrière-pensées lorsqu'ils font connaissance le mettent au supplice. Va-t-il dire que son père est un monstre sanguinaire ? Impossible. Il ment. Il n'a pas le choix.

La mère de l'enfant n'est pas logée à meilleure enseigne. Assise seule le soir dans la cuisine, lorsque tout le monde est couché, elle s'efforce désespérément de comprendre l'incompréhensible. Ses amis l'ont abandonnée. Ils ne veulent plus rien avoir à faire avec elle. Si elle a témoigné en faveur de son époux, elle est cataloguée. On la soupçonne d'être aussi abjecte que lui. Les liens famiaux et la loyauté sont censés se dissoudre devant le crime.

De même, on chuchote dans l'entourage des parents de l'assassin. Ils se doutaient nécessairement de quelque chose, ils sont donc coupables eux aussi. Ils ont élevé un monstre, c'est leur faute. La foule vengeresse ne se rassemble peut-être pas devant leur maison en scandant : « Vous avez créé un assassin ! » comme dans le film *Frankenstein*, mais il existe des représailles plus subtiles, et tout aussi efficaces. On vous évite, on détourne les yeux. Si vous n'avez pas quitté la ville, l'atmosphère devient vite irrespirable.

Dans sa correspondance avec moi, Louella Long avouait qu'elle aurait aimé changer non seulement le cours de l'histoire, mais sa vie tout entière. Elle se décrivait comme une marginale qui s'était toujours sentie en mal d'amour. Elle se rappelait son enfance comme une époque « très effrayante » pour elle et ses sœurs.

(Elle était d'ailleurs convaincue que c'était la raison pour laquelle elles souffraient de colite.) Elle terminait une de ses lettres par ces mots : « Dommage qu'on ne puisse pas tout reprendre à zéro lorsqu'on est devenu un peu plus intelligent et qu'on a compris quelles étaient les vraies valeurs. Le plus précieux, c'est nos enfants, notre amour pour eux et Dieu qui nous les a donnés pour qu'on les élève comme il faut. »

Je compatissais sincèrement avec Louella, mais je savais qu'on ne pouvait pas réécrire l'histoire. Elle finirait pas apprendre à vivre avec les crimes de Bobby Joe, mais, quelque part, dans un recoin de son esprit, ils la hanteraient toujours. Ils resurgiraient sans crier gare lorsqu'elle préparerait du café, devant une photo de famille, à la plage, ou lorsqu'elle se réveillerait en sursaut en pleine nuit. Alors elle penserait à son fils. Un assassin. Et elle ne pourrait pas s'empêcher de se faire des reproches.

Quant à Bobby Joe, il enrageait tout seul au fond de sa cellule. Lui ne se reprochait rien. Il en était incapable. Il n'éprouvait pas le moindre regret, pas le début d'un remords.

XI

Le sadisme de Robert Berdella

On s'imagine peut-être que l'étude de la violence et du sadisme me procure un quelconque plaisir, que je tire une jouissance morbide des horreurs que les humains sont capables de s'infliger. Rien n'est plus faux, et c'est la raison pour laquelle les crimes de Robert Andrew Berdella m'ont causé un tel choc.

Après avoir rencontré Macek, Gacy, Long et quelques autres, je pensais avoir tout vu en matière de serial killers. Je me sentais capable de mener de front mes rôles d'épouse, de mère et de médecin, tout en continuant d'explorer les méandres sordides du psychisme des tueurs en série. En principe, j'étais parfaitement capable de compartimenter ma vie. Qu'il s'agît d'interroger un meurtrier ou de m'occuper de mes fils, je me consacrais tout entière à la tâche qui m'occupait. Cependant, la bestialité de Robert Berdella fit vaciller mes certitudes : ses crimes étaient d'une telle complexité et d'un tel sadisme ! Ce n'était pas seulement une question de répugnance ou de dégoût. Je me sentais atteinte au plus profond de moi.

Dans une certaine mesure, Robert Berdella me faisait penser à ces enfants qui s'amusent à torturer les animaux et les insectes, mais son sadisme était sans commune mesure avec tout ce que l'on peut imaginer. Le petit garçon qui arrache les ailes d'une mouche ou la transperce d'épingles « pour voir » ne songe pas à la souffrance de la créature. S'il pouvait entendre ses cris de douleur, il regretterait certainement sa cruauté.

Celui que l'on surnommait parfois « le Boucher de Kansas City » torturait lui aussi ses victimes « pour voir », mais il n'était pas accessible à la pitié. Né en 1949 dans l'Ohio, il habitait à quelques rues de Main Street, tout près de Hyde Park, un ancien quartier réputé pour ses belles demeures et traversé par la piste de Santa Fe*. Contrairement à ses voisins, qui mettaient un point d'honneur à entretenir leur coquette maison, à tondre leur pelouse et à tailler leurs haies, Robert Berdella vivait dans un véritable capharnaüm. Des boîtes pour chien entamées traînaient dans les coins, tandis qu'une tunique afghane était accrochée comme un tableau à un mur de sa chambre. Le vêtement provenait certainement du commerce qu'il tenait au marché aux puces voisin : le Bob's Bazaar Bizarre était un bric-à-brac indescriptible où les masques africains côtoyaient les livres sur l'occultisme.

Le quotidien local avait publié un court article sur Berdella, expliquant que ce diplômé des beaux-arts de Kansas City (en fait, il n'avait jamais terminé ses études) avait converti sa maison en galerie d'art consacrée à l'Égypte ancienne, à l'Italie et à la Nouvelle-Guinée. On pouvait la visiter sur rendez-vous, affirmait le journal. En fait, Berdella n'avait sans doute jamais accueilli le moindre visiteur, et si galerie il y avait eu, elle s'était vite transformée en entrepôt où s'entassaient ses étranges collections. Car il gardait tout, comme Ed Gein.

C'est aussi au 4315, Charlotte Street, bien à l'abri des regards, qu'il torturait, violait et assassinait des jeunes hommes – « pour voir ». Berdella aimait expérimenter, mais, à la différence du plus amateur des scientifiques, il

* Route commerciale qui reliait le Missouri au Nouveau-Mexique et qui fut abandonnée à la fin du XIXe siècle après l'arrivée du chemin de fer. *(N.d.T.)*

agissait machinalement, sans réel désir de comprendre. En cela il ressemblait à Herman W. Mudgett. Pas plus que le pharmacien de Chicago il ne tirait d'enseignement des mutilations et des meurtres qu'il commettait. La police ne parviendrait à prouver sa culpabilité que dans six affaires d'homicide, mais on savait qu'il avait supplicié au moins vingt personnes. Le serial killer consignait par écrit tous les détails de ses forfaits, et l'on découvrirait trois cent trente-quatre photos Polaroid montrant les scènes d'horreur qui s'étaient déroulées chez lui.

C'était parfois à la cave mais le plus souvent dans une chambre du premier étage que Berdella exécutait son infâme besogne. Il avait installé une salle de tortures rudimentaire qui comprenait un lit, un rouleau de corde à piano, une lanière de veloutine noire, plusieurs tranquillisants pour animaux, une matraque en bois, des aiguilles, des seringues, des concombres, des carottes, une spatule, du fil de cuivre et un transformateur de 7 700 volts. Il expliquait l'usage qu'il faisait de ses instruments dans des blocs-notes à spirales, véritables carnets de bord d'un dément. Les lire était une épreuve, même pour un policier aguerri, et l'on ne se représentait que trop bien cet homme d'un mètre quatre-vingt-dix aux grosses lunettes et à la respiration saccadée en train de tourmenter ses victimes.

Je devais étudier avec une attention toute particulière le cas de Larry Pearson. Ce jeune homme de vingt ans qui se prostituait occasionnellement avait été, comme les autres, enfermé, terrorisé et torturé avant d'être achevé, mais sa détention avait duré six longues semaines, du 23 juin au 5 août 1987. Une photo prise par Berdella le montrait allongé sur un mince matelas à la cave. Il était menotté et attaché à un pilier en brique par une corde à piano passant dans son dos, sous ses aisselles et en travers de sa bouche. Elle était si serrée que Larry ne pouvait émettre le moindre cri, le moindre son. Elle faisait trois ou quatre fois le tour de sa tête, si bien qu'il devait garder la bouche ouverte et ne pouvait avaler correctement sa salive.

Une seringue hypodermique était plantée juste sous sa pomme d'Adam : au cas où son bâillon n'aurait pas suffi à le faire taire, Berdella lui avait injecté dans les cordes vocales du Drano, un déboucheur de canalisations. Il lui avait également frotté les yeux avec un tampon imbibé de ce même produit : ils étaient fermés et bouffis. Le garçon semblait à l'agonie. Pourtant, il devait survivre un mois et demi dans cet état, subissant les pires sévices.

Larry Pearson, cinquième victime du boucher de Kansas City, était allé voir *Creepshow II* au cinéma avec Berdella avant de rentrer prendre un verre chez ce dernier. Ils en avaient bu une quinzaine, mélangeant toutes sortes d'alcools. Le meurtrier avait versé un tranquillisant dans la boisson de son hôte, puis lui avait injecté quatre doses de chlorpromazine. Ce puissant neuroleptique, utilisé pour traiter les schizophrènes qui entendent des voix, est tellement abrutissant qu'on le surnomme la « camisole chimique ». Comme la morphine, il sert aussi à soulager la souffrance des malades en phase terminale. Bien que son usage soit en théorie strictement réservé au corps médical, il n'est pas très difficile de s'en procurer, car les vétérinaires l'emploient comme tranquillisant. Berdella s'était peut-être procuré ce produit sous le comptoir, ou par l'intermédiaire de trafiquants, car il avait vendu des amphétamines à l'université du temps où il était étudiant. Durant ses rares instants de lucidité, Pearson essayait de crier, mais ses cordes vocales abîmées ne produisaient qu'un faible gémissement. En revanche, rien ne devait l'empêcher de méditer sur son calvaire.

C'était un jeune homme séduisant, bien bâti, portant une fine moustache. Berdella l'avait rencontré une première fois dans sa boutique. Un peu plus tard, il l'avait revu dans la rue et lui avait offert de le ramener en voiture. Confiant, Larry était monté. Les deux hommes avaient fait plus ample connaissance.

Quelques semaines avant sa séquestration, Pearson avait été arrêté pour outrage public à la pudeur. Il avait téléphoné à Berdella pour lui demander de payer la caution et ce dernier avait accepté. Peu après, ils s'étaient rendus ensemble chez les parents de Robert, dans l'Ohio. Ce dernier rapporterait par la suite avoir été surpris d'entendre Larry appeler sa mère « maman » alors qu'il venait tout juste de la rencontrer.

De retour à Kansas City, le jeune homme s'était installé au 4315, Charlotte Street. Toutefois, il ne partageait pas le lit de son hôte ; il dormait sur le canapé. Berdella éprouvait un ressentiment grandissant envers Pearson. D'une part, il l'avait trouvé extrêmement grossier avec sa famille durant leur séjour dans l'Ohio. D'autre part, il voulait coucher avec lui, mais rien dans le comportement de l'autre n'indiquait que ce désir fût réciproque.

Plusieurs mois après son arrestation, qui eut lieu le 4 avril 1988, le tueur se résoudrait à avouer pour tenter d'échapper à la peine de mort. À la police qui désirerait savoir s'il s'était senti provoqué par une remarque particulière de Larry, il déclarerait que sur le trajet de retour, après qu'ils avaient vu *Creepshow II* au cinéma, le garçon lui avait lancé : « Je me faisais les pédés à Wichita. Je les dévalisais. » Il n'avait pas relevé sur le moment, mais il admettrait par la suite que cela l'avait inconsciemment irrité. « Je suppose que c'est ça qui a tout déclenché, devait-il confesser. Je ne peux pas dire que j'y pensais avant… J'ai dû me dire tout à coup : “Voilà quelqu'un qui ne manquera à personne. On ne se demandera pas où il est passé.” »

En dépit de cet aveu, il est peu probable que la petite phrase de Pearson ait réellement été un facteur déclenchant. D'abord, la rage n'avait *a priori* joué aucun rôle dans les meurtres précédents. Ensuite, la réponse vague du criminel trahissait avant tout une certaine lassitude. Au bout de trois jours d'interrogatoire, il était prêt à dire n'importe quoi pour en finir.

Le 23 juin 1987, après avoir ligoté Pearson, Robert Berdella descendit sa panoplie de torture à la cave : deux filins métalliques, deux pinces pour batterie automobile et le transformateur de 7 700 volts acheté au marché aux puces. Il introduisit un doigt dans l'anus de Larry et lui mordit les tétons jusqu'au sang, puis il fixa les pinces sur le corps de sa victime et, au cours des douze heures suivantes, il lui envoya une demi-douzaine de décharges électriques de dix à trente secondes chacune. Dans le même temps, il le fouetta, le tabassa à coups de matraque, le sodomisa avec une carotte et le viola.

Parmi les photos de Pearson, certaines le montraient subissant ces insoutenables électrochocs. Leur violence le projetait en avant, en dépit des liens qui auraient dû l'immobiliser. Ses yeux semblaient sur le point de sortir de leurs orbites. Ils trahissaient moins la peur que la souffrance et la surprise. Hors champ, Berdella lui intimait sans doute l'ordre de se tenir tranquille le temps qu'il prenne les clichés devant lesquels il se masturberait plus tard.

Malgré les tranquillisants, Larry conservait assez de lucidité pour comprendre ce qu'on attendait de lui. Il était là pour assouvir les désirs du maître et rien d'autre. Satisfait de sa docilité, Berdella finit par l'installer dans une chambre à l'étage. Il l'enchaîna au lit, lui ordonnant de se taire et de ne faire aucun bruit pendant qu'il regarderait la télévision à côté de lui.

Mais le mercredi 5 août, alors que son tortionnaire l'obligeait à lui faire une fellation, Pearson contre-attaqua, mû par une rage sourde que les efforts du criminel pour le dompter n'avait pas éteinte.

« Je ne veux plus qu'on me traite comme ça ! » s'écria-t-il avant de mordre Berdella avec une telle violence qu'il manqua de lui sectionner le pénis.

C'était l'occasion ou jamais de tenter de s'échapper. Curieusement, Pearson ne la saisit pas. Il avait atteint un stade où, psychologiquement, il était incapable d'envisager la fuite. Au fil des semaines, il avait acquis une mentalité de victime. La captivité avait annihilé sa volonté. Il ne se sentait plus libre de décider de son sort.

Berdella lui injecta alors de l'acépromazine, un tranquillisant destiné aux animaux. Ensuite, il le fouetta avec une grosse branche d'arbre qui lui fendit la lèvre. Il le laissa sans connaissance. Le meurtrier, qui perdait lui-même beaucoup de sang, se rendit à l'hôpital. Là les médecins l'informèrent qu'il fallait l'hospitaliser sur-le-champ pour au moins quarante-huit heures.

« Je rentre donner à manger à mes chiens et je reviens », répondit-il.

Une fois chez lui, Berdella monta voir son prisonnier. Son visage n'était plus qu'une plaie. Il lui emprisonna la tête dans un sac en plastique qu'il ferma hermétiquement puis alla nourrir ses chiens. Certains profileurs prétendent que les tueurs en série ont l'habitude de torturer les animaux, qu'ils s'en prennent aux chats ou aux chiens avant de s'attaquer aux humains. Mais on ne peut pas généraliser. Beaucoup de serial killers possèdent des animaux domestiques qu'ils adorent et qu'ils traitent très bien – beaucoup mieux que leurs victimes, en tout cas.

Lorsque Berdella remonta dans la chambre, Larry Pearson était mort asphyxié. Son martyre avait duré quarante-trois jours. Sans l'ombre d'une émotion, son bourreau sortit, verrouilla la maison et prit un taxi pour l'hôpital.

Le vendredi, il était de retour. Équipé d'un rasoir et d'un couteau à désosser, il retira les organes internes de sa victime et la saigna. Fatigué par l'opération qu'il venait de subir et gêné par son cathéter, il lui fallut deux jours pour se débarrasser du corps. Il utilisa une scie circulaire pour le découper. Il répartit les morceaux dans des sacs de croquettes pour chiens et dans des sacs poubelles. Il coupa la tête de Pearson, l'enveloppa dans un sac en plastique puis la mit au congélateur. Le dimanche soir, il déposa les autres sacs dans la rue afin que les éboueurs les ramassent le lendemain. À l'aube il sortit la tête du congélateur et l'enterra dans son jardin à la place du crâne d'une précédente victime, qu'il plongea dans vingt litres d'eau pour le débarrasser de la terre et des derniers lambeaux de chair. Ensuite, il rangea le bocal et son macabre contenu dans un placard. Pourquoi cet étrange rituel ? Il s'agissait sans doute d'un comportement répétitif, la perversion en plus. Un peu comme lorsqu'on fait son jardin et qu'on se dit : « L'an dernier j'ai planté des concombres ici, je vais faire la même chose cette année. »

La police soupçonnait Berdella d'avoir enterré plusieurs corps, aussi fit-on venir du Texas le chien Junior et son maître, le sergent Billy Smith, pour fouiller l'endroit où l'on avait retrouvé le crâne de Pearson. On déterra bien des dents, mais c'était une fausse piste : elles provenaient d'un dentier jeté par les précédents occupants.

La police fouilla également plusieurs fermes des alentours où Berdella allait parfois rendre visite à des amis. On exhuma des ossements de l'un des terrains, mais un examen plus approfondi révéla qu'ils appartenaient à une vache. Les autorités se refusaient à admettre l'évidence : le serial killer avait tout bonnement jeté les corps à la poubelle. Pour lui, ce n'étaient là que de vulgaires déchets. Peut-être avait-il gardé deux têtes en souvenir. Peut-être représentaient-elles une sorte de totem, ou quelque chose de plus ténébreux. Difficile à dire. Pas plus que les autres tueurs en série Berdella ne pouvait expliquer ces gestes.

Sans la débrouillardise de son dernier « esclave », il aurait pu sévir longtemps encore, car à Kansas City comme ailleurs on n'accordait pas la priorité à la disparition de marginaux. En l'absence de son geôlier, Chris Bryson parvint à atteindre des allumettes qui se trouvaient près de son lit et brûla les quatre cordes qui le ligotaient. Complètement nu, il sauta du premier étage et courut se réfugier chez un voisin. Lorsque Berdella rentra chez lui au volant de sa Toyota Tercel, la veille de Pâques 1988, la police l'attendait. Alors qu'on l'embarquait, il ne cessa de répéter :

« C'est une erreur ! C'est une erreur ! »

Il était incapable de croire à son arrestation, ni qu'il pouvait avoir fait quoi que ce soit de mal.

Quelque temps plus tard, je me rendis à Kansas City pour participer à une conférence de l'American Academy of Psychiatry and the Law, association d'experts psychiatres, où je rencontrai un journaliste local, Tom Jackman, qui souhaitait écrire un livre sur Robert Berdella. Les crimes avaient bouleversé la ville, et le présentateur vedette Geraldo Rivera n'avait certainement rien arrangé lorsqu'il avait diffusé le témoignage d'une femme prétendant que le tueur en série était un adepte du satanisme et qu'ils s'étaient croisés à plusieurs réunions.

Jackman m'aida à obtenir une série de tête-à-tête avec Berdella. Les expérimentations rituelles qu'il avait pratiquées sur ses six victimes connues m'intriguaient et lui-même semblait désireux de parler. Il se disait peut-être que, dans la mesure où il était condamné à passer le restant de ses jours en prison, ces quarante heures d'entretiens constitueraient une occupation comme une autre.

Lors de ma première visite, il portait des vêtements en papier et des tongs. (Les lacets, avec lesquels les détenus risquent d'agresser quelqu'un ou de se suicider, ont été supprimés depuis longtemps.)

« Avez-vous commis les crimes dont on vous accuse ? lui demandai-je.

– Bien sûr. J'ai tout avoué. »

Il semblait irrité par ma méconnaissance du dossier. En fait, elle n'était qu'apparente car j'avais lu les sept cent quinze pages qui composaient ses aveux et bien d'autres documents. J'avais consulté ses bulletins scolaires, qui le décrivaient comme un élève brillant capable d'obtenir d'excellents résultats en fournissant un minimum d'efforts. Sans être des génies, les tueurs en série possèdent souvent un Q.I. supérieur à la moyenne. L'un des professeurs d'anglais de Berdella signalait : « Très raisonneur, sarcastique. Veut toujours avoir le dernier mot. » Bien entendu, j'avais également lu ses carnets de torture. On voyait qu'ils avaient été rédigés à la hâte, dans le feu de l'action, et toujours en majuscules, comme pour attirer l'attention. En outre, il avait souvent recours à des abréviations. Ainsi, FRT FK signifiait *front fuck*, « baise de face ».

En dehors du fait que l'assassin semblait perturbé par mon ignorance, il apparut rapidement qu'il était totalement inconscient de la cruauté de ses actes.

« Pourquoi torturiez-vous ces gens ?

– Juste pour voir. D'ailleurs, je soignais leurs blessures avec des antibiotiques. J'essayais de les aider.

– Mais vous leur enfonciez aussi les doigts dans les yeux, vous leur envoyiez des décharges électriques, vous leur injectiez du Drano.

– C'étaient des expériences, ni plus ni moins. »

Cette nonchalance me déconcertait, bien qu'elle corroborât ma théorie sur les tueurs en série. Comme les autres, Berdella était une coquille vide, incapable du moindre sentiment. Malgré tout, quelque chose chez lui me tracassait. Peu à peu, au fil de nos entretiens, je compris : jamais je n'avais rencontré une personne à ce point dénuée d'humanité. Il était totalement insensible, un véritable cas d'école. Il répétait à l'envi qu'il s'était efforcé d'aider ces gens qu'il considérait comme ses esclaves. Mais ce n'étaient que des mots vides dépourvus d'émotion, d'empathie – des phrases toutes faites qui lui semblaient de circonstance.

« Vous avez eu toutes sortes de relations sexuelles avec eux. Pouvez-vous m'en parler ?

– Je les retenais pour mon plaisir, pour les avoir à mes ordres. Ils ne pouvaient rien faire sans ma permission. »

Le plaisir auquel Robert Berdella faisait référence n'avait aucun rapport avec ce que connaissent la plupart des gens. C'était un état exempt de joie, de ravissement, de bonheur. Il n'avait rien à voir avec le bien-être que ressentent les amants après l'amour. L'acte sexuel ne provoquait nulle exultation chez lui. Cet homme n'éprouvait pas de satisfaction particulière lorsque Pearson était étendu à côté de lui. Il se conduisait comme le tout jeune enfant qui manipule son environnement : il joue, il joue et ne s'arrête que lorsqu'il a l'impression que l'objet (ou l'homme, dans le cas de Berdella) lui appartient totalement, qu'il est à lui et à lui seul. Alors, il s'y accroche aussi longtemps que possible. C'est le principe de la couverture que le petit Linus traîne partout avec lui dans *Snoopy*.

À l'instar d'un enfant, Berdella n'anticipait pas, il apprenait en essayant. Lorsqu'il faisait souffrir ses victimes, il avait une relation concrète avec elles. Il est important de bien comprendre le mot « concret » dans ce contexte. Dans le langage psychiatrique, il qualifie un mode de pensée et d'apprentissage. Les jeunes enfants ont une approche concrète du monde. C'est pourquoi on ne leur enseigne pas les mathématiques avant sept ou huit ans. Les mathématiques requièrent un certain niveau d'abstraction, un mode de réflexion qui ne passe pas uniquement par ce que l'on voit. À la maternelle, on utilise des légumes secs ou des pièces pour apprendre aux enfants à compter, car ils ne peuvent pas se représenter la valeur d'une formule symbolique comme « 6 + 6 ».

Je ne prétends évidemment pas que Robert Berdella ne savait pas compter. Mais il était incapable d'appréhender certains concepts touchant à la vie même, des concepts que tout le monde manie quotidiennement. Il n'avait pas une notion claire de ce que représentait la torture, ni même la mort. D'une certaine manière, il ne savait pas que cela faisait mal. Il ne savait pas que c'était irréversible. Lorsque Pearson lui avait mordu le pénis, il n'avait pas compris. Il avait ressenti la douleur, bien sûr, mais pas suffisamment pour réagir sur-le-champ. La plupart des gens auraient riposté immédiatement. Ils auraient frappé, peut-être à mort, le responsable. Berdella, lui, s'était d'abord rendu à l'hôpital.

Il torturait ses victimes comme un enfant joue avec son ballon ou avec le mobile suspendu au-dessus de son berceau. Il n'avait pas l'impression de faire quelque chose de mal. On ne peut comprendre l'insensibilité de Berdella que si l'on accepte l'idée que, du point de vue affectif, il était un bébé curieux s'amusant avec son jouet. Lorsqu'il se masturbait devant les photos de ses victimes, il n'éprouvait aucun plaisir en lien avec les souvenirs qu'elles évoquaient. Pour lui, ce n'était qu'une décharge vide d'émotion. Certains médecins ont fait de lui un « psychopathe sexuel ». Mais cela impliquerait une maturité qu'il ne possédait pas. Les psychopathes peuvent tuer sans remords, mais en dehors de cela ils sont capables d'éprouver de la joie et du bonheur comme tout le monde. Berdella, non.

Un autre psychiatre décréta qu'il s'en prenait aux hommes qui lui ressemblaient trop. Là encore, ce serait croire que les tueurs en série sont simplement des êtres humains dévoyés et que l'on peut expliquer leur comportement en s'appuyant sur les théories psychologiques et psychiatriques classiques. Si tel est le cas, si leur esprit obéit à des schémas connus, comment se fait-il que l'on soit incapable de les soigner ? Pourquoi ne suffit-il pas de leur administrer des médicaments pour les empêcher de tuer ? Pourquoi les thérapies habituellement efficaces ne leur sont-elles d'aucun secours ? Il n'y a qu'une seule explication : on ne peut pas les guérir. Il n'existe aucun traitement.

Un médecin en quête de sensationnalisme prétendit même que l'aveu de ses crimes avait provoqué une érection chez Berdella. Le problème était qu'il ne tenait cette information ni de l'intéressé ni de la police. Par ailleurs, lier l'agression à la sexualité revenait à humaniser le comportement du tueur. Si érection il y avait eu, ce dont je doute, l'excitation n'était certainement pas d'ordre sexuel. Robert Berdella n'avait pas avoué parce que cela l'excitait mais pour tenter d'éviter la peine capitale, ainsi qu'il le reconnut lors de nos entretiens. Comme Bobby Joe Long, il était prêt à tout pour se soustraire à la chaise électrique ou à l'injection létale.

« Qu'avez-vous ressenti lorsque vous avez tué Larry Pearson ? lui demandai-je.

– Je l'ai achevé. Je ne pouvais rien faire d'autre. Je devais aller à l'hôpital. C'était mieux pour lui.

– Qu'avez-vous pensé après l'avoir tué ?

– Rien de spécial. J'ai abrégé ses souffrances. Il aurait beaucoup souffert pendant mon séjour à l'hôpital. Je n'ai pas beaucoup pensé à lui après m'être débarrassé du corps. J'avais autre chose à faire. »

Il était assis en face de moi, presque immobile. Il paraissait moins émotif qu'un robot dans un film de science-fiction des années 1950, plus froid que M. Spock dans *Star Trek*. Tout en l'écoutant, je ne cessais de penser : « Il doit bien y avoir un mobile derrière tous ces meurtres. » Malgré mon expérience, je m'obstinais à chercher une explication là où il n'y avait rien. La police avait découvert tout un bric-à-brac chez Berdella : des dragons à plusieurs têtes (de vieux jouets mécaniques qui crachaient des étincelles par la gueule), des figures violacées et chevelues qui ressemblaient à des têtes réduites, des masques en plâtre menaçants, originaires de contrées lointaines, la réplique d'un crâne humain dans une vitrine, une vingtaine d'ouvrages sur le satanisme et la sorcellerie, ainsi qu'un enregistrement de la *Messe noire de Lucifer*.

« Pratiquiez-vous un culte satanique quelconque ?

– Cela m'intéressait, mais sans plus. Je n'étais pas un adepte du satanisme, si c'est le sens de votre question. »

Cela aurait pourtant fait un mobile idéal. Berdella en serviteur du diable : c'était une théorie d'autant plus tentante qu'elle touchait à une crainte profondément ancrée dans le cœur de l'homme. Cette hypothèse avait un temps inquiété les enquêteurs. Elle procurait des frissons au public de Geraldo Rivera. Mais le tueur lisait ces ouvrages comme il collectionnait les jouets mécaniques. Il achetait des livres, les dévorait, les rangeait sur une étagère et les oubliait. (Il gardait tout. Lorsque son avocat demanda à Mme Berdella mère si elle souhaitait récupérer les papiers de son fils, pas ses journaux intimes mais les articles qu'il collectionnait, celle-ci découvrit avec stupeur que leur poids s'élevait à deux tonnes. Elle déclina l'offre.)

« Est-ce que vous passiez souvent la *Messe noire de Lucifer* ?

– Oui, parce que je pensais que ça pourrait plaire à mes visiteurs. Je recevais beaucoup de monde. Des gens sans foyer. »

Robert Berdella était un membre actif d'une association de quartier qui luttait contre l'insécurité et il levait des fonds pour la chaîne de télévision publique de la ville. Il ouvrait généreusement sa porte aux drogués, aux alcooliques et aux prostituées qu'il croisait dans les rues de Kansas City. On pouvait s'arrêter à Charlotte Street à toute heure du jour et de la nuit, que ce soit pour se piquer ou simplement pour se reposer. Qu'il finisse par les torturer ou non, Berdella souhaitait distraire ses hôtes. Mais leur présence le plongeait dans un état de confusion totale, il ne savait pas comment se comporter avec eux.

« Parfois, je pense que ce sont eux les assassins. »

La police avait bien envisagé l'existence de complices, mais cette piste n'avait jamais abouti. Il se cherchait continuellement des excuses. Berdella mentait, comme tous les serial killers. Je préférai changer de sujet.

« Pourriez-vous me parler de votre famille et de vos souvenirs d'enfance ? »

Mon interlocuteur détourna les yeux.

« Mon père est mort quand j'avais seize ans. Il a travaillé à la chaîne chez Ford. Puis il a été chauffeur routier. Il aimait beaucoup le sport, plus que moi. Il jouait au bowling. Il avait trente-neuf ans quand il est mort. Il était trop jeune pour disparaître.

– Quoi d'autre ?

– Il me battait avec un ceinturon en cuir.

– Souvent ?

– Oui.

– Et votre mère ? »

Berdella caressa sa grosse moustache à la gauloise.

« Elle essaie de m'aider. Même si on se dispute parfois quand je l'appelle ou lorsqu'elle vient me rendre visite. Je lui écris souvent.

– Quand vous étiez enfant, y avait-il des choses que vous aimiez particulièrement ?

– Les orchidées. J'en cultivais et je les vendais. J'avais un ami qui travaillait dans une pépinière et qui m'avait appris à m'en occuper. Et j'aimais bien peindre.

– Vous souvenez-vous d'événements qui vous ont marqué quand vous étiez enfant, en bien ou en mal ?

– Quand j'étais gosse, non, rien de spécial. Mais à seize ans j'ai été violé au restaurant où je travaillais à mi-temps. »

Je ne pensais pas que les meurtres de Berdella puissent être liés aux corrections de son père ni au viol dont il prétendait avoir été victime. En revanche, une anecdote retint mon attention. Il me raconta qu'un jour on lui avait offert un matériel de chimiste et que son père l'avait battu parce qu'il avait endommagé la peinture de la maison familiale en jetant les restes d'une expérience par la fenêtre. Ce récit – tout comme son intérêt pour les orchidées, une plante délicate nécessitant beaucoup de soins – révélait son goût précoce pour l'expérimentation plutôt qu'un éventuel traumatisme dû à la violence paternelle.

Robert Berdella différait des autres tueurs en série que j'avais examinés au moins sur un point : il ne supportait pas l'incarcération. Il hurlait contre les assistants sociaux et se plaignait du manque d'hygiène. Il rédigea cent soixante-quinze réclamations avant d'être transféré à Potosi, à Saint Louis. Comme cette prison était moderne, qu'il pouvait regarder la télévision et qu'il avait accès à la bibliothèque, il se calma – à l'exception d'une courte période où il entama une grève de la faim parce qu'on lui interdisait de dépenser plus de quarante dollars par mois. Le 8 octobre 1992, il mourut d'une crise cardiaque à l'âge de quarante-trois ans au pénitencier d'État de Jefferson City (Missouri).

Mes entretiens avec lui m'avaient apporté au moins deux informations importantes. La première était d'ordre personnel : alors que je me croyais immunisée, j'avais découvert que les atrocités commises par un tueur en série avaient encore le pouvoir de me bouleverser. La seconde concernait l'expérimentation, qui semblait bien être un trait commun à la plupart des serial killers. Ce fut une révélation. Je me souvins des crimes du pharmacien Mudgett, dont les expériences étaient de plus en plus étranges au fil des meurtres. Il avait éventré certaines de ses proies pour regarder à l'intérieur. On qualifiait parfois ces pratiques d'autopsies, mais ce terme ne me satisfaisait pas car ces actes n'étaient pas motivés par un quelconque intérêt médical. Il s'agissait plutôt de dissections aléatoires. On retrouvait cette curiosité gratuite aussi bien chez Ed Gein, qui s'était confectionné un vêtement en peau humaine, que chez John Gacy, qui enfonçait la tête de ses victimes sous l'eau pour voir si elles survivraient. Tout concordait. Je pouvais désormais affirmer qu'une part de curiosité expérimentale entrait en ligne de compte dans les agissements des tueurs en série. Par ailleurs, leur incapacité à expliquer le pourquoi de leurs actes me confortait dans l'idée que leur développement affectif s'était interrompu entre l'âge de trois et six mois.

XII

Michael Lee Lockhart

Les tueurs en série ne sont pas tous sédentaires. Lorsque je m'adresse à un parterre d'avocats, de médecins ou d'étudiants, je lance parfois en guise de boutade que, sans le développement de notre réseau autoroutier, il serait plus facile d'appréhender les criminels, car ils resteraient chez eux, comme Ed Gein. Les serial killers prennent sans doute aussi l'avion comme tout le monde, mais préfèrent la route, même s'ils ne sillonnent pas le pays avec la jubilation hystérique de Woody Harrelson et de Juliette Lewis dans *Tueurs-nés*. La fiction, une fois de plus, est loin de la réalité. Mais, après tout, son but est de « divertir », pas d'informer.

À l'instar de John Wayne Gacy ou de Richard Macek, le tueur en série se déplace généralement seul. Il ne recherche pas de complices et prend rarement des otages. Le mythe de la route le laisse froid. Il ne s'arrête pas pour apprécier la beauté d'une chute d'eau ou admirer un cerf dans une prairie. Il ne se sert pas non plus de sa voiture pour s'enfuir rapidement, comme le ferait un braqueur de banques.

Michael Lee Lockhart, un homme originaire de l'Ohio qui avait interrompu assez tôt ses études, parcourut les États-Unis au volant d'une Corvette et d'une Toyota, couvrant près de cinquante mille kilomètres. Il se vanta d'avoir commis des délits dans quarante-cinq États. Si les serial killers comptent nombre de séducteurs dans leurs rangs, Lockhart était un charmeur hors catégorie. Son charisme se doublait d'un physique avantageux dont il n'hésitait pas à tirer parti. (Après son arrestation, il entreprit une hôtesse à un comptoir à l'aéroport de Gulfport avec un tel talent qu'elle refusa de croire les policiers qui l'escortaient. Il était pourtant enchaîné et menotté.) Michael disait aux femmes exactement ce qu'elles souhaitaient entendre, puis, lorsqu'il était lassé d'elles, il reprenait sa route.

Sa vie bascula un après-midi d'octobre 1987 alors qu'il était âgé de vingt-sept ans. Griffith était une petite agglomération ouvrière de l'Indiana, à une heure de Chicago. Le genre d'endroit qui ne défraie jamais la chronique. La ville avait survécu aux fermetures d'usines qui l'avaient durement éprouvée dans les années 1970. Ses habitants étaient des citoyens discrets et respectueux de la loi. Il existait même un couvre-feu pour les adolescents de treize à dix-huit ans : 22 h 30 les jours ouvrables.

En traversant Griffith, Michael Lee Lockhart remarqua Windy Patricia Gallagher, qui sortait du lycée. Elle avait seize ans. C'était une fille jolie et chaleureuse qui appartenait au groupe de *pompom girls* des équipes de basket et de football de l'école et travaillait à temps partiel chez McDonald. Avec son visage constellé de taches de rousseur et sa silhouette menue, elle ressemblait plus à une fillette qu'à une adolescente, même lorsqu'elle mettait du rouge à lèvres. Lockhart la suivit jusque chez elle. Il la regarda entrer et refermer la porte derrière elle. Il patienta encore un moment, prenant son temps. Puis il descendit de voiture et sonna, prétextant qu'il avait besoin de passer un coup de téléphone. Ce jeune homme bien habillé n'éveilla pas la méfiance de Windy qui l'invita à entrer. Après son appel, voyant qu'il s'attardait, elle lui offrit même un verre d'eau.

Changeant soudain d'attitude, il la traîna jusqu'à sa chambre et lui attacha les mains derrière le dos. Il la déshabilla puis la poignarda quatre fois dans le cou et dix-sept fois dans le ventre. On retrouva Windy avec les intestins sortis de l'abdomen comme si l'assassin avait voulu les examiner attentivement. C'était un meurtre si répugnant que la police commença par interroger un groupe de satanistes qui s'étaient récemment vantés de pratiquer des sacrifices humains.

Lockhart était déjà loin. À Toledo, dans l'Ohio, il s'arrêta chez un vendeur de voitures. Tandis qu'il essayait une Corvette rouge, il pointa un revolver Smith & Wesson sur Rick Treadwell, le concessionnaire, le délesta de son argent et de ses cartes de crédit puis lui ordonna de descendre du véhicule avant de s'enfuir vers le climat plus doux de la Floride. Lockhart se servit de l'identité de Treadwell à plusieurs reprises. Il vola et utilisa également les papiers et le portefeuille d'un dénommé Philip Tanner, domicilié à Jacksonville, en Floride. Parfois, il se contentait de raccourcir son nom en Mike Locke.

Il se dirigea ensuite vers Land O'Lakes, un grand complexe résidentiel situé sur la Highway 41. Les lieux avaient gardé l'esprit de la petite localité qui s'était bâtie autour de la culture des agrumes avant le développement immobilier. Malheureusement pour les promoteurs, les logements se remplissaient au compte-gouttes. Pour appâter les acheteurs, on leur faisait miroiter une vie paisible à quarante kilomètres de Tampa – la bonne distance pour profiter des avantages de la ville sans souffrir de l'insécurité, et ce à un prix défiant toute concurrence. À l'époque, on trouvait des terrains de taille respectable pour moins de dix mille dollars. Les habitants de Land O'Lakes profitaient également des quelque cent lacs de la région, où ils pouvaient s'adonner aux joies du canotage et de la natation, et observer un héron à l'occasion.

Jennifer Lynn Colhouer était une gamine de quatorze ans à l'esprit vif, dotée de la même frimousse piquée de taches de rousseur que la malheureuse Windy. Elle se plaisait à East Lake Pladgett. C'était une adolescente comme tant d'autres, gentille et pétillante, qui aimait se faire bronzer, bavarder des heures au téléphone avec ses copines, et qui se réjouissait à l'idée d'être bientôt débarrassée de son appareil dentaire. Elle avait mis au point une imitation de Cher qui remportait toujours un franc succès auprès de ses proches et elle avait suspendu sa collection de boîtes de sodas par des rubans au plafond de sa chambre.

Lockhart sonna chez Jennifer le 20 janvier 1988 dans l'après-midi. Pas plus que Windy elle ne se méfia de ce jeune homme avenant qui se présenta comme un agent immobilier. Aussitôt dans la place, il obligea l'adolescente tremblante à grimper au premier étage. Il la déshabilla en partie, ne lui laissant que ses chaussettes et sa culotte, la sodomisa puis lui taillada le corps avec un couteau de cuisine. On retrouva Jennifer les intestins à l'air, comme Windy Gallagher. Le tueur était fasciné par le sang et les organes internes de ses victimes. Il fallait qu'il les observe, qu'il les touche. Les policiers du comté de Pasco déclarèrent n'avoir jamais rien vu d'aussi abominable de toute leur carrière.

Michael Lockhart avait repris la route aussitôt le meurtre commis, cette fois en direction du Texas. Parvenu à Beaumont dans sa Corvette volée, il s'y arrêta quelques jours. La ville bénéficiait du discutable avantage de se trouver sur une route très fréquentée par les narcotrafiquants. Elle s'efforçait de se défendre contre ce commerce envahissant mais souffrait d'une situation économique désastreuse. C'était devenu une zone de non-droit que la plupart des voyageurs préféraient éviter.

Le 22 mars 1988, en fin d'après-midi, le policier Paul Hulsey Jr vit passer une Corvette rouge avec à son bord un inconnu en compagnie d'un petit dealer du coin. Flairant un gros coup, il se mit en quête du revendeur pour l'interroger. Celui-ci lui assura que le conducteur l'avait juste emmené faire un tour, mais ses dénégations n'apaisèrent pas les soupçons du policier. Il fouilla les parkings de tous les motels environnants et finit par retrouver la Corvette sur le parking d'un motel. Lockhart occupait la chambre 157. Là, une dispute éclata entre les deux hommes, qui en vinrent bientôt aux mains. Lockhart sortit son revolver et tira sur le policier. Celui-ci eut juste la force d'appeler à l'aide dans son talkie-walkie avant que l'autre ne l'achève.

Où que l'on soit, il vaut mieux éviter de tuer un policier, mais au Texas c'est une erreur fatale. La main en sang (dans le feu de la bagarre Husley l'avait mordu), le meurtrier rejoignit précipitamment sa voiture et s'enfuit en trombe. Alors que la police était sur le point de le rattraper, il perdit le contrôle de son véhicule mais parvint à sauter de la Corvette à temps, échappant à ses poursuivants. Il fit un brin de toilette dans un restaurant et trouva un taxi qui accepta de le conduire à Houston, où il comptait se cacher.

La brigade routière du Texas prit le taxi en chasse. À la surprise des policiers, la voiture se rangea sagement sur le bas-côté lorsqu'ils lui firent signe de s'arrêter. Ne voyant pas Lockhart, ils crurent qu'il leur avait encore filé entre les doigts. Ils s'approchèrent néanmoins avec prudence. Le fugitif se trouvait bien à l'intérieur, allongé sur la banquette arrière. Il ne se cachait pas, il ne tremblait pas de peur, il ne brandissait aucune arme : il dormait comme une souche.

Comment était-ce possible ? N'importe qui dans sa situation n'aurait eu qu'une idée en tête : fuir, et le plus loin possible. L'épuisement n'expliquait pas tout. Michael Lee Lockhart s'était sans doute senti bercé par le véhicule en marche. La voiture peut avoir un effet soporifique, en particulier chez quelqu'un d'aussi immature. Autrefois, lorsqu'un nourrisson avait mal au ventre et qu'il s'agitait, on l'emmenait faire un tour en voiture. L'arrivée des sèche-linge électriques a simplifié la vie des parents. Il suffit souvent de poser bébé sur l'appareil, bien sanglé dans son siège, pour que les vibrations le calment. C'était peut-être l'une des raisons pour lesquelles Lockhart roulait autant. Une chose est sûre : il ne cherchait pas à échapper à d'éventuels remords. Il conduisait comme d'autres font du sport, simplement pour se vider l'esprit.

Après son arrestation, il se montra coopérant. Il décrivit le meurtre de Husley avec animation, jacassant comme s'il se trouvait avec de vieux amis qui l'écoutaient d'une oreille indulgente. Il expliqua aux policiers que tout était de la faute de leur collègue, qu'il l'avait averti mais que l'autre était entré quand même :

« Pourquoi est-ce qu'il n'a pas attendu les renforts ? C'était vraiment con ! »

Mais le lendemain il était devenu un autre homme. Hurlant et divaguant dans sa cellule, il couvrit les forces de l'ordre d'insultes, jurant de ne plus rien leur dire parce qu'on le traitait de dealer. Tout le monde était sidéré : alors qu'elles croyaient l'affaire quasiment classée, les autorités se retrouvaient face à un forcené. Ces revirements subits, on l'a vu, sont caractéristiques des tueurs en série. Lockhart se conduisait comme un enfant. La veille les policiers étaient ses meilleurs amis, et voilà qu'il leur exprimait toute sa haine sans raison particulière.

Son impulsivité se manifesta également au cours du procès pour le meurtre du policier texan. Le jour de la sélection des jurés, juste avant la reprise de l'audience, il bondit de sa chaise, sauta du premier étage et se brisa le bassin.

Ce geste à la fois stupide et spectaculaire prouve bien que les tueurs en série ne sont pas les êtres calculateurs que l'on croit. Les avocats généraux ont tendance à leur prêter une capacité à prévoir et à organiser qui dépasse leurs aptitudes. Bien sûr, ils sont capables de planifier des activités simples et concrètes. Gacy avait ses cahiers,

Berdella ses carnets. Durant l'enquête, une ancienne petite amie de Lockhart déclara qu'il tenait un journal intime, brouillon mais détaillé, dont les feuillets étaient retenus par un élastique. (On ne retrouva jamais ce document, à la grande déception de la police qui espérait y découvrir d'autres homicides.)

Je rencontrai Michael Lee Lockhart à la requête du bureau du procureur du comté de Porter, dans l'Indiana, où il devait être jugé pour le meurtre de Windy Gallagher. Physiquement, il était aussi séduisant qu'on le disait. La plupart des tueurs en série que j'avais rencontrés jusque-là étaient plutôt gros, en dépit de leurs manières enjôleuses. Lockhart avait cependant un point commun avec eux : une féminité qui se manifestait imperceptiblement dans sa posture, ses gestes et sa voix. À mes yeux, ce trait est la marque d'une identité instable, tantôt masculine, tantôt féminine, tantôt entre les deux, ce qui pourrait expliquer la sexualité flottante des serial killers. Le magnétisme de Lockhart était difficile à définir. On ne pouvait pas dire qu'il tenait à ses yeux, à sa physionomie ou à son sourire : c'était un ensemble. En le regardant, on se prenait à regretter qu'il n'ait pas su se servir de ses atouts dans un but plus constructif au lieu de gâcher sa vie et celle des autres.

Ce jour-là, il était d'humeur hostile. Les serial killers ont tendance à croire que cette appellation leur confère une identité, un titre de gloire. Lockhart avait erré sans but pendant des années, allant de petit boulot en petit boulot, et voilà que soudain il s'était trouvé : il était un tueur en série. Comme s'il découvrait son reflet dans le miroir après s'être longtemps regardé sans rien voir.

Le respect et même la vénération dont on entoure certains meurtriers simplement parce qu'ils ont réussi à déjouer les poursuites pendant quelque temps me dépassent. Lockhart avait reçu la visite de pontes de la police ; il réclamait à présent un régime spécial, des privilèges

– l'attention des gardiens, un programme de télévision à part. Il ne supportait pas d'être traité comme la masse des prisonniers.

« Pourquoi est-ce que vous ne pouvez pas me faire sortir ? Vous êtes médecin. Si vous êtes si importante que ça, pourquoi vous ne m'aidez pas à obtenir un meilleur traitement ?

– Je ne suis pas votre avocate, Michael. Je ne fais pas non plus partie de votre famille. Et je vous prie de me parler sur un autre ton.

– Je suis malade.

– Vous ne vous sentez pas bien ?

– Le sida. J'ai le sida.

– Je ne pense pas, Michael. »

Comme beaucoup de tueurs en série, il était persuadé d'être atteint d'une maladie grave. Paradoxalement, ces plaintes ne sont généralement pas inspirées par la peur de la mort. Les serial killers ne fonctionnent pas ainsi. L'attitude de Lockhart me rappelait celle d'un enfant cancéreux que j'avais soigné. « J'ai le cancer et on me plante des aiguilles partout, je déteste ça », disait-il. Dans un cas comme dans l'autre, il s'agissait moins d'un appel à la compassion que d'une réaction épidermique à un désagrément immédiat.

Le voyant ruminer, je tentai une diversion.

« Où êtes-vous né ?

– Dans l'Ohio, à Wallbridge.

– C'était comment ?

– Naze.

– C'est-à-dire ?

– Nul.

– Qu'est-ce qui était nul ?

– La ville était naze. Mes parents. Les gens de mon entourage. Tout.

– Comment ça ?

– Je me suis fait agresser sexuellement par des connards. »

Je savais qu'il n'existait aucune preuve de la réalité de cette agression. Il continua à répondre à mes questions sur le même mode. Ses phrases lapidaires ne me renseignaient guère sur son état mental lorsqu'il tuait. Je me rendis compte que cet entretien ne nous mènerait nulle part : sans l'aide du patient, le médecin ne peut rien.

Près de dix ans s'écoulèrent avant que je ne revoie Lockhart. Il se trouvait désormais à Huntsville, au Texas. La maison d'arrêt était le principal employeur de la ville, ce qui avait des répercussions dans les domaines les plus inattendus. Jusqu'à la suppression du rodéo de la prison, en 1986, près de huit mille personnes s'y rendaient chaque automne pour voir des détenus dompter des chevaux et des taureaux. Le musée du centre pénitentiaire attirait également un grand nombre de visiteurs. Le clou macabre de sa collection était sans conteste une chaise électrique en bois rouge. La maison d'arrêt ne faisait pas seulement partie du folklore local, c'était devenu un lieu de rencontres : il y avait même eu des mariages entre surveillants et anciens détenus.

La prison ne se trouvait pas à Huntsville même mais à une vingtaine de kilomètres au nord. C'était un complexe massif en briques rouges, entouré de barrières et de barbelés. Le bâtiment où se déroulaient les exécutions était surnommé « les Murs ». La maison d'arrêt abritait quatre cent cinquante condamnés à mort. Il y avait même un cimetière planté de croix blanches qui portaient pour seule inscription le matricule du détenu. La terre de l'une des tombes avait été récemment retournée.

J'avais entendu tellement d'horreurs au sujet de la justice texane et de la manière dont les autorités contournaient les lois que je m'attendais au pire. Le Texas avait pratiqué la pendaison jusqu'en 1923 puis l'électrocution jusqu'en 1964. C'était un État qui affectionnait particulièrement la peine capitale. Le nombre d'exécutions avait grimpé en flèche au cours des années 1990. En 1977, à mes débuts, le couloir de la mort se composait d'une simple rangée de cellules accueillant une vingtaine de personnes. En 1997, l'année où Lockhart fut exécuté (le 9 décembre), sa surface avait été multipliée par six et les cellules se répartissaient sur trois niveaux. Cette année-là, on effectua quarante injections létales. (Depuis 1982, le Texas a exécuté plus de trois cents condamnés, plus qu'aucun autre État américain.) Mais contre toute attente, les grands gaillards qui roulaient des mécaniques à l'entrée de la prison m'accueillirent le plus aimablement du monde. Qui plus est, le directeur mit à ma disposition un vaste bureau nettement plus agréable que le parloir habituel avec sa vitre blindée, ses chaises en plastique et son interphone primitif. Michael Lockhart n'était pas entravé et les gardiens nous laissèrent en tête à tête.

Cette fois, il était d'humeur plus bavarde. En fait, il parlait tant qu'il me rappelait John Wayne Gacy. Sa franchise n'était pas désintéressée : il voulait sauver sa vie. Il s'était habitué à la prison, il s'y plaisait presque. Il ne souhaitait pas mourir. Comme la dernière fois, on avait fait appel à moi pour déterminer s'il était en pleine possession de ses moyens au moment des meurtres et s'il pouvait bénéficier de circonstances atténuantes. Ses avocats voulaient tabler sur la folie. Je leur avais fait part de mes réticences car je doutais que la cour se laisse convaincre. Toutefois, dans la mesure où je pensais qu'il n'avait pas réellement conscience de ses crimes, j'estimais qu'il existait une petite chance qu'il obtienne la commutation de sa peine.

Ce ne fut pas le meurtre de la jeune Windy Gallagher mais celui de l'adolescente de Land O'Lakes qui occupa la majeure partie de notre entretien.

« Pouvez-vous me raconter comment vous avez tué Jennifer Colhouer ?

– Je me trouvais en Floride et je lui ai dit que j'étais un agent immobilier pour qu'elle me laisse entrer. C'était facile. Je n'ai pas eu de mal à la convaincre.

– Pourquoi vous êtes-vous fait passer pour un agent immobilier ?

– Ça m'a paru une bonne idée, dit Lockhart en se carrant sur sa chaise d'un air détendu. C'était une excuse valable pour entrer.

– L'idée vous est-elle venue le jour même ?

– Oui. Je crois qu'il y avait une maison vide juste à côté, ou un peu plus loin.

– Et la jeune fille vous a laissé entrer ?

– Facile comme bonjour. Je n'en reviens toujours pas. Ça marchait avec presque tout le monde : les gens étaient prêts à me suivre comme des toutous.

– C'était vraiment aussi facile que ça ? »

Lockhart croisa les mains derrière sa nuque.

« Oui. »

Cela ne m'étonnait pas. Lockhart paraissait sympathique, il présentait bien, donc on lui ouvrait, alors qu'un individu débraillé aurait immédiatement déclenché un signal d'alarme dans la tête de la victime potentielle.

« Revenons quelques heures en arrière. Comment cette journée a-t-elle commencé ?

– Je me suis levé et j'ai pris une douche.

– À quelle heure ?

– Fin de matinée, début d'après-midi, je pense. »

Lockhart avait des habitudes de rock star. Il ne travaillait pas et se levait quand il en avait envie. Il aimait sortir tard, boire et draguer dans les bars.

« Ensuite ?

– C'est sous la douche, en me lavant, que ça m'est venu d'un coup. Il fallait que je sorte et que je m'en trouve une. »

Sa réponse produisit un déclic en moi. « Ça m'est venu d'un coup. Il fallait que je sorte et que je m'en trouve une. » Ces deux phrases en apparence banales en disaient beaucoup plus long que ce qu'il imaginait. Il les avait prononcées avec une telle désinvolture que je me demandais comment je n'étais pas passée à côté. « Il fallait que je sorte et que je m'en trouve une. » Durant le reste de l'entretien, je ne cessai de retourner ces mots dans ma tête. Il ne tuait pas parce qu'il n'aimait pas sa mère ou parce que son père l'avait violé. Il y avait quelque chose de plus profond là-derrière, quelque chose qui tenait moins de l'acquis que de l'inné.

Une partie de mon travail consiste à conseiller de jeunes toxicomanes. Ces adolescents, garçons et filles, ne peuvent pas vivre sans leur dose quotidienne de cocaïne, de crack ou d'héroïne. Certains en consomment plus que d'autres, mais tous ont un point commun : la dépendance. Je me rendais compte que leur relation à la drogue ressemblait étrangement à la manière dont Michael Lee Lockhart décrivait son besoin de tuer. Plus qu'un besoin, c'était une pulsion qui s'imposait à lui avec force et soudaineté. Et à laquelle il ne pouvait se dérober.

Un nouveau champ de recherche passionnant s'ouvrait devant moi. Les tueurs en série étaient-ils « accros » au crime comme les jeunes toxicomanes à la drogue ? Le cas échéant, comment cette accoutumance fonctionnait-elle ? D'où venait-elle et pourquoi se mettait-elle en place ? Si la théorie de l'addiction se révélait plausible, voilà qui ébranlerait sérieusement le courant de pensée dominant qui voulait que les serial killers soient le produit de leur éducation et des sévices qu'ils avaient subis durant leur enfance.

Je posai encore quelques questions à Lockhart.

« Et les autres ? »

Ses yeux firent le tour de la pièce avant de revenir sur moi.

« Quels autres ?

– Vos autres victimes. »

Il haussa les épaules.

« Ma foi, il aurait pu y en avoir plus.

– Où les avez-vous tuées ?

– Où ? Ici et là. J'ai été partout. »

Ici et là, partout. Mais c'était fini. Il ne bougerait plus de sa cellule.

Le 9 décembre 1997, après un dernier repas composé d'un double cheeseburger, de frites et d'un Coca-Cola, Michael Lee Lockhart fut exécuté pour le meurtre de Paul Hulsey à l'âge de trente-sept ans. Je le pensais coupable d'au moins dix homicides. La police penchait même pour vingt, mais n'avait jamais rien pu prouver. Les affaires non résolues dans les enquêtes sur les tueurs en série sont si nombreuses que les victimes pourraient peupler à elles seules une petite ville. On devrait élever un monument à la mémoire de ces morts anonymes.

La fin de Lockhart ne m'émut pas outre mesure. Néanmoins, il m'avait livré une information essentielle. Quelques secondes, une petite phrase noyée dans une centaine d'heures d'entretiens. Gacy ne pouvait pas s'empêcher de sillonner les rues la nuit. Macek frappait soudain, dans une laverie automatique ou dans une chambre d'hôtel. Lockhart quittait l'autoroute pour se rendre chez une jeune fille qu'il n'avait jamais vue auparavant, dans une ville totalement inconnue. Tous éprouvaient le même besoin compulsif de tuer. Le meurtre était leur drogue.

XIII

Couples criminels

Tandis que j'étudiais ses lettres, je me souvins qu'elle adorait le thé et la cérémonie qui l'accompagnait – ce rituel civilisé et réconfortant qui permet de faire une pause, de grignoter ou de bavarder autour d'une tasse de breuvage fumant. Cette pratique étroitement associée à l'Angleterre s'est popularisée au XIXe siècle sous l'impulsion de Lady Anna, septième duchesse de Bedford, qui avait pris l'habitude de recevoir ses amis dans l'après-midi autour d'une tasse de thé et d'une légère collation pour tromper sa faim en attendant le dîner. En Angleterre, une bonne tasse de thé peut tout résoudre, ou presque. (À Londres, on a vu des manifestants contre la guerre en Irak brandir des pancartes avec ce slogan : « Faites du thé, pas la guerre. »)

Mais, pour les victimes de Rosemary West, cette boisson revêtait une signification autrement sinistre. Lorsque, avec son mari, elle avait torturé et violé des adolescentes ou des enfants, elle leur préparait ensuite du thé, dans une tentative dérisoire pour les apaiser. L'histoire est d'autant plus sordide que les West s'attaquaient également à leurs propres filles.

Frederick et Rosemary relèvent d'une catégorie à part, car les tueurs en série agissent généralement seuls. Mudgett – alias Holmes – et son assistant, le paisible et musculeux Benjamin Pitezel, qui le servit aveuglément jusqu'à ce que son maître abrège ses jours, en faisaient partie eux aussi, de même que le « sniper fou » de Washington dont les meurtres ont défrayé la chronique en 2002 : John Allen Mohammed, un ancien militaire expert en armements, avait trouvé un complice en la personne du jeune John Lee Malvo.

Mais ce sont généralement les couples qui forment les duos criminels les plus stables. Chez les West, Fred était le partenaire dominant et Rose la collaboratrice soumise. Il commit au moins douze homicides entre 1967 et 1987, débutant par sa maîtresse et terminant avec une de ses filles. Après son arrestation, il refusa de parler et offrit à la police de révéler l'emplacement des corps au rythme de un par an, comme s'il menait toujours le jeu.

Avant de poursuivre, il convient de préciser un point : les adjectifs « dominant » et « soumis » ne doivent pas être interprétés au sens sexuel du terme. Si Fred et Rosemary pratiquaient une sexualité violente, leur relation ne se fondait pas sur un imaginaire sadomasochiste. Ce type de jeu érotique avec ses accessoires – fouets, chaînes et déguisements – constitue généralement pour ceux qui s'y adonnent une soupape de sécurité qui leur permet d'évacuer une partie du stress lié à la vie moderne. Les deux partenaires sont des adultes consentants. Si, pour beaucoup, il ne s'agit pas d'une sexualité « normale », personne n'en sort grièvement blessé. Ni traumatisé. Et surtout personne n'y laisse la vie.

Je n'eus pas l'occasion d'étudier le cerveau malade de Fred West car il ne survécut guère à son arrestation et n'eut pas de procès : le 1er janvier 1995, profitant d'une relève des gardiens, il se pendit dans sa cellule à l'âge de cinquante-quatre ans. En revanche, je nouai une relation épistolaire avec Rosemary à la suite d'une interview de la BBC dans le cadre d'un documentaire sur le couple. Après l'émission, son avocat Richard Ferguson accepta que je corresponde avec elle. Elle répondit à diverses questions concernant aussi bien son état d'esprit au moment des meurtres que son histoire familiale. La défense espérait tirer de cet échange des éléments susceptibles de servir sa stratégie. Les lettres me parvenaient par le biais de messagers pour éviter qu'elles ne tombent entre les mains des autorités carcérales.

Fait inhabituel, Rosemary West refusa de signer le court document que je soumets à la plupart des tueurs en série auxquels j'ai affaire et qui m'autorise à publier leurs déclarations à des fins scientifiques. Aujourd'hui encore, je n'ai donc pas le droit de révéler les détails personnels qu'elle a pu me révéler. Cependant, je ne divulgue aucun secret en revenant sur les crimes commis par le couple. Rien ne m'interdit de décrire ce qui se passait au 25, Cromwell Street, à Gloucester sur les rives de la Severn, dans cette maison située à cent soixante kilomètres à l'ouest de Londres et que la presse britannique surnommait « la maison des horreurs ».

On pouvait aisément passer devant sans la remarquer. C'était une simple bâtisse beige à deux étages située dans une petite rue peu fréquentée. Peut-être le promeneur aurait-il tout de même été intrigué par le panneau en fer forgé qui claironnait l'adresse des West en noir et blanc. Ce détail trahissait quelque chose de l'orgueil de celui qui régnait en despote sur son horrible petit royaume, aussi sûrement que s'il avait proclamé : « Ceci est ma propriété et j'en suis le maître. Tout ce qui se trouve à l'intérieur m'appartient, y compris ma femme et mes filles. »

Le couple s'était rencontré de manière relativement banale en 1969. Fred avait la mâchoire carrée et le charme fruste d'un paysan. Ce beau parleur avait séduit sans mal la jeune Rosemary Letts, dite Rose. Avec sa robe blanche, ses socquettes et ses boucles brunes, l'adolescente qui attendait nerveusement son bus ne faisait pas ses quinze ans. Son visage rond et son corps potelé étaient presque ceux d'une fillette. Originaire d'une famille pauvre, elle avait commencé à travailler dans une boulangerie dès l'âge de douze ans. Chaque semaine, elle donnait à sa mère dix dollars prélevés sur son salaire. Bien que son père la traitât mieux que les autres, Rose vivait dans la terreur de cet homme qui menait sa famille à la baguette.

En dépit de sa jeunesse, elle avait déjà eu une relation avec un homme plus âgé chez qui elle avait vécu quelque temps. Fred, qui avait alors vingt-cinq ans, attendrit la jeune fille en lui avouant qu'il avait deux enfants issues d'un premier mariage, Anna Marie et Charmaine, et qu'elles avaient grand besoin d'une présence féminine. Rose se mit bientôt en ménage avec lui. Elle ignorait que son compagnon avait été arrêté pour avoir rendu enceinte une adolescente de treize ans.

Lorsqu'ils se marièrent en 1972, ils avaient déjà une fille, Heather, et Rose en attendait une seconde, Mae June. Peu après les noces, Fred entreprit de persuader sa femme de coucher avec d'autres hommes, mais son voyeurisme n'était qu'une broutille à côté du reste. Ainsi, en 1971, il tua et démembra son ex-femme Rena après avoir assassiné Charmaine, la fille qu'elle avait eue d'un chauffeur de bus asiatique. Fred, qui avait pourtant accueilli l'enfant en connaissance de cause, se plaignait sans cesse du métissage de celle qu'il appelait « l'adoptée ».) Rose ne se montrait pas plus tendre avec la fillette, qu'elle frappait à coups de cuillère en bois. Toutefois, il est peu probable qu'elle ait participé au meurtre.

Le tueur n'en était pas à son coup d'essai. En 1967, il avait déjà assassiné et démembré sa maîtresse écossaise Ann McFall, enceinte de lui, qui devait accoucher le mois suivant. Avant d'enterrer le corps dans un champ à la sortie de son village natal, Much Marcle, il lui avait coupé les doigts et les orteils. Charmaine subit le même sort, mais il lui ôta en outre une rotule. Quelques années plus tard, il tua une autre femme qu'il avait rendue enceinte. Shirley Robinson louait une chambre chez les

West. Lorsqu'elle découvrit qu'elle attendait un bébé de lui, elle le menaça de tout révéler à Rose. Fred s'emporta, l'étrangla et la découpa avec un couteau à pain et un hachoir. Il retira le fœtus avant d'enterrer la mère et l'enfant dans le jardin. Dans sa rage, il avait scié le fémur de Shirley, un os pourtant robuste, non pas en deux morceaux mais en neuf.

Rose, qui se pliait sans trop de résistance aux requêtes de son époux, se prostituait désormais dans leur nouvelle demeure, au 25, Cromwell Street. Fred avait fait passer dans un journal une photographie suggestive de sa femme, en soutien-gorge et corsaire taille basse. Les West n'ayant pas jugé utile de prendre une seconde ligne téléphonique pour leur petit commerce, c'étaient souvent les enfants qui décrochaient lorsque les clients appelaient. La maison, entre le lupanar et l'auberge de jeunesse, accueillait des hippies blancs et des immigrants jamaïcains qui entraient et sortaient à toute heure du jour et de la nuit. Certes, on vivait des temps de libéralisation des mœurs, mais chez les West on ne se contentait pas de fumer de l'herbe, de faire l'amour et d'écouter de la musique planante.

Cromwell Street était le théâtre d'horreurs inouïes : on violait, on tuait et, barbarie suprême, on pratiquait l'inceste. D'ordinaire, les tueurs en série ne s'en prennent pas à leur propre famille, mais Fred West estimait que ses filles lui appartenaient et que c'était sa prérogative d'être le premier à les déflorer. Sa femme le secondait sans broncher. La première fois qu'il viola Anna Marie, Rose l'aida avec un vibromasseur et maintint sa belle-fille immobile. Elle trouva même le moyen de dire à la victime qu'elle avait bien de la chance d'avoir des parents qui prenaient ainsi la peine de la préparer à sa future vie de femme. Anna Marie n'avait que huit ans. Ensuite, Rose lui fit couler un bain et lui offrit probablement une tasse de thé. Mais la pauvre petite souffrait tellement qu'elle se trouva dans l'incapacité d'aller à l'école pendant un certain temps. La pénétration peut causer des lésions physiques très graves chez une enfant : une inflammation des parois vaginales dans le meilleur des cas, et bien souvent une déchirure.

Les West violaient régulièrement leurs filles. Pourtant, en dépit des hurlements qui montaient de la cave, les pensionnaires ne réagissaient pas. Personne n'alerta la police ni les services sociaux. À Cromwell Street, Fred multipliait les expérimentations sexuelles. Il filmait Rose en train d'uriner. Il l'observait avec ses « clients » par un petit trou dans la porte. Il avait équipé la pièce de micros pour l'écouter gémir pendant qu'il regardait la télévision sans le son. Il demandait à ses enfants de renifler ses doigts lorsqu'il avait touché les parties génitales de sa femme. Après avoir examiné son fils Stephen, alors préadolescent, il déclara qu'il serait bientôt assez grand pour avoir des relations sexuelles avec sa mère. De son propre aveu, Fred West aurait même eu des relations avec des animaux de ferme. Il pelotait toutes les femmes qui passaient à sa portée. Le couple écumait les rues de Gloucester à la recherche de victimes, vierges de préférence.

Rose servait d'entremetteuse à son époux. Elle n'était pas son égale. Ils ne formaient pas un tandem où chacun aurait pris l'initiative. Rose n'était qu'une assistante dévouée, presque minaudière, qui rassurait les victimes potentielles de son mari par sa simple présence. Sans elle, ces filles se seraient montrées plus méfiantes, elles auraient certainement hésité à monter dans la voiture d'un homme seul.

Les proies du couple, des adolescentes pour la plupart, n'avaient jamais plus de vingt et un ans. Lorsque les West en capturaient une, ils la ramenaient chez eux et la bâillonnaient avec un épais ruban adhésif avant la séance de viol. Fred s'était fabriqué ses propres instruments de torture. Ce n'était pas le sexe qui l'intéressait tandis qu'il enchaînait les actes odieux, apparemment insatiable, c'étaient le pouvoir et la domination. Il se voulait tout-puissant. Chez lui comme dans la rue, il faisait la loi, mais avec celles qu'il violait, ses filles aussi bien que les auto-stoppeuses qu'il embarquait, l'acte sexuel en lui-même ne durait pas plus d'une ou deux minutes. Ce despote qui régnait en maître sur son entourage avait en fait très peu d'empire sur lui-même. Une de ses victimes, Caroline Owens, rapporta qu'il s'était mis à sangloter éperdument après une éjaculation précoce. Non qu'il regrettât son geste ou qu'il eût honte de sa piètre performance ; il s'agissait plutôt d'une forme de détente automatique et incontrôlable sans aucun rapport avec une réelle émotion.

Lorsque Anna Marie eut treize ans, Rose la photographia nue, sans doute dans l'intention de la prostituer à son tour. Heather, moins docile que sa sœur, cherchait par tous les moyens à échapper à la tyrannie paternelle. Elle était renfermée, silencieuse – « butée », selon sa mère. Comme elle évitait les garçons, Fred répandit la rumeur qu'elle était lesbienne. Quand elle eut l'audace de confier à des amies ce qui se passait au 25, Cromwell Street, il la châtia impitoyablement.

À seize ans, peu de temps après avoir annoncé qu'elle voulait quitter le domicile familial, elle disparut. Son père raconta qu'elle était partie, mais la réalité s'avéra beaucoup plus sinistre. West l'avait coincée dans la buanderie. Elle se tenait à côté du séchoir, les mains sur les hanches. « Elle avait une espèce de sourire narquois sur le visage, genre : “Essaie un peu de me toucher pour voir.” Je lui ai sauté dessus et je l'ai saisie à la gorge », avoua-t-il à la police. Quelques minutes plus tard, elle était morte. Armé de ce qu'il décrivit comme « une scie à glace », le parricide découpa le corps dans la salle de bains. Au milieu de la nuit, il jeta les morceaux au fond d'un trou dans le jardin. Quelque temps plus tard, il coula une dalle de béton à cet endroit sous prétexte de prolonger la terrasse. Il parvint à cacher cet épisode à

Rose et au reste de la famille pendant des années. De temps en temps, il prétendait avoir reçu des nouvelles d'Heather : elle avait trouvé du travail, tout allait bien.

West avait parfois des relations sexuelles avec ses victimes après leur mort. Néanmoins, pas plus que chez Gacy il ne s'agissait de nécrophilie. Le nécrophile éprouve du désir pour les cadavres. Chez le tueur en série, rien de tel. Il n'était pas non plus un sadique au sens strict du terme, car celui-ci ne tue pas nécessairement. Faisait-il souffrir les autres ? Oui. En tirait-il une jouissance, au sens où l'on éprouve du plaisir dans un rapport sexuel ? Non. Fred West torturait, violait et tuait machinalement. Quelque chose en lui le poussait à agir ainsi, un mécanisme que nous ne pouvons pas encore expliquer avec précision. Il n'était plus totalement humain dans ces moments-là. Cela ne signifie pas qu'il se transformait en monstre ou en animal, mais plutôt qu'il se mettait en pilotage automatique.

Le cas de Rosemary était un peu différent. Elle n'avait pas la vacuité inhumaine du tueur en série, mais elle n'en était pas loin. Elle ne souffrait pas d'arriération mentale, et pourtant cette femme que l'on surnommait à l'école Rosy l'Endormie se conduisait comme telle lorsqu'elle se pliait docilement à toutes les exigences de son mari. Il ne lui avait pourtant pas fait subir de lavage de cerveau. En fait, la meilleure manière de se représenter leur relation est d'imaginer une personne assise devant un grand téléviseur avec un joystick à la main. Ce joystick est relié à une console de jeux, du type PlayStation 2. Sur l'écran apparaît l'univers virtuel de Grand Theft Auto III, un jeu vidéo très populaire dans lequel le joueur incarne un truand en mission pour la mafia. La ville en trois dimensions est si bien conçue, et le suspense tel, que celui qui actionne compulsivement sa manette a presque l'impression de vivre ces aventures. C'est le règne de la prostitution, de la torture, des mutilations, des armes à feu et des meurtres. Les joueurs les plus assidus en rêvent souvent la nuit.

D'une certaine manière, le joystick de Fred West était son bagou et Rose était le personnage qu'il manipulait et qui exécutait ses ordres. Lorsqu'il l'épiait avec d'autres hommes, elle incarnait son fantasme de l'épouse prostituée. Il avait besoin d'elle pour les enlèvements, les viols, les incestes. Dans le jeu vidéo, l'utilisateur doit réussir différentes missions pour passer au niveau supérieur – un processus qui n'a pas de fin. Dans le « jeu » de Fred, si la mission consistait à enlever une adolescente à un arrêt de bus, Rose proposait à celle-ci un emploi de jeune fille au pair afin de l'attirer. S'il s'agissait d'un viol, elle entravait la victime. Si Fred lui demandait de participer, elle obéissait sans protester. Il lui arrivait peut-être d'émettre une réserve, mais une fois sa désapprobation formulée, elle s'empressait de s'acquitter de sa tâche. Dans l'étrange univers de Fred West, la réalité rejoignait le fantasme. Il avait fréquenté autrefois une fille amputée. Désormais, il amputait ses victimes. Fort de son expérience de peaussier et de tanneur, il découpait les jeunes femmes comme des animaux.

Pourquoi Rose perpétrait-elle aussi obligeamment des actes que la majorité des gens refuseraient d'envisager, même pour tout l'or du monde ? Plusieurs éléments indiquent que le mari et la femme avaient subi l'un comme l'autre des abus sexuels dans leur enfance. La mère obèse de Fred le harcelait, et Rose avait été violée deux fois. Par ailleurs, Fred avait peut-être réussi à convaincre son épouse qu'il était parfaitement normal de coucher avec ses propres enfants. Sans être totalement stupide, elle était naïve, un peu lente et surtout désireuse de faire plaisir à son mari. On a prétendu que les électrochocs administrés à sa mère durant sa grossesse avaient affecté le cerveau de Rose. Mais l'étude réalisée en 1994 sur trois cents cas n'a pas confirmé cette théorie. Rose voulait tout bonnement obéir à son conjoint, même si elle se mettait en tort du point de vue des lois et de la société. En outre, les psychiatres savent que les enfants victimes de viols peuvent devenir sexuellement très actifs en grandissant. Chez eux, il arrive que la pratique de la sexualité ne comporte pas d'interdits, qu'elle ne soit pas encadrée par un code moral. Un couple dépourvu de limites comme les West était particulièrement fragile face à l'inceste.

Rose continua à afficher une loyauté indéfectible envers son époux, même lorsque la police se présenta à sa porte en février 1994. Une fille de la maison avait parlé d'un cadavre enterré dans le jardin à l'une de ses camarades qui avait rapporté l'information à sa mère. Sans révéler ses sources, l'inspecteur Terence Onions posa à Rose des questions insistantes sur la disparition d'Heather. Elle prit ombrage de ce qu'elle considérait comme une atteinte à sa vie privée. Enfin, irritée, se sentant acculée, elle lança une phrase ambiguë :

« Si vous aviez pour deux sous de bon sens, vous la retrouveriez. Ça ne doit pas être bien difficile ! »

Leurs soupçons éveillés, les forces de l'ordre revinrent deux jours plus tard pour creuser sous la terrasse et dans le jardin. Fred finit par avouer où étaient enfouis les restes d'Heather.

À partir du moment où Rose comprit que sa fille avait été tuée et enterrée à quelques mètres de sa chambre, elle ne voulut plus rien avoir à faire avec Fred. Cette prise de conscience la libéra de l'ascendant qu'il exerçait sur elle. Les cinq cadavres déterrés en moins de dix heures par la police enfoncèrent certainement le clou, mais c'est bien le meurtre d'Heather qui lui était insupportable. Elle n'accusa pas son mari, mais elle se désolidarisa de lui. Bien que sa participation aux violences sexuelles ne fît aucun doute, je ne croyais pas Rose directement impliquée dans les meurtres. Rien dans son dossier ne permettait d'affirmer qu'elle avait elle-même commis un ou plusieurs assassinats. Néanmoins, après un procès spectaculaire où des témoins s'évanouirent à la barre, les jurés la reconnurent coupable de dix homicides, se rangeant à l'avis de l'accusation qui voyait en elle une meurtrière à part entière et non une simple complice. Fred mort, il fallait un coupable.

Le couple était hors d'état de nuire mais le mal était fait. Gloucester ne se remit jamais totalement du drame, sur les plans tant économique que psychologique. Anne Marie (la fille de Fred avait supprimé le *a* final de son prénom comme on essaierait d'effacer un tatouage infamant) tenta de se suicider plusieurs fois. En 1999, elle réchappa de justesse à la noyade après s'être jetée dans les eaux boueuses de la Severn. Stephen essaya également de se supprimer lorsque la femme qu'il aimait le quitta. Leur oncle, sur le point d'être jugé pour complicité, se pendit dans sa cellule, comme son frère. Rose est toujours en vie. Condamnée à perpétuité, elle purge sa peine. Elle n'a pas livré d'information supplémentaire sur les meurtres. Curieusement, en 2002, elle entama une relation épistolaire avec Dave Glover, le bassiste du groupe de rock anglais Slade. À en croire Rose, qui claironna la nouvelle dans la presse, il y avait même du mariage dans l'air. Mais très vite il n'en fut plus question. Slade se sépara du musicien.

Il existe d'autres exemples de couples criminels. Paul Bernardo et Karla Homolka, des Canadiens fortunés, violaient, assassinaient et filmaient leurs victimes, parmi lesquelles la propre sœur de Karla. Ian Brady et Myra Hindley tuaient des enfants à coups de hache et enterraient les corps à Saddleworth Moor, un site battu par les vents, non loin de la région rendue célèbre par les sœurs Brontë. David et Catherine Birnie possédaient leur propre « maison des horreurs » à Perth, en Australie. Gerald et Charlene Gallego kidnappèrent et assassinèrent dix personnes, principalement des adolescentes, dans la région de Sacramento.

Enfin, il y eut Alton Coleman et Debra Brown. Je m'entretins longuement avec Debra, qui avait sillonné l'Illinois, l'Indiana, le Michigan, l'Ohio, le Kentucky et le Wisconsin avec son compagnon au cours de l'été 1984. Les deux jeunes Noirs avaient volé, violé et semé la mort sur leur passage. Ils allaient de ville en ville, comme Michael Lee Lockhart, mais leur raid meurtrier avait été à la fois plus court et plus intense. Il avait duré cinquante-trois jours, plaçant Coleman et Brown dans le peloton de tête des criminels les plus recherchés par le FBI.

Déjà arrêté pour viol, Coleman avait retourné plusieurs jurys en sa faveur grâce à son charme et à sa feinte gentillesse. Avec sa moustache et ses longs favoris soigneusement dessinés, il ressemblait plus à un chanteur de R&B qu'à un criminel. En 1983, sa sœur l'avait accusé de tentative de viol sur sa fille de huit ans, mais elle avait abandonné les poursuites et l'affaire en était restée là. Le jeune homme se croyait invulnérable. Il était persuadé qu'il était protégé par un dieu vaudou haïtien dont sa grand-mère lui avait parlé : le baron Samedi. Cette figure mythique, appelée tantôt seigneur de la Mort, tantôt dieu de l'Érotisme, est souvent représentée en haut-de-forme et redingote, gardant jalousement l'entrée de l'au-delà. Esprit rieur et danseur qui boit du rhum dans lequel ont macéré des piments, le baron Samedi est également le protecteur des enfants et l'ultime recours des grands malades.

Le 18 juin 1984, à Gary, dans l'Indiana, le couple repéra deux fillettes insouciantes aux yeux pétillants. La petite Tamika Turks, sept ans, et sa tante Annie, neuf ans, revenaient de chez le confiseur. Alton et Debra les abordèrent et leur proposèrent un jeu dans les bois. Là, loin des regards, ils les ligotèrent et les bâillonnèrent. Pour faire taire les gémissements de Tamika, Coleman lui sauta plusieurs fois sur la poitrine. Chacun leur tour, lui et Debra contraignirent Annie à des attouchements bucco-génitaux, puis le jeune homme la viola et ils l'étranglèrent, la laissant pour morte. Lorsque l'enfant qui n'était qu'évanouie revint à elle, elle perdait beaucoup de sang. Quant à Tamika, elle fut retrouvée morte dans un buisson, violée et étranglée.

Le 13 juillet, les deux jeunes gens se présentèrent à vélo chez Marlene et Harry Walters, près de Cincinnati, dans l'Ohio. Pour gagner leur confiance, ils prétextèrent qu'ils étaient intéressés par le camping-car que vendaient les Walters. Il faisait chaud, aussi le couple invita-t-il Alton et Debra à boire une citronnade à l'intérieur. Une fois dans la place, ils mirent la maison à feu et à sang, s'emparant de tout ce qui avait un peu de valeur. Coleman passa Harry à tabac et frappa Marlene plus de vingt fois à l'aide de différents objets, dont un porte-revues. Il eut encore le temps de la défigurer avec une paire de tenailles avant qu'elle ne succombe, puis les deux agresseurs s'enfuirent au volant de la Plymouth Valiant rouge de leurs victimes.

Avant d'être appréhendés, ils se rendirent coupables d'une longue liste de crimes, perpétrant huit homicides, sept viols, trois enlèvements et quatorze vols à main armée. La police finit par arrêter le couple le 10 mai 1988 grâce aux indications d'une de leurs connaissances. Ils assistaient tranquillement à un match de base-ball au stade d'Evanston, dans l'Illinois.

Alton Coleman était un enfant non désiré. À sa naissance, le 10 juin 1956, il avait été confié à sa grand-mère maternelle. Celle-ci tenait une maison de passe et un tripot. Ce n'était sans doute pas l'environnement idéal pour élever un enfant, d'autant qu'elle le battait plus qu'occasionnellement. Le petit Alton avait des manières un peu affectées et l'habitude gênante de faire pipi dans sa culotte, ce qui lui valait les railleries des autres gamins, qui le surnommaient Pissy. Devenu adulte, il s'était découvert un goût prononcé pour les vêtements féminins.

Dans une interview donnée à l'Ohio Public Radio quelques semaines avant son exécution, en avril 2002, Coleman rejeta la responsabilité du meurtre de Marlene Walters sur Debra, affirmant qu'elle « carburait aux amphés » et ajoutant : « On était défoncés. » Il déclara qu'ils avaient cambriolé la demeure des Walters pour acheter de la drogue et que sa compagne avait frappé la femme à plusieurs reprises avec un chandelier parce qu'elle se débattait, mais ces accusations n'étaient guère crédibles ; en fait le condamné essayait ainsi d'échapper à la peine capitale.

Debra Brown, comme Rosemary West, avait la réputation d'être un peu simplette. À vrai dire, elle avait les capacités intellectuelles d'une enfant. C'était Alton le partenaire dominant. S'il lui demandait d'aller chercher une portion de frites sous la pluie sans imperméable, elle y allait. Et s'il lui demandait de tuer, elle pouvait tuer dans certaines circonstances. Avant de la rencontrer, j'avais observé une photographie d'elle en noir et blanc. Sous sa casquette de base-ball, qu'elle portait la visière de côté, son visage juvénile était dur et renfrogné. Elle avait déclaré à un juge que tuer l'avait « éclatée », avant de tenter de corriger le tir en affirmant qu'elle était « plus gentille » qu'on ne le croyait. À première vue, elle paraissait insolente et effrontée, mais très vite on se rendait compte que ses accès d'hostilité dissimulaient paradoxalement une nature silencieuse et relativement passive.

« Que faites-vous ici ? murmura-t-elle lors de notre première rencontre. Je ne suis pas folle. »

Effectivement, elle n'était pas folle. Elle était amoureuse.

« Je voudrais juste vous poser quelques questions. Pourriez-vous me parler d'Alton ? »

Ses yeux s'illuminèrent instantanément, comme si le simple fait de mentionner son nom avait fait tomber les murs de la prison.

« Il n'y a pas de souci avec Alton. Alton est la meilleure

chose qui me soit arrivée. Depuis le moment où on s'est rencontrés.

– Vous l'aimez ?

– Quelle question ! dit-elle à mi-voix. Je ferais n'importe quoi pour lui.

– N'importe quoi ?

– Pratiquement.

– Et vos crimes ?

– Ce que j'ai fait, je l'ai fait parce que Alton me l'avait demandé.

– Des gens sont morts.

– Alton m'emmenait partout. On allait partout. Toutes sortes de bagnoles. C'était le délire. On s'éclatait.

– Vous êtes contrariée par ce qui est arrivé à Alton ?

– Qu'est-ce que vous croyez ? Un peu que je suis contrariée, supercontrariée !

– Pourquoi ?

– Nous deux, c'était... différent. Le grand frisson. Il m'emmenait partout. Il prenait soin de moi. Maintenant, qui va s'occuper de moi ?

– Et Marlene Walters ?

– Eh bien... »

Elle s'interrompit un long moment et baissa légèrement la tête.

« C'est moi, ajouta-t-elle enfin.

– Vous ?

– Pas Alton. Moi. »

En la voyant si minuscule, si soumise et surtout si amoureuse, je ne parvenais pas à la croire. Elle protégeait son compagnon, elle ne voulait pas qu'il soit exécuté. Leur relation était fusionnelle. Debra avait l'impression de ne pas pouvoir exister sans Alton, sans tout ce qu'elle s'était construit autour de leur cavale. Elle pouvait encore accepter l'incarcération de Coleman, mais l'idée de sa mort lui était insupportable. On trouve ce type de comportement chez certains enfants qui dépendent totalement de la figure parentale. Debra était effacée, elle semblait incapable de faire un geste sans la permission de l'autre. Pour battre à mort Marlene Walters, il aurait fallu qu'elle soit sous l'emprise du crack au moment des faits. C'est l'une des rares drogues susceptibles d'augmenter les comportements violents chez un être humain. Debra avait peut-être pris des amphétamines ou fumé de la marijuana ce jour-là, mais cela ne l'aurait pas amenée à commettre un homicide aussi bestial. Il aurait fallu qu'elle soit réellement hors d'elle, et beaucoup plus forte. On la présentait souvent comme une méchante petite garce capable de proférer des horreurs ; soit, mais ce n'était pas une impitoyable meurtrière.

Le fonctionnement des couples de criminels n'est pas sans rappeler certaines déclarations de John Gacy et de Michael Lockhart, qui prétendaient ne pas agir seuls. À les écouter, quelqu'un les aidait à perpétrer leurs forfaits. Gacy accusait Bad Jack, Lockhart clamait que des dealers jamaïcains se trouvaient dans la chambre avec le policier Hulsey. Si pour nous ces démons sont sans conteste le produit de leur imagination malade, aux yeux des serial killers ils sont bien réels.

Alton Coleman et Fred West, eux, avaient une partenaire en chair et en os, un être docile qu'ils pouvaient commander à leur guise, pas quelqu'un qui regardait et laissait faire. Une extension d'eux-mêmes, en quelque sorte, presque un bras ou une jambe supplémentaire. L'apparente intimité d'une telle relation est un leurre. Les tueurs en série ne font pas de bons époux. Ils ne sont pas véritablement capables d'affection et de compréhension. Ils ne partagent pas les espoirs et les rêves de leurs conjoints. D'ailleurs, leurs mariages ne durent généralement pas – celui des West constitue une exception.

On pourrait se demander pourquoi, dans les couples de criminels, l'homme ne finit pas par assassiner sa compagne. Dans la mesure où il voit en elle un prolongement de lui-même, elle n'est sans doute pas perçue comme une victime potentielle – elle fait partie de lui.

Une chose est sûre : il existe un vide chez ces femmes, un manque que le partenaire dominant vient remplir. D'une certaine manière, elles croient trouver chez lui quelque chose qui leur fait défaut. Elles ne cherchent pas quelqu'un qui les maltraite : elles ont le sentiment de vivre aux côtés un être stable, d'un homme qui les comble. Peut-être même ont-elles décidé dans leur préconscient que le sentiment de confort et de sécurité qu'elles ressentent auprès de lui l'absout de sa cruauté.

XIV

Le tueur d'enfants de Rio

À Thanksgiving, je mets généralement les petits plats dans les grands. Nous sommes au moins vingt à table. Dans les heures qui précèdent le grand jour, je m'active aux fourneaux : crêpes fourrées aux champignons et à la ciboulette, petits pains au saumon, allumettes au cheddar maison, préparation de deux dindes de dix kilos chacune. Ce doit être un festin.

Mais en 2002 Thanksgiving se déroula tout autrement. Quelques jours avant la fête, je reçus un coup de téléphone de l'étranger. J'attendais cet appel depuis longtemps, sauf que je pensais qu'il viendrait plus tôt, en septembre et non en novembre, au moment des congés. Mon correspondant au Brésil m'annonçait que le plus célèbre tueur en série du pays, âgé de trente-six ans, acceptait enfin de me rencontrer. Je m'étais entretenue brièvement avec lui dans les années 1990, peu après son arrestation, mais cela faisait dix ans que j'attendais l'occasion de revoir ce meurtrier responsable de la mort de quatorze jeunes garçons. Il ne me fallut pas longtemps pour prendre ma décision. De toute façon, je n'avais pas vraiment le choix. Tant pis pour les chants traditionnels et la bise revigorante de Chicago, que j'associais étroitement à Thanksgiving. Profitant des miles aériens que nous avions accumulés, je réservai quatre billets pour São Paulo et Rio de Janeiro : puisque les garçons étaient à la maison, ils seraient du voyage, et mon mari également. Cela leur ferait des vacances, et je trouverais bien le temps d'en profiter un peu moi aussi. Les enfants ignoraient le véritable objet de ce séjour. Entre les îles, la plage et la pêche, ils ne verraient pas passer le temps.

Dans l'avion, je lus un article affirmant que les pays qui s'étaient récemment démocratisés voyaient les meurtres en série augmenter sensiblement. L'émergence de sociétés plus permissives avait soi-disant provoqué une explosion de ce type de crimes. Cette affirmation me fit bondir. Les serial killers ne sont pas le produit d'une politique ou d'un gouvernement ! Ce n'est pas parce que l'on n'en entend pas parler que la Chine communiste est épargnée. Peut-être faudrait-il plutôt chercher l'explication du côté du manque de liberté de la presse, car les tueurs en série sont bien un phénomène international.

Dans les années 1980, en Ukraine, Andrei Chikatilo dévorait les organes génitaux de ses victimes. Ses crimes avaient horrifié l'URSS d'alors. L'anthropophagie n'était pourtant pas totalement inconnue dans cette partie du monde qui avait connu de terribles famines.

Au cours du long procès qui s'était tenu d'avril à août 1992, on s'était acharné à démontrer que l'accusé était sain d'esprit : il savait ce qu'il faisait et il y prenait même plaisir. Reconnu coupable de cinquante-deux meurtres, Chikatilo avait été exécuté d'une balle dans la tête au début de 1994.

Durant le vol à destination de São Paulo, je songeai à tous les pays où m'avaient conduite mes recherches, et en particulier au Pakistan. À la fin des années 1990, à Lahore, capitale du Pendjab, Javed Iqbal avait violé et étranglé avec une chaîne près d'une centaine d'enfants des rues. Il découpait les corps puis jetait les morceaux dans des cuves d'acide avec l'aide de trois complices. C'était un homme élégant, corpulent et enjoué qui portait de petites lunettes d'intellectuel. Comme Robert Berdella, il tenait une chronique détaillée de ses meurtres. Il avait également gardé les chaussures de la plupart de ses victimes, quatre-vingt-cinq paires en tout, en « souvenir ». Le juge Allah Baksh avait rendu un verdict implacable, condamnant l'assassin à être découpé en cent morceaux que l'on plongerait dans de l'acide en public, mais, tout comme Fred West, Javed Iqbal s'était pendu dans sa cellule.

Dans un pays bien différent, le Japon, on n'aime pas s'étendre sur le sujet des tueurs en série nationaux. En 1988, pourtant, les meurtres commis par Tsutomu Mizayaki, qui avait enlevé, mutilé et tué des petites filles âgées de quatre à sept ans, ont stupéfié les habitants de Tokyo. Le meurtrier disait de ses crimes qu'il s'agissait d'un rêve dont il ne s'était jamais vraiment réveillé. Cinq mois après avoir assassiné une enfant, il avait brûlé le cadavre et abandonné les restes dans un carton devant chez ses parents. Il prétendait tuer depuis qu'il avait vu des « hommes-rats ». Comme de nombreux serial killers, il déclarait que ses aveux lui avaient été arrachés par un policier violent. Ses avocats avaient tenté en vain de plaider la démence, et en avril 1997 il avait été condamné à mort.

La Chine, qui répugne elle aussi à admettre l'existence de tueurs en série sur son territoire, est très mal équipée pour résoudre ce genre d'affaires. Ainsi, Hua Ruizho ramassait des prostituées aux abords de l'hôtel Sheraton de Pékin. Il les enlevait dans sa camionnette, les violait, les achevait puis portait les corps à la décharge. Il a été exécuté en 2002. Duan Guocheng, un agent de sécurité, a tué treize femmes, coupant les seins de certaines d'entre elles. En 2001, il a réussi à échapper à la police durant plusieurs mois.

Bien loin de la Chine était incarcéré un autre tueur en série, le Brésilien Marcelo Costa de Andrade. C'est avec lui que j'avais rendez-vous.

Peu après notre arrivée à São Paulo, le téléphone sonna dans la chambre d'hôtel : après réflexion, Andrade ne savait plus s'il souhaitait me rencontrer. En outre, il réclamait à présent dix mille dollars. J'étais abasourdie. J'avais fait ce long voyage pour rien. Après toutes ces années, je me trouvais bien naïve d'avoir cru qu'il en serait autrement. Je savais pourtant que les tueurs en série étaient des manipulateurs consommés. Je n'allais pas attendre qu'il se décide, assise à côté du téléphone. Nous refîmes nos bagages pour nous diriger vers une petite ville de pêcheurs. C'est là que nous passâmes d'excellentes fêtes de Thanksgiving, entre parties de pêche et copieux repas.

Cependant, parmi les perroquets colorés et les tangaras gazouillants, je m'asseyais parfois toute seule dans la cour de notre *pousada* pour revenir sur le parcours du tueur brésilien. Une décennie plus tôt, en 1992, alors que je me trouvais à Rio pour un congrès de neurologues, j'avais lu à la une d'un journal un gros titre racoleur au sujet d'un meurtrier de vingt-cinq ans qui buvait parfois le sang de ses victimes. Comprenant mal le portugais, j'avais demandé à un collègue de me traduire l'article.

L'histoire avait débuté à Rocinha, une favela de Rio. Rocinha signifie « petit champ », mais le bidonville situé sur la colline dite des Deux-Frères était bien sordide pour un tel nom. Depuis mon hôtel j'apercevais cette véritable ville dans la ville, un amas de baraques bancales faites de blocs de ciment, de ferraille et de planches. Les habitants n'avaient pas l'eau courante et souvent pas d'électricité (pas légalement tout du moins). À l'époque, nul ne s'aventurait là-bas autrement que pour le trafic de stupéfiants ou la prostitution. Les autorités avaient abandonné le quartier aux caïds de la drogue, par impuissance ou par choix. Elles ne faisaient pas plus d'efforts pour les combattre que pour nettoyer l'égout pestilentiel où les gens s'approvisionnaient en eau. Les célèbres plages touristiques d'Ipanema, pourtant toutes proches, semblaient se trouver sur une autre planète.

Marcelo et les autres enfants de la favela connaissaient la violence et la faim au quotidien. Dans sa famille il recevait souvent des coups. À quatorze ans il se prostituait déjà. Il entama une relation avec un homme plus âgé chez qui il finit par s'installer. Pour lui, c'était avant tout un moyen d'échapper à la misère du bidonville. Il était logé, nourri, blanchi, on lui offrait des cadeaux et il allait au cinéma de temps en temps. À l'âge de dix-sept ans, il tenta de violer son petit frère de dix ans après avoir écouté un nombre incalculable de fois une cassette où l'on entendait l'enfant pleurer.

Lorsque son protecteur le quitta, il retourna vivre chez sa mère. Pourquoi accepta-t-elle de le reprendre après ce qui s'était passé avec son frère ? Si horrible que cela puisse paraître, il n'est pas rare que les parents refusent de croire à la réalité de tels abus. Par ailleurs, elle avait peut-être ses propres raisons pour souhaiter la présence de Marcelo. Il trouva un emploi honnête mais mal payé : il distribuait des prospectus pour une boutique de Copacabana.

Depuis qu'il avait rejoint l'Igreja Universal do Reino de Deus, il passait quatre heures à l'église quatre ou cinq soirs par semaine. Cette secte née au Brésil rend les mauvais esprits responsables de tous nos maux, y compris la peur et la dépression, et pratique l'exorcisme à l'occasion. Les membres de l'Église universelle du royaume de Dieu sont persuadés que leur foi peut soigner le sida et l'homosexualité, qu'ils considèrent comme une maladie.

L'Église universelle suscite la polémique depuis sa fondation, en 1977. On a accusé ses dirigeants d'être liés aux cartels de la drogue colombiens. Ils ont également fait l'objet d'enquêtes pour escroquerie. Au Brésil, ils contrôlent une douzaine de chaînes de télévision et plus de trente stations de radio. L'Église possède même une équipe de football nommée Universal. Certains de ses membres détiennent des postes politiques importants. Cependant, en dépit de ses pratiques contestables, la secte ne prône pas le meurtre au nom de Dieu.

La religion occupe une place primordiale au Brésil, elle est très présente dans la vie quotidienne. On ne se contente pas de passer une heure à l'église le samedi ou le dimanche. Pour les Brésiliens, pratiquer est aussi vital que respirer. Toutefois, on ne peut pas dire qu'Andrade était sous l'emprise de l'Église universelle, car aucune croyance n'aurait pu influer sur le fonctionnement de son esprit malade.

Après son arrestation en décembre 1991, la presse populaire l'avait qualifié de vampire parce qu'il buvait le sang de ses victimes. Elle l'appelait « le monstre », le mythifiait déjà. Il était en passe de devenir le tueur en série le plus célèbre de son pays. Au cours des années suivantes, quelques meurtriers défrayèrent la chronique brésilienne : en 1998, à São Paulo, Francisco de Assis Pereira fut accusé d'avoir assassiné neuf femmes ; en 2000, Larete Patrocinio Orpinelli, un vagabond qui avait tué dix enfants en vingt ans, finit par avouer à la suite de cauchemars répétés. Mais Andrade avait multiplié les homicides en neuf mois. Il violait des enfants, profanait leurs cadavres et buvait parfois leur sang. Jamais le Brésil contemporain n'avait été le théâtre de telles horreurs.

Les victimes de Marcelo ressemblaient aux jeunes garçons de *La Cité de Dieu*, un film brésilien de Fernando Meirelles tiré d'une histoire vraie et qui décrit la vie dans un quartier pauvre dévasté par les luttes entre bandes rivales. Ces enfants vivaient dans la rue, se prostituaient et mendiaient, braquaient des échoppes, dévalisaient les passants ou, lorsqu'ils avaient de la « chance », jouaient les coursiers et les guetteurs pour les caïds de la drogue en attendant l'occasion de les détrôner. Des vies sans issue, peut-être, mais pas moins précieuses pour autant.

La presse se focalisait sur le prétendu vampirisme de

Marcelo Costa de Andrade avec une insistance exaspérante. L'histoire recèle plusieurs exemples de ce phénomène. Nous avons vu qu'au XVIe siècle, en Hongrie, la comtesse Báthory buvait le sang de ses servantes et s'en aspergeait pour rester jeune. Dans son ouvrage *Psychopathia sexualis*, publié en 1886 mais toujours largement diffusé, l'Allemand Richard von Krafft-Ebing répertorie plus de deux cents « anomalies » sexuelles. Les buveurs de sang, qui ont donné naissance aux légendes sur les vampires et les loups-garous, figurent en bonne place dans cet inventaire. L'auteur explique que ce besoin primitif remonte aux hommes des cavernes ; mais Marcelo, qui n'avait goûté au sang de ses victimes que deux fois, n'avait rien d'un vampire.

Grâce à l'amabilité et à l'entregent d'un médecin de Rio, j'obtins une autorisation officielle pour rencontrer le meurtrier. Restait un problème : mon mauvais portugais. Heureusement, mon intermédiaire me trouva également un interprète et, ensemble, nous nous rendîmes à la prison, un hideux bâtiment d'un étage avec des volets en bois devant les barreaux. À côté des centres de détention américains, c'était un vrai moulin. En outre, Marcelo n'était pas plus surveillé qu'un autre prisonnier. (Quelques années plus tard, il réussit d'ailleurs à s'échapper, mais il fut repris peu de temps après.)

Sachant que le Brésil était le pays d'Amérique latine qui possédait la population carcérale la plus importante, et qu'elle avait doublé au cours des cinq dernières années, je regardai autour de moi avec une certaine curiosité. Je ne notai aucun signe de violence. L'hygiène ne répondait pas aux normes américaines, certes, mais la prison n'était pas non plus un taudis insalubre, même si à l'occasion on pouvait voir filer sur les murs écaillés un mille-pattes ou un cafard.

Ma présence surprit quelque peu les gardiens, mais ils m'accueillirent poliment et me conduisirent au prisonnier sans discuter. Il m'attendait dans une petite pièce aveugle, assis à une table en bois rudimentaire. Il ne paraissait pas ses vingt-cinq ans. Les tueurs en série américains sont généralement plus âgés, mais l'adolescence est courte au Brésil, où l'on commence à travailler très jeune. Marcelo avait certainement grandi plus vite qu'un tueur né dans l'Illinois. Il semblait calme, réservé, presque résigné.

« Parlez-moi de votre enfance à Rio.

– On était très, très pauvres, répondit-il à voix basse.

– C'était dur, je suppose. »

Il courba le dos, les yeux fixés sur la table.

« Quand on est aussi pauvre, on est prêt à faire n'importe quoi pour survivre.

– Que voulez-vous dire par n'importe quoi ? »

Il resta silencieux pendant une minute, puis il se gratta la tête.

« Je gagnais de l'argent dans la rue. Après le travail, lorsque je rentrais à la maison, je me faisais taper dessus. Parfois, on ne me donnait rien à manger.

– Et l'école ?

– Je n'ai pas beaucoup fréquenté l'école à la favela. Il n'y avait que la rue. Tout le monde essayait de gagner de l'argent dans la rue.

– Vous aviez des distractions ?

– On s'activait beaucoup avant le carnaval. Ça prenait du temps. C'était du travail.

– Qu'est-ce que vous aimez d'autre ?

– Le vélo. Et aussi le foot. J'aime bien le soleil. J'aimerais bien revoir le soleil. »

La conversation était fastidieuse car l'interprète devait traduire chacune de mes phrases dans un sens puis celles de mon interlocuteur dans l'autre. Difficile d'établir une relation de confiance dans ces conditions. De plus, je me demandais si nos propos étaient traduits avec exactitude, surtout à présent que l'entretien prenait un tour plus sérieux. Mais je devais rester concentrée. Je poursuivis, regardant Marcelo droit dans les yeux.

« Vous avez mal agi.
– Oui, acquiesça-t-il.
– Savez-vous pourquoi vous avez mal agi ?
– Les enfants vivent mal ici. S'ils meurent lorsqu'ils sont encore enfants, ils vont directement au paradis. Ils sont mieux là-haut. »

J'étais sceptique. Bien sûr, j'étais consciente des différences culturelles entre les États-Unis et le Brésil, je connaissais les liens du meurtrier avec l'Église universelle, mais aucune religion occidentale ne prône le meurtre, *a fortiori* le meurtre d'enfants. Néanmoins, je poursuivis sans faire aucun commentaire.

« Pourquoi choisissiez-vous de jeunes garçons ?
– Je les trouvais plus beaux.
– De quelle arme vous serviez-vous pour les tuer ?
– De mes mains. Une fois d'une machette. Elle appartenait à ma mère. J'ai dit que j'allais chercher des bananes. J'ai coupé la tête au gosse. »

Ce jour-là, Marcelo avait violé et tué Odair Jose Muniz dos Santos, un garçon de onze ans qui faisait la manche. Il l'avait entraîné sur un terrain de football où l'enfant avait tenté de lui résister. Après le meurtre, il était revenu sur les lieux pour lui trancher la tête.

« Pourquoi la tête ?
– Je voulais qu'on se moque de lui au paradis.
– Pourquoi ?
– Les gens se moquaient de moi avant. Je ne voulais faire de mal à personne. Parfois je ne sais pas s'ils sont morts ou vivants... C'était... c'était plus fort que moi. »

J'avais déjà entendu ça dans la bouche de Michael Lockhart : quelque chose basculait en lui et il fallait qu'il tue.

« Pourquoi seulement des garçons de moins de seize ans ?
– Les adultes, s'ils ont péché, ils vont en enfer. Je ne voulais envoyer personne en enfer. Les enfants, quand ils meurent, ils vont au paradis. »

C'était une réflexion pour le moins paradoxale : Andrade avait lui-même commis tant de crimes que sa religion ne pouvait que le condamner à l'enfer. En surface, son raisonnement obéissait à une certaine logique – c'était d'ailleurs l'histoire qu'il servait à tout le monde, policiers et journalistes. Mais au fond, la religion n'avait pas de réelle signification pour lui. C'était un concept trop abstrait. D'une certaine manière, elle était pour lui ce que Jack Hanley était pour John Gacy lorsqu'il prétendait que c'était lui qui l'obligeait à tuer. Les serial killers nous voient chercher désespérément un sens à leurs actes, alors ils nous donnent des explications, ils nous proposent des justifications, des excuses.

Marcelo Costa de Andrade commit son dernier meurtre en 1991. Le 11 décembre, la mère d'Altair, dix ans, et d'Ivan, six ans, les autorisa à aller manger du poisson frit chez un ami. Les deux enfants partirent, aussi impatients que si on leur avait promis un nouveau jouet. En chemin, ils s'arrêtèrent à la gare routière pour mendier quelques pièces. Là, ils rencontrèrent Marcelo qui leur fit miroiter quatre mille cruzeiros (environ vingt dollars) s'ils l'accompagnaient à l'église pour allumer des cierges. Cela représentait une grosse somme pour des enfants qui n'avaient même pas un lit à eux. Marcelo bavarda tout le long du chemin et prit même sur son dos Ivan qui était fatigué. Ils débouchèrent enfin sur une plage déserte. Le jeune homme attira soudain Altair et tenta de l'embrasser. Comme l'enfant se débattait, il le poussa sur les galets tranchants. En tombant, le gamin se blessa à la tête et se mit à saigner. L'adulte s'en prit alors à Ivan. Il le viola et l'étrangla sous les yeux de son frère paralysé de peur. Lorsqu'il eut terminé, le tueur s'approcha de l'aîné, les bras ouverts. Altair crut sa dernière heure venue. Mais l'autre l'étreignit comme si rien ne s'était passé.

« Pourquoi ? demanda l'enfant.

– J'ai envoyé Ivan au ciel », répondit Marcelo, qui n'employait jamais les mots « tuer », « violer » ou « mort ».

Il ajouta qu'il l'aimait et lui prit la main. Ils passèrent la nuit dehors, dormant à même le sol derrière un poste d'essence. Le lendemain, le meurtrier emmena le gamin à la bijouterie de Copacabana où il travaillait. Le cœur battant, Altair profita d'un instant d'inattention de son geôlier pour s'échapper. Par chance, il se souvenait des bus qu'ils avaient pris et il parvint ainsi à rentrer chez sa mère. Pendant ce temps, Marcelo retourna sur les lieux du crime pour couper les petites mains d'Ivan, qu'il rangea dans les poches de son pantalon. Par la suite, il déclara avoir agi ainsi pour éviter que les rongeurs ne les mangent.

Lorsque des policiers se présentèrent au magasin deux jours plus tard, Andrade semblait les attendre. Il leur demanda pourquoi ils avaient mis si longtemps. Dans un premier temps, il n'avoua que le meurtre d'Ivan. Mais au bout de deux mois d'emprisonnement il en confessa treize autres.

Lorsque, dix ans plus tard, je regagnai São Paulo en compagnie de ma famille après Thanksgiving, le réceptionniste de l'hôtel me tendit un message de mon intermédiaire : Marcelo avait baissé son tarif, mais il réclamait tout de même cinq mille dollars. À nouveau, je maudis ma crédulité. Une fois ma colère retombée, je décidai de prendre les choses du bon côté : au moins, nous avions passé de belles vacances au Brésil.

En général, lorsque j'interroge un serial killer, je m'efforce de le suivre sur une longue période pour voir si la prison l'a changé. S'est-il bien adapté ? Quel genre de vie mène-t-il ? Peint-il, comme Gacy ? A-t-il agressé d'autres prisonniers ? (C'est très rare. Les tueurs multi-récidivistes s'en prennent rarement à leurs codétenus, sauf pour se défendre.) La structure carcérale lui a-t-elle été bénéfique ou néfaste ?

Mais il n'était pas question que je me plie aux exigences de Marcelo Costa de Andrade. De toute évidence, il se prenait pour une star. Comme les serial killers américains, il devait avoir ses « fans » qui lui écrivaient et le flattaient. En outre, il avait dû être contacté par des sites spécialisés. Sur Internet, on peut acheter tout ce qui se rapporte à ce genre de personnage, aussi bien des mèches de cheveux que des lettres manuscrites.

Je n'avais jamais payé un tueur pour parler avec lui et je n'allais pas commencer maintenant. C'était une question non seulement de principe mais aussi d'efficacité. À partir du moment où l'on paie un meurtrier, il risque de forcer le trait, de vouloir en quelque sorte vous en donner pour votre argent. En outre, c'est contraire à l'éthique médicale. Accepter un tel marché aurait pu me coûter ma réputation, sans compter que l'idée d'offrir de l'argent à un tueur d'enfants m'était tout bonnement insupportable. De toute façon, je savais que je rencontrerais bien d'autres obstacles si je souhaitais aller au bout de mes recherches.

XV

Le tueur de la Green River et la révolution génétique

Le temps était froid et brumeux. Je me tenais au bord d'un profond ravin, emmitouflée dans mon imperméable beige, me demandant si l'on mettrait bientôt la main sur le tueur de la Green River. Précautionneusement, je fis le tour de la scène du crime et jetai un coup d'œil dans le précipice. Le meurtrier avait déjà jeté un cadavre ici. Pouvait-il en avoir laissé un autre dans le coin ?

Je regardai dans l'herbe haute autour de moi, à la recherche d'un indice qui aurait échappé à la police, mais sans succès. J'avais mon idée quant au profil du tueur : un homme blanc, marié, la trentaine. Il était conducteur de poids lourds, ou occupait un poste qui lui permettait de s'absenter sans problèmes. Il habitait près d'ici. En résumé, il s'agissait d'un individu qui menait une vie stable et qui connaissait bien la région. De plus, il devait être discret, banal, même – comme tous les criminels décrits dans ce livre. Tellement banal qu'il en devenait invisible.

La Green River prend sa source au sud-est du barrage Howard Hanson, serpente sur cent kilomètres et se jette dans Elliott Bay, au sud de Seattle. On y pêche la truite arc-en-ciel et le saumon. Mais, depuis quelque temps, c'étaient des cadavres qu'on y trouvait.

Le 15 juillet 1982, à Kent, dans l'État de Washington, deux adolescents descendirent de leurs vélos sur Peck

Bridge pour flâner et parler poisson. Tout en discutant, ils s'approchèrent du bord et découvrirent au pied du pont un cadavre gonflé qui gisait dans l'eau. Wendy Lee Coffield, seize ans, était nue, à l'exception du jean enroulé autour de son cou. La police en déduisit tout de suite qu'elle avait été étranglée. Quelques semaines plus tard, au sud du même pont, un employé d'une usine de conditionnement de viande aperçut une forme sur un banc de sable. Il s'approcha lentement, croyant avoir affaire à un animal mort. Mais il s'agissait d'une autre femme nue : Deborah Lynn Bonner, vingt-trois ans. Elle ne s'était pas noyée, il n'y avait pas d'eau dans ses poumons. L'autopsie révéla qu'on l'avait étranglée, comme Wendy Coffield. Les deux victimes avaient d'autres points communs : il s'agissait de jeunes prostituées tatouées.

Le meurtrier n'en resta pas là. Le dimanche 15 août 1982, un homme qui descendait le cours paisible de la Green River à bord d'un raft découvrit non pas un mais deux corps. Lorsque la police arriva sur les lieux, elle en trouva un troisième sur la rive, en partie dissimulé par la végétation. Il avait vraisemblablement été déposé là la veille. Deux des cinq victimes avaient une pierre insérée dans le vagin. Servaient-elles simplement à lester les corps ou avaient-elles une signification sexuelle, incompréhensible pour tous, y compris pour l'assassin ? Les autorités n'avaient qu'une certitude : on avait bien affaire à un tueur en série.

La fine fleur du FBI fut dépêchée à Seattle et les théories proliférèrent. L'un estimait que le coupable devait être très proche de la police : il n'en faisait pas nécessairement partie, mais il s'intéressait d'une manière ou d'une autre au maintien de l'ordre. Le même agent affirmait que l'assassin était un chasseur ou un pêcheur. Un autre déclara qu'il s'agissait d'un psychopathe sexuel. Certains se demandaient si c'était vraiment l'œuvre d'un seul tueur. On parlait d'un militaire des forces spéciales. Une extralucide y alla même de ses prédictions.

Un groupe mixte fut créé pour retrouver le coupable au plus vite. Il comptait des agents du FBI, des membres de la police locale et même le tueur en série Ted Bundy, qui devait donner son avis d'« expert » depuis sa cellule. Avec un tel éventail de compétences, l'affaire semblait devoir se résoudre rapidement. En fait, les conflits de pouvoir et les susceptibilités ralentirent considérablement l'enquête. C'était à cause de luttes intestines similaires que l'affaire Bundy avait longtemps piétiné quelques années plus tôt. Paradoxalement, ce groupe mis en place pour éviter de répéter les erreurs du passé commit encore plus de maladresses que son prédécesseur.

Pensant pouvoir me rendre utile, j'appelai l'un des responsables de l'équipe, qui avait travaillé sur l'affaire Wayne Williams à Atlanta. « Inutile » fut sa réponse, aussi brève que déconcertante. Tout bien réfléchi, cette réaction était prévisible. La police n'aime pas que l'on marche sur ses plates-bandes. Elle accueille souvent les nouvelles idées avec méfiance et ne tient pas à partager la gloire de la capture. En outre, elle ne voit pas l'intérêt de passer des heures à discuter autour d'une table. Pour les enquêteurs, l'expert psychiatre intervient seulement au moment du procès et son avis ne peut être que subjectif, dans la mesure où il se range soit dans le camp de l'accusation, soit dans le camp de la défense. Mon interlocuteur ne croyait pas à mon impartialité. Malgré cette rebuffade, je décidai d'aller faire un tour à Seattle, pour mon édification personnelle. À l'époque où le FBI créa la Behavioral Science Unit (qui avait des agents à Seattle), j'avais déjà commencé à profiler des meurtriers en série. Mais nous n'avions pas le même but. Cette unité a pour principal objet d'aider les forces de l'ordre à appréhender les coupables. Les tenants du béhaviorisme ne s'appuient pas sur une étude médicale pour découvrir pourquoi le serial killer récidive. Ils s'intéressent uniquement aux caractéristiques extérieures de la personne, ce qui les conduit parfois à tirer des conclusions hâtives dépourvues de fondements scientifiques. On ne peut pas se contenter de dire : « Il tue parce qu'il déteste sa mère » ou : « Si vous faites pipi au lit et que vous avez tué un animal, vous finirez tueur en série. » La réalité est un peu plus complexe.

Les avis sur le profil du tueur de la Green River étaient très partagés au sein de l'équipe assignée à l'enquête, et ils divergeaient de plus en plus au fil du temps. Entre 1982 et 1983, les cadavres s'amoncelèrent autour de la Green River, se rapprochant de Seattle. Les pistes ne manquaient pas, mais les forces de l'ordre ne disposaient que d'un ordinateur primitif. Pour ne rien arranger, elles perdirent toutes leurs informations à la suite d'une coupure de courant. Devant l'absence de résultats, on remania totalement l'équipe en 1984. On attendait beaucoup du nouveau groupe, composé de plus de quarante personnes. Désormais, les squelettes et les corps surgirent dans un rayon de soixante kilomètres autour de Seattle. (Par la suite, on se demanderait même si le tueur ne sévissait pas de Vancouver jusqu'à l'Oregon.) L'opinion publique réclamait une arrestation, mais les mois passaient et le mystère restait entier. En désespoir de cause, certains agents avancèrent même l'hypothèse que Michael Lee Lockhart et le tueur de la Green River ne faisaient qu'un.

Pour tenter de mettre fin à la cacophonie médiatique, le capitaine Frank Adamson, de la police du comté de King, promit que le meurtrier serait appréhendé avant la fin de 1986. Mais l'année s'acheva sans apporter d'éléments nouveaux. Les assassinats s'espacèrent et, faute de résultats concluants, l'équipe fut définitivement dissoute en 1990.

En 2001, après une cinquantaine de meurtres, la police arrêta enfin un suspect : Gary Leon Ridgway, un petit homme aux yeux de fouine. Ce quinquagénaire vivait à Auburn, à environ trente kilomètres au sud de Seattle à vol d'oiseau. Le slogan de la chambre de commerce d'Auburn, qui clamait : « Plus que vous ne l'imaginiez », ne croyait pas si bien dire.

Ridgway était un homme paisible qui avait peint des camions pour la même société pendant trente-deux ans. Il aimait flâner sur les marchés aux puces et se vantait parfois de ses prouesses sexuelles avec les prostituées. La police l'avait entendu plusieurs fois au cours de l'enquête. Au début des années 1980, il s'était fait arrêter en compagnie d'une femme qui racolait. En 1983, il avait été inquiété pour le meurtre de Maria Malvar, dix-sept ans, mais on avait manqué de preuves pour l'inculper. En 1986, on l'avait soumis en vain au détecteur de mensonges.

À la décharge de la police, il faut dire que dans les années 1980 on ne disposait pas des techniques auxquelles on a accès aujourd'hui. La science a fait un bond phénoménal en l'espace de deux décennies. C'est probablement dans le domaine de l'ADN et du génome humain que l'on a réalisé les découvertes les plus importantes. Le mystère du tueur de la Green River a été en partie résolu grâce à la génétique. En 2001 on a pu analyser par un procédé révolutionnaire un échantillon de salive du suspect prélevé en 1987. L'amplification en chaîne par polymérase, ou PCR d'après l'anglais *polymerase chain reaction*, a été mise au point dans les années 1980 par Kary Mullis, un biochimiste de l'université de Californie qui a reçu le prix Nobel pour ses travaux en 1993. La méthode a été perfectionnée et, aujourd'hui, c'est un test parfaitement reconnu en médecine légale.

La PCR accomplit des prodiges. Dans un appareil à peine plus gros qu'un réfrigérateur (et qui coûte la bagatelle de cinquante mille dollars), on sépare en deux la double hélice de l'ADN par élévation de la température. Les brins fragiles sont ensuite placés dans une solution qui contient des enzymes, dont la polymérase, ainsi que des nucléotides : l'adénine, la thymine, la guanine et la cytosine – autrement dit, les bases azotées qui constituent les matériaux élémentaires de l'ADN. La PCR fonctionne comme une véritable « photocopieuse » à gènes. Dans les conditions adéquates, la polymérase permet de recréer pour chacun des deux brins d'ADN l'enchaînement complémentaire. On obtient ainsi deux doubles hélices. Grâce au phénomène de réaction en chaîne, on peut répliquer une séquence d'ADN plus d'un million de fois en l'espace de quelques heures. Cette multiplication était indispensable pour réaliser la « carte » génétique de Ridgway. À partir de là, on pouvait comparer son ADN avec celui qui avait été retrouvé sur les victimes.

Les cœurs bondirent dans le laboratoire lorsqu'on se rendit compte que les séquences de nucléotides, des séquences spécifiques à chaque individu, correspondaient – le taux d'erreur du test n'étant que de un sur trois billions. Si l'on avait tant attendu pour effectuer le test, ce n'était pas parce qu'on n'avait pas retrouvé d'ADN sur les cadavres mais parce qu'on ne disposait pas de la quantité qui était nécessaire à l'époque pour procéder à un examen.

Les autorités tenaient enfin leur coupable. Pour arriver à ce résultat, trois scientifiques avaient travaillé d'arrache-pied pendant six cent quarante heures. En novembre 2003, sans trahir la moindre émotion, Ridgway plaida coupable pour chacun des quarante-huit meurtres dont on l'accusait, en échange d'une condamnation à perpétuité. Dans une petite salle de tribunal, il lut une déclaration devant le juge et une partie des familles des victimes :

« Je regrette d'avoir tué toutes ces jeunes femmes. J'ai fait mon possible pour collaborer avec la police et me rappeler où se trouvaient les corps. Je suis désolé d'avoir semé la peur dans la région. Je veux remercier la police, l'accusation, mes avocats et tous ceux qui ont eu la patience de travailler avec moi et qui m'ont aidé à me souvenir et à parler de tous les actes terribles que j'ai commis. Je me rends compte que ce que j'ai fait est ignoble. J'essaie depuis longtemps de me sortir ces horreurs de la tête. J'essayais depuis longtemps d'arrêter de tuer ces femmes. Je suis désolé d'avoir fait vivre un tel enfer à mon épouse, à mon fils, à mes frères et à ma famille. J'espère qu'ils finiront par me pardonner. »

Cette déclaration scandalisa les proches des victimes. La plupart réclamaient la peine capitale, mais de toute façon l'État de Washington ne procédait que rarement à des exécutions.

Si l'on admet que le meurtre est une « drogue » pour les tueurs, on peut se demander pourquoi Ridgway aurait quasiment cessé toute activité criminelle après 1986. En fait, il est fort probable qu'il ne se soit jamais arrêté. Sa culpabilité a été établie dans quarante-huit cas, mais il se dégage de ses déclarations qu'il a dû tuer au moins soixante femmes. Peu après le procès, la police du comté de Snohomish annonça qu'elle allait rouvrir vingt dossiers, et d'autres leur emboîtèrent le pas.

Au cours des dernières années, on a également accompli de grands progrès dans le domaine de la criminologie. En 1975, lorsque j'ai commencé mes recherches, on ne différenciait pas les tueurs en série de ceux dits « de masse ». Aujourd'hui, on admet que ce sont deux phénomènes distincts. J'ai eu l'occasion de m'en rendre compte lorsque j'ai étudié le massacre de Port Arthur en Australie. C'est une ancienne colonie pénitentiaire située en Tasmanie et reconvertie en site touristique. Le dimanche 28 avril 1996 dans l'après-midi, Martin Bryant déjeuna au Broken Arrow Café, dans l'enceinte du parc historique. Son repas terminé, il sortit un fusil semi-automatique AR15 d'un sac de sport bleu et mitrailla la salle, tuant vingt personnes et en blessant quinze autres. Il sortit et fit encore dix morts à l'extérieur de l'établissement.

Le mass murderer a une personnalité structurée, ce qui n'est pas le cas du tueur en série. Lorsqu'il se prépare à agir, le premier régresse vers un état paranoïaque. Il devient soupçonneux, il éprouve de la colère, il désire se venger, il se crée des mobiles précis. Qu'il tire depuis une tour sur un campus, dans les couloirs d'un lycée ou dans une villa au bord de la mer, il a l'impression de laver une offense. En outre, à la différence du serial killer qui passe pour un voisin aimable et serviable, le tueur de masse a généralement la réputation d'être « bizarre », « original ». La plupart du temps, il tombe sous les balles de la police ou se suicide pour éviter d'être arrêté. (Il existe cependant des exceptions : condamné à perpétuité, Martin Bryant purge actuellement sa peine à la prison de Risdon.) Les meurtriers multirécidivistes, on l'a vu, ne se suicident pas avant d'avoir été arrêtés et se tuent rarement en prison.

Enfin, les mass murderers rendent la société responsable de leurs malheurs. Une fois encore, je ne pense pas que la société, l'éducation ni même un accident cérébral puissent créer un tueur en série de toutes pièces. Certes, le père de John Wayne Gacy répétait à longueur de journée à son fils qu'il était « bête et stupide », Bobby Joe Long détestait sa mère, Ed Gein était obsédé par la sienne, Gilles de Rais avait été élevé par un grand-père sans scrupule qui ne lui avait jamais inculqué de principes. Mais les êtres humains sont « adaptables », infiniment plus forts et résistants qu'on ne l'imagine. Tous ceux qui ont eu une enfance difficile ne deviennent pas tueurs en série. Ils surmontent leurs blessures, qu'elles soient physiques ou morales. Certains deviennent cadres dirigeants dans un grand groupe, d'autres fondent simplement une famille plus stable que celle qu'ils ont connue.

Je suis convaincue que ce comportement meurtrier a

une origine génétique. Je pense que l'on est un tueur en série avant même de pousser son premier cri. Que le tueur en série se développe dans l'utérus, durant les neuf mois de gestation, avant de subir l'influence des paroles et des actions de son entourage. Qu'il est là dès l'instant où le spermatozoïde rencontre l'ovule, lorsque les gènes d'un nouvel individu se forment. Des gènes qui fabriqueront un cerveau détraqué, un cerveau « malade », prédisposé à ce type de meurtres.

Dire de l'encéphale qu'il est le plus complexe des organes humains est un lieu commun, mais c'est aussi une réalité. Au début du XIXe siècle, un Allemand du nom de Franz Josef Gall inventa une nouvelle discipline que l'on baptisa phrénologie. Cette pseudoscience qui connut une vogue exceptionnelle de son temps prétendait révéler la personnalité d'un individu à partir de l'étude des contours de son crâne. Gall affirmait que nos sentiments, nos instincts et nos croyances avaient dans le cerveau leurs « organes » spécifiques plus ou moins développés que l'on pouvait reconnaître aux protubérances et aux creux de la boîte crânienne. S'il se fourvoyait lorsqu'il affirmait que l'intelligence se mesurait à la taille du cerveau et que les bosses pouvaient nous renseigner sur ce qui se passait à l'intérieur du crâne, l'excentrique anatomiste était sur la bonne piste quand il assignait une fonction précise à chaque partie de l'encéphale. Aujourd'hui, un crâne en céramique comme ceux qu'utilisaient les phrénologues trône dans mon bureau. Il me rappelle constamment qu'il faut éviter de s'égarer dans des spéculations non étayées par des faits.

Avec la découverte du circuit de Papez en 1937, la science commença à mettre en évidence les liens entre les émotions et les réactions physiologiques. Pour résumer, le circuit de Papez, qui correspond au chemin emprunté par les stimuli sensoriels dans le cerveau, joue un rôle dans l'élaboration et l'expression de nos émotions.

L'un des premiers éléments qu'un étudiant en médecine apprend en neuroanatomie est que ce circuit affecte une zone cérébrale appelée l'hypothalamus, qui est lui-même une sorte de cerveau miniature. L'hypothalamus sécrète des substances chimiques et des hormones qui transitent par l'hypophyse avant d'être libérées dans le système sanguin. Parmi ses innombrables fonctions, l'hypothalamus régule la température corporelle et contrôle le système cardiovasculaire. De nombreux tueurs en série se plaignent de leur hypersensibilité et présentent des symptômes neurovégétatifs multiples – suées, accélérations cardiaques, vomissements, flatulences – qui se manifestent juste avant ou pendant le crime. Bien sûr, les gens qui souffrent de ce genre de dysfonctionnements ne sont pas tous violents et vice versa. Mais, sans entrer dans le détail des fonctions neurologiques, il faut savoir que l'une des clés pour comprendre les serial killers réside dans l'hypothalamus, et plus généralement dans le système limbique qui contrôle les émotions et l'humeur.

Conçue par le professeur Zang-Hee Cho dans les années 1970, la TEP (tomographie à émission de positrons) est un procédé qui permet de mesurer l'oxygénation et l'irrigation sanguine du cerveau. On injecte au patient un isotope radioactif à courte durée de vie. Ce marqueur émet des particules appelées positrons, que l'on peut suivre grâce à des détecteurs situés à l'extérieur du cerveau. Lorsque les positrons rencontrent des électrons, ils produisent des photons qui permettent à l'ordinateur de reconstituer des images de l'encéphale. Dans les zones actives, plus irriguées, le marqueur est plus concentré. Les chercheurs peuvent ainsi voir quelles régions cérébrales réagissent à un stimulus donné. On pourra susciter des émotions chez le patient en lui demandant son opinion sur un film que l'on vient de lui montrer. L'examen révèle ainsi que la joie, la tristesse et le dégoût s'accompagnent d'une activité plus intense, notamment au niveau de l'hypothalamus.

Il existe dans le corps différentes substances chimiques qui déclenchent des émotions et entraînent l'action. Prenons le tueur en série : nous avons vu qu'il n'avait pas réellement d'attaches sociales ou psychologiques et que sa maturité affective correspondait à celle d'un enfant. Or on sait que deux hormones, l'ocytocine et la vasopressine, sont impliquées dans les processus de l'attachement. Les récepteurs correspondants sont présents dans le système limbique et le tronc cérébral. Le meurtrier multi-récidiviste présenterait-il un déséquilibre hormonal ? Lui manquerait-il un de ces récepteurs ? L'ocytocine et la vasopressine ne sont qu'un exemple parmi d'autres, car de nombreuses substances influent sur notre comportement. Découvrirons-nous un jour qu'il existe une hormone du tueur en série ? Je l'espère.

Chez la plupart des gens, la prise de décision se déroule simultanément à plusieurs niveaux. Au plus complexe, le sujet se sert de son expérience et de sa capacité d'anticipation pour déterminer la conduite à tenir dans une situation donnée. À l'échelon le plus élémentaire, la réflexion ne vient qu'après l'action. C'est précisément ainsi que fonctionne le serial killer. Il est totalement inconscient du processus qui le conduit au meurtre.

Hormis le circuit de Papez, il existe dans le cerveau d'autres « interrupteurs » qui enclenchent une suite d'opérations. Chez le tueur en série, à un moment donné quelque chose déraille le long de ces circuits, initiant une succession d'événements qui aboutit au crime. Une multitude de facteurs entrent en jeu pour maintenir les substances neurochimiques du cerveau à un niveau permettant au sujet de fonctionner normalement. C'est un équilibre très subtil. Pourquoi se dérègle-t-il chez le tueur ? Pourquoi le système limbique, le centre des affects, des émotions et de l'action, se détraque-t-il ? Je suis convaincue que c'est dans les gènes que l'on trouvera la réponse. Par ailleurs, les tendances meurtrières des serial killers se manifestent rarement avant l'adolescence. La métamorphose pourrait donc être liée aux changements neurochimiques et neuroendocriniens qui interviennent à la puberté.

Les premières analyses génétiques réalisées sur des tueurs en série étaient très rudimentaires. Dans les années 1970, je me rappelle avoir demandé à un généticien d'analyser un échantillon du sang de Richard Macek. Avec le recul, je me rends compte à quel point notre approche était naïve – en un sens, aussi naïve que celle de la phrénologie, car nous n'avions pas idée de l'incroyable complexité des gènes. Nous défrichions le terrain. Mais quels progrès en seulement trente ans !

Il existe désormais des techniques très sophistiquées pour évaluer l'activité du cerveau, alors qu'il n'y a pas si longtemps les psychiatres pensaient ne pouvoir l'étudier que par le biais de l'exploration analytique. Mettre en évidence une hormone comme l'ocytocine dans l'hypothalamus n'est qu'un début. Bien sûr, cette découverte ne résout rien à elle seule, mais c'est un indice supplémentaire. Ce genre de trouvaille procure le même sentiment d'euphorie que lorsqu'on découvre un élément qui nous rapproche de la solution dans une enquête sur un tueur en série. Néanmoins, je ne me leurre pas sur le chemin qu'il nous reste à parcourir.

Dans les années 1990, aux Pays-Bas, le généticien Hans Brunner, de l'hôpital universitaire de Nimègue, réalisa une découverte prometteuse. Lors d'un entretien, une jeune femme lui confia qu'elle était inquiète à l'idée d'avoir des enfants car son histoire familiale était marquée par la violence, et notamment par une tentative de meurtre. Les analyses de Brunner mirent en évidence une mutation du gène responsable de la production de la monoamine oxydase A, une enzyme qui régule le taux de sérotonine. Or, un excédent de sérotonine peut parfaitement provoquer un comportement destructif chez le sujet. Cette découverte apporte au puzzle une nouvelle pièce, petite mais importante.

Je souhaiterais pouvoir effectuer divers examens sur des tueurs en série américains, avec leur autorisation et celle des pouvoirs publics. Il faudrait procéder à des analyses génétiques, biochimiques, neurologiques et neurochimiques – notamment sur des prélèvements de liquide céphalorachidien. Il s'agirait d'une étude de longue haleine qui serait menée au sein d'un établissement pénitentiaire. On objectera que le tueur se comporte différemment lorsqu'il se trouve dans un environnement moins structuré. C'est vrai. Ces examens nous fourniraient néanmoins de bonnes données de référence, car on pourrait déjà étudier les réactions du prisonnier dans des contextes variés : lorsqu'il travaille en cuisine, en compagnie de détenus qui ne l'apprécient pas particulièrement ou encore quand sa famille lui rend visite.

Il existe bien sûr des obstacles légaux à de telles recherches. Ils ne viennent généralement pas des tueurs en série eux-mêmes, qui se plient volontiers aux tests susceptibles de les aider à comprendre et à analyser des actes meurtriers dont ils ne se souviennent pas toujours. Au fil des ans, j'ai soumis mon projet à nombre d'avocats, de juges et de législateurs, généralement de manière informelle, autour d'un café par exemple. Parfois on m'a lancé un regard ahuri ou ri au nez. D'autres fois, on s'est fâché. Ou bien on m'a opposé la jurisprudence, m'assenant une longue liste d'arrêts défavorables.

Les tribunaux sont très clairs sur ce point. Dans une majorité d'États, les juges ont statué que les détenus ne pouvaient pas décider de participer à ce genre de recherche, dans la mesure où leur emprisonnement les privait de leur liberté de décision. C'est à l'État de décider pour eux et l'État dit non. Même s'il changeait d'avis, il y a fort à parier que l'American Civil Liberties Union prendrait la relève au nom de la défense des libertés individuelles.

Devant certaines œuvres de fiction, je me demande parfois ce que l'avenir nous réserve. Dans *Minority Report*, un film dont l'action se déroule en 2054, Tom Cruise arrête les tueurs potentiels avant qu'ils ne commettent leur crime grâce à une technologie avancée et aux visions de médiums, les Pre-Cogs. Si la génétique nous permet un jour de prévenir les meurtres en série, ce ne sera certainement pas à la manière spectaculaire de cette fiction de Steven Spielberg. Toutefois, moyennant finances, on peut déjà confier un échantillon d'ADN à certains laboratoires pour savoir si l'on présente une prédisposition à certaines maladies comme la parodontite ou le retard mental héréditaire. Pour cela, un peu de sang ou quelques cellules prélevées sur l'épiderme suffisent. Par ailleurs, en Floride, une société appelée Applied Digital Solutions propose le VeriChip, une puce de la taille d'un grain de riz que l'on implante sous la peau. Un simple balayage avec un lecteur optique relié à un ordinateur permet d'accéder à la « carte d'identité » du porteur. La société travaille également sur un procédé qui permettrait de retrouver des enfants et des gens souffrant de la maladie d'Alzheimer à l'aide des satellites et du GPS.

Si un jour la génétique nous permet d'identifier un tueur en série latent, ne pourrait-on pas envisager de le suivre avec un dispositif similaire ? Éthiquement, quelles seraient les précautions à prendre pour encadrer ce genre de pratique ? Le système judiciaire et le gouvernement autoriseraient-ils ne serait-ce que l'expérimentation d'un tel procédé ? Autant de questions dont il faut débattre dès maintenant, car tôt ou tard, et sans doute plus tôt qu'on ne l'imagine, les scientifiques sauront reconnaître un tueur en série potentiel. Avant même sa naissance.

ÉPILOGUE

Dans ma cave, derrière les vélos, les équipements de hockey et la chaudière, se trouve un carton abîmé qui contient une grande boîte en plastique. Je la sors et l'ouvre précautionneusement. L'odeur du formol me saisit. Découpé en segments, il n'a l'air de rien : c'est le cerveau de John Wayne Gacy. Je ne l'ai pas gardé parce qu'il exerçait sur moi une quelconque fascination morbide mais dans un dessein scientifique, avec l'autorisation de sa famille. Je lève le récipient à hauteur de mes yeux et je contemple la matière grise morte, me demandant : « Que dévoileras-tu lorsque je disposerai des outils nécessaires pour t'étudier ? Pourras-tu bientôt nous révéler tes secrets ? »

En trente ans de carrière, j'ai incontestablement avancé. Je commence à comprendre le fonctionnement de l'esprit singulier des tueurs en série. Il reste encore de nombreuses questions en suspens, mais je sais qu'au cours des deux prochaines décennies la science continuera de progresser et que bientôt les analyses génétiques qui ont permis d'appréhender le tueur de la Green River nous paraîtront primitives. Cela dit, la manière dont les psychiatres, les profileurs et les forces de l'ordre appréhendent ce phénomène doit également évoluer. Le terme serial killer, dont on attribue la paternité à Robert Ressler, du FBI, n'est apparu qu'au milieu des années

1970. Jusque-là, ces crimes souvent non élucidés qui présentaient des similarités entre eux étaient souvent rangés dans la catégorie « meurtres commis par des inconnus » (par opposition à ceux perpétrés par des proches). Ressler, qui croit que les individus qui torturent les animaux sont des serial killers en puissance, affirme également que ce sont des monstres et des démons. De telles déclarations propagent la peur parmi les populations plus qu'elles ne servent la connaissance et la compréhension. Dans son dernier ouvrage, il postule même que la pornographie pourrait conduire à ce type de meurtres ! La génétique a certainement plus à voir avec ce phénomène que la supposée décadence morale de l'Amérique.

Au fond, l'incompréhension des agents du FBI n'a rien de surprenant car leur approche fondée sur les théories béhavioristes n'a guère progressé au cours des dernières décennies. Par ailleurs, d'après ce que j'ai pu entendre, ils se montrent toujours aussi condescendants avec leurs collaboratrices extérieures qu'à l'époque où j'ai interrogé Richard Macek. J'en ai pris mon parti.

En revanche, j'ai été surprise en 2002 lorsqu'un confrère a présenté lors d'un congrès annuel une « nouvelle théorie fascinante » au sujet des tueurs en série. Ses idées sur le développement du serial killer n'étaient pas si neuves : je les avais exposées à ce même congrès douze ans auparavant. Lorsque je l'ai appelé pour l'en aviser, il a interrompu notre conversation et refuse depuis lors de me parler. Je suis pour le libre échange des idées, mais s'approprier le travail d'un collègue ne peut que nuire à la communauté psychiatrique tout entière.

L'incident m'a rappelé une autre mésaventure. Il y a quelques années, des producteurs sont venus me voir avec un projet de série télévisée dont le héros devait être un profileur. En échange de mon aide, ils m'ont fait miroiter un rôle de consultante. J'ai discuté avec eux pendant plusieurs jours, leur fournissant tous les renseignements qu'ils me demandaient. Ils sont partis, ils ont créé leur série, et je n'ai plus jamais entendu parler d'eux. Ce genre d'indélicatesse ne m'a pas étonnée outre mesure de la part d'Hollywood. Mais de la part d'un confrère, c'était plus décevant. D'autant qu'il s'efforçait de faire entrer ses propositions dans une théorie à la mode qui voudrait que les serial killers souffrent d'une pathologie du développement, voire qu'ils soient autistes.

Les tueurs en série suscitent les théories les plus curieuses. Le psychologue Joel Norris décroche sans doute le pompon lorsque dans son ouvrage *Serial Killers** il insinue que l'alimentation, la malnutrition et les carences vitaminiques jouent un rôle dans la formation du criminel multirécidiviste. Selon lui, une intoxication au cobalt ou un excès de sucre pourraient conduire au meurtre. Et pourquoi pas les brûlures d'estomac dues à l'ingestion d'une pizza au chorizo ?

D'autres chercheurs, plus sérieux ceux-là, dénoncent les traumatismes, les violences subies durant l'enfance et les vexations – qu'il s'agisse des brimades d'un enseignant ou d'un licenciement. Par ailleurs, nous avons vu que le docteur Dorothy Lewis mettait en cause les tumeurs et les lésions du cerveau. Mais jusqu'à présent, personne n'a pu prouver que les plaies psychologiques ou physiques jouaient un rôle effectif. D'où la nécessité des examens préconisés dans le chapitre précédent. Pourquoi Marcelo Costa de Andrade éprouvait-il le besoin d'écouter sur une cassette son jeune frère en pleurs ? Pourquoi Fred West ne s'en est-il jamais pris à son épouse ? Pourquoi Robert Berdella a-t-il coupé la tête à seulement deux de ses victimes ? Autant de questions toujours sans réponse. Tout ce que l'on peut affirmer, c'est que le tueur en série n'est pas un criminel

* New York, Doubleday, 1988. *(N.d.T.)*

comme les autres et que l'équation : « étrangleur de chats + énurésie + mère étouffante ou père violent = tueur en série » ne tient pas debout.

Aujourd'hui, on est capable d'obtenir des images de la totalité du cerveau et d'étudier son activité dans les situations les plus diverses, que le patient soit en train de jouer au poker ou de porter un jugement moral. La véritable difficulté commence lorsqu'on aborde le concept de libre arbitre. Nous prenons tous des décisions et faisons tous des choix, le tueur en série comme les autres. Mais ces choix sont-ils le fruit de son libre arbitre ou sont-ils prédéterminés ? Les neurotransmetteurs travaillent conjointement avec les systèmes neuronaux. Ensemble, ils constituent la base de nos pensées, de nos sentiments et de notre comportement. Les neurotransmetteurs et les enzymes sont également impliqués dans les processus cognitifs qui se déroulent dans les lobes préfrontaux. S'il y a une faille dans le système, il y aura nécessairement une faille dans ce que le sujet pense, éprouve et exprime.

Avant de poursuivre, arrêtons-nous un instant sur la manière dont se développe l'être humain. Les circuits cérébraux commencent à se mettre en place au stade embryonnaire et continuent à se former après la naissance. Le cerveau atteint sa maturité à l'adolescence. Les circuits se modifient et se développent au cours de l'existence sous les influences combinées des gènes, de la culture et de l'environnement. Tous les parents savent que chaque enfant naît avec un tempérament particulier, plus ou moins « facile ». Les membres d'une même fratrie ont parfois des caractères très dissemblables. On peut avoir dix enfants très différents les uns des autres sans qu'aucun devienne jamais serial killer. Pareillement, on peut avoir un enfant affecté par une anomalie génétique qui le poussera un jour à tuer, même s'il n'y a pas de précédent dans la famille, même si aucun de ses frères et sœurs n'est violent.

Grâce au séquençage du génome humain, entamé dans les années 1980 et achevé au début de ce siècle, on connaît désormais l'ordre des bases de l'ADN dans chaque gène. C'est une découverte qui suscite de grands espoirs dans le domaine médical. La génétique moléculaire devrait nous permettre d'identifier et de traiter les anomalies qui prédisposent à certaines maladies. Lorsque la technique sera parfaitement au point et popularisée, j'obtiendrai peut-être enfin une réponse : le tueur en série est-il un malade ? J'en suis convaincue, mais encore faut-il le prouver.

Si la science nous permet un jour d'identifier les criminels en puissance, de nouvelles questions surgiront, d'ordre éthique et moral. Aux États-Unis, on n'enferme pas quelqu'un sur de simples présomptions. Mais quelle sera notre attitude si nous savons avec certitude que le fils de notre voisine deviendra un jour un tueur en série ? Vivrons-nous dans la peur ? Essaierons-nous de faire enfermer l'enfant ? Rejetterons-nous ses parents ?

Lors du procès de John Wayne Gacy, la défense a argué qu'il possédait un gène prétendument criminel, le chromosome XXY du syndrome de Klinefelter. Mais les espoirs un temps fondés sur cette anomalie pour identifier les futurs criminels ont été réduits à néant depuis que l'on a démontré que les porteurs n'étaient pas nécessairement violents. Au Canada, un chercheur controversé réfute l'existence d'un quelconque gène criminel. Il met plutôt en cause les gènes régulant la responsabilité sociale. Selon lui, c'est leur déficience qui pourrait être à la source de comportements violents et meurtriers.

En ce qui concerne les tueurs en série, l'expérience m'a appris qu'une fois qu'ils avaient commencé à tuer ils ne pouvaient plus s'arrêter. Ils doivent être incarcérés et on ne peut pas les relâcher.

Les recherches que je souhaiterais pouvoir mener sur eux mettraient en œuvre les techniques d'imagerie par résonance magnétique. Pour cela, il faudrait que le sujet accepte de se remémorer un de ses meurtres dans un état d'attention modifiée (il va sans dire que je prendrais plus de précautions qu'à l'époque où j'hypnotisais Richard Macek dans une petite salle sans gardien). Si un élément lié à l'homicide déclenchait chez le patient un sentiment de rage, j'aurais ainsi la possibilité d'observer ses réactions et les régions cérébrales sollicitées. En comparant des résultats de l'IRM et de l'encéphalographie (radio du cerveau), je pourrais chercher des similarités et repérer une éventuelle anomalie dans l'activité électrique du cerveau.

L'imagerie médicale ne cesse de progresser. Si le cerveau du tueur en série présente un dysfonctionnement important, on pourrait envisager une intervention dans la région concernée : une destruction stéréotaxique très précise, par exemple, ou un faisceau de protons qui dissoudrait la petite zone responsable du comportement meurtrier. La médecine utilise déjà ces techniques dans le traitement des maladies du cerveau, et elles ont fait leurs preuves.

Parmi les tests neuropsychologiques auxquels je soumets les serial killers, certains nécessitent simplement un stylo et du papier. À l'époque où j'ai débuté, ces tests étaient si longs – certains prenaient jusqu'à douze heures – que les patients étaient souvent incapables de les terminer. Un tueur en série ne peut pas se concentrer aussi longtemps sur une tâche structurée. Soutenir une conversation peut lui être difficile, à plus forte raison écrire. Au cours d'un entretien, il fait souvent plusieurs faux départs et tente de changer de sujet, parce qu'il aime croire qu'il contrôle la situation. Aujourd'hui, par bonheur, on dispose de méthodes d'évaluation moins lourdes et tout aussi efficaces. Ce profilage neurocognitif permet de mettre le doigt sur les déficiences les plus subtiles chez le patient. En outre, le médecin a accès à une base de données en ligne où il peut comparer les réponses obtenues à d'autres résultats, régulièrement mis à jour et réinterprétés.

Dans les années 1970, grâce au développement de la scanographie, qui permet d'obtenir la radiographie d'une mince couche d'organe, les médecins ont découvert à quoi ressemblait la structure de l'encéphale. Puis l'imagerie par résonance magnétique, ou IRM, nous a permis de faire un pas supplémentaire : désormais, outre la matière grise, on pouvait étudier la substance blanche qui entoure les fibres nerveuses et relie entre elles les différentes régions du cerveau. Aujourd'hui, avec l'aide de l'IRM fonctionnelle, les médecins tentent de comprendre comment fonctionne le cerveau lorsqu'on effectue une tâche, qu'il s'agisse de lire un texte ou de résoudre un problème mathématique. Appliquée au tueur en série, l'IRM fonctionnelle nous permettrait peut-être de visualiser la zone du cerveau qui est active lorsqu'il tue. Si j'interrogeais Gary Ridgway sur l'assassinat de Marie Malvar, puis que je mentionnais un autre meurtre dans lequel il n'a joué aucune part, quel serait le résultat ? En théorie, il ne devrait pas réagir au crime qu'il n'a pas commis – comme s'il s'agissait d'un placebo dans le cadre d'une étude sur un nouveau médicament. Mais le tueur en série dispose-t-il seulement d'une mémoire immédiate suffisante pour effectuer le test concernant le meurtre qu'il a commis ? S'il ne le termine pas, s'il ne parvient pas à verbaliser ce qu'il a fait, quelle région du cerveau s'activera alors ? Voilà quelques-unes des questions qui m'intriguent et auxquelles je souhaiterais apporter un début de réponse.

D'autres examens pourraient nous permettre d'aller encore plus loin. L'imagerie de diffusion par résonance magnétique est une technique que l'on utilise notamment pour étudier les faisceaux de fibres de substance blanche. Qui sait si, grâce à cette technique, on ne repérerait pas des anomalies jusque-là indiscernables ? Ce procédé permet de visualiser la microstructure du tissu en trois dimensions sur un écran d'ordinateur, comme si on l'observait à l'aide d'un microscope extrêmement puissant. On peut ainsi mettre en évidence des aberrations invisibles avec l'IRM traditionnelle. Encore plus impressionnante, la dernière-née de l'imagerie médicale, la tomographie par émission de positrons, fournit des représentations du cerveau d'une précision époustouflante. Elle nécessite un équipement très coûteux et un personnel nombreux, mais elle nous renseignerait sur l'activité neurale du serial killer. Enfin, il y a la tomographie par émission de photons uniques. Cette technique, qui ressemble à la TEP car il faut également introduire dans le cerveau un marqueur radioactif à courte durée de vie, livre des images brillamment colorées qui, une fois interprétées, permettent de mesurer l'irrigation sanguine des différentes régions du cerveau.

Pour conclure, si je reprends les caractéristiques communes aux tueurs en série présentés dans cet ouvrage, elles sont au moins au nombre de neuf :

– Ils tuent sans motif ;

– Ils n'ont pas une personnalité structurée et leur développement n'obéit pas aux théories classiques de la psychanalyse ;

– Ce ne sont pas des psychopathes, car le psychopathe est capable de maîtriser ses gestes, ses pensées et ses émotions ;

– Ils ne souffrent pas d'arriération mentale et la plupart d'entre eux ont même une intelligence supérieure à la moyenne ;

– Psychologiquement, ce ne sont pas des êtres humains complets, même s'ils peuvent jouer un rôle et donner le change ;

– Ils n'ont pas nécessairement subi d'abus sexuels ou de violences ;

– Ils éprouvent un besoin irrépressible de tuer et sont incapables de se dominer ;

– Le meurtre en série n'est pas un phénomène limité aux sociétés occidentales ;

– Ce n'est pas non plus un phénomène strictement contemporain.

Je ne perds jamais de vue ces neuf points lorsque j'étudie le profil d'un tueur en série. Si vous aussi, lecteur, vous les gardez à l'esprit la prochaine fois que vous entendrez un reportage angoissant au sujet d'un criminel, cela vous aidera peut-être à prendre un peu de recul.

J'entends mes enfants qui m'appellent. Je remets le cerveau de John Wayne Gacy à sa place et je monte l'escalier, songeant que je ne leur montrerai peut-être jamais ce livre, en tout cas pas avant qu'ils ne me le demandent, et certainement pas avant qu'ils n'aient atteint l'âge adulte. Cela n'a pas toujours été facile, mais je pense que j'ai eu raison de les tenir à l'écart de l'extrême violence de mon univers professionnel.

Il est l'heure de partir. Nous grimpons dans la voiture familiale pour aller encourager mon fils qui dispute un match de hockey. Je chasse les tueurs en série de mes pensées. Cela m'étonnerait qu'une nouvelle affaire tombe aujourd'hui. Aucun avocat ne me gâchera cette sortie, personne ne me demandera de faire des kilomètres pour étudier une scène de crime. Mais je laisse mon téléphone portable allumé. On ne sait jamais.

REMERCIEMENTS

Comment remercier tous ceux qui ont participé à la rédaction de l'ouvrage que vous tenez entre les mains ? Il est toujours possible d'oublier quelqu'un par inadvertance. Si cela devait arriver, je vous prie par avance de m'en excuser. À notre agent, Chris Calhoun, qui a réponse à tout, à Diana Thorn, son assistante, dont rien n'entame la bonne humeur ; à notre éditeur, Mauro DiPreta, dont le regard incisif et lucide nous a permis d'améliorer et de préciser notre propos ; à Joelle Yudin, qui est parvenue à s'y retrouver dans nos papiers et nos courriers électroniques sans jamais rien perdre, nous y compris ; à tous les membres de l'équipe de William Morrow qui ont assisté à nos réunions avec patience, faisant preuve d'un enthousiasme et d'une curiosité communicatifs ; et surtout à mon corédacteur Harold Goldberg, que j'ai enseveli sous des montagnes de documents et avec qui j'ai passé des heures au téléphone, à mesure que le livre prenait forme. À vous tous, j'adresse ma gratitude la plus sincère.

Je veux également mentionner tous ceux qui, autour de moi, sont conscients de l'importance de ces recherches et dont le dévouement, la sincérité, la probité et l'éthique constituent une véritable bénédiction. Au docteur Richard Anderson, mon mentor et ami ; aux généticiens, neuropathologistes, neurochirurgiens, médecins, psychologues, membres des forces de l'ordre, employés des institutions pénitentiaires et avocats passionnés cités dans ce livre. À tous mes confrères qui ont fait de l'obstruction passive au mieux, et qui au pire m'ont fait du tort, je dis également merci : vous m'avez appris que personne ne pouvait détruire la vraie confraternité scientifique.

TABLE DES MATIÈRES

Composition et mise en pages : FACOMPO, Lisieux

Achevé d'imprimer par Corlet, Imprimeur, S.A. - 14110 Condé-sur-Noireau
N° d'Imprimeur : 91978 - Dépôt légal : avril 2006 - *Imprimé en France*